Houghton
Mifflin
Harcourt

SenDeRos

ESTÁNDARES COMUNES

Cuaderno del lector

Grado 5

Contenido

Nombre _____ Fecha _____

Lección 1
CUADERNO DEL LECTOR

Un paquete para
la Sra. Jewls
Lectura independiente

Guía del lector

Un paquete para la Sra. Jewls

¿En qué estaba pensando?

Cuando un personaje cuenta un cuento, solo sabemos lo que él o ella piensa y siente. Cuando un narrador cuenta un cuento, los lectores saben todo lo que piensan y sienten los personajes, incluso si los otros personajes no lo saben.

Lee la página 22. Busca información sobre lo que piensa o siente Luis. Escribe sus pensamientos en el globo de pensamientos. Escribe como si tú fueras Luis. Recuerda que otros personajes quizás no sepan lo que él piensa.

Piensa en la información que está dentro de la burbuja de pensamientos. ¿Cómo te ayuda a entender la trama del cuento?

_____

_____

_____

Nombre _____ Fecha _____

Lección 1
CUADERNO DEL LECTOR

**Un paquete para
la Sra. Jewls**
Lectura independiente

Lee la página 25. ¿Qué piensa o siente Luis ahora?

Escribe tus pensamientos como si fueras Luis en la burbuja de pensamientos.

Piensa en la información dentro de la burbuja de pensamientos. ¿Cómo te ayuda a entender la trama del cuento?

_____

_____

_____

_____

_____

_____

_____

Analizar el contexto

Un paquete para la Sra. Jewls
Estrategias de vocabulario:
Analizar el contexto

Los siguientes ejercicios incluyen dos oraciones. Elige una palabra del recuadro para rellenar los espacios en blanco de manera que la segunda oración tenga el mismo significado que la primera.

> molestarlos   aplastaría   penosamente   trastabillar   entumecieron
> interrumpir   especialidad   tambalearse   colapsar   cambiaban

1. Luis comenzó a *perder el equilibrio*. Comenzó a _____.

2. De repente *vacilaba al caminar*. No dejaba de _____.

3. Comenzó a *perder la sensibilidad* en las piernas. Se le_____ las piernas.

4. Todos pensaban que iba a *caer al suelo*. Sabían que en ese estado iba a _____.

5. Decidieron *tomar otro camino*. Se perderían si no _____ de ruta.

6. Recorrían el sendero *con dificultad*. Todos avanzaban _____.

7. Los insectos comenzaron a *fastidiarlos*. No dejaban de _____.

8. Nada podía hacer que *detuvieran* su marcha. Intentaban que nada pudiera _____ su avance.

9. Más adelante, la rama de un viejo y tambaleante árbol amenazaba con *caer sobre ellos*. Si no se movían rápido, los _____.

10. Mario, que era un *experto* en atar nudos, resolvió el problema con una cuerda. Atar nudos era su _____.

Separación de sílabas; sílabas tónicas y átonas

Básicas Escribe la Palabra básica que completa mejor cada grupo.

Separa tu respuesta en sílabas.

1. muy grande, enorme, _____

2. rectángulo, cuadrado, _____

3. fácil, sencillo, _____

4. elevador, montacargas, _____

5. baúl, cofre, _____

6. fatiga, agotamiento, _____

7. abertura, ventanal, _____

8. enfadar, fastidiar, _____

9. molesto, insufrible, _____

10. categoría, género, _____

11. desechos, desperdicios, _____

12. destacada, elevada, _____

13. ordenador, procesador, _____

14. salón de clases, colegio, _____

15. vampiro, animal nocturno, _____

Palabras avanzadas 16 a 18. Imagina que estás por tomar tu primer examen. Describe la experiencia. Usa tres de las Palabras avanzadas.

_____

_____

_____

_____

_____

Palabras de ortografía

1. escuela
2. pesado
3. clase
4. molestar
5. cansancio
6. chocolate
7. alta
8. computador
9. paquete
10. patio
11. ventana
12. inmenso
13. ascensor
14. triángulo
15. basura
16. caja
17. murciélago
18. ortografía
19. simple
20. entumecer

Palabras avanzadas
interrumpieran
cielo
instrucciones
umbrío
maestra

Clasificar palabras de ortografía

Escribe cada Palabra básica junto a la descripción correcta. Subraya la sílaba tónica.

Palabras bisílabas	Palabras básicas:
	Palabras avanzadas:
	Palabras posibles de la selección:
Palabras trisílabas	Palabras básicas:
	Palabras avanzadas:
	Palabras posibles de la selección:
Palabras polisílabas	Palabras básicas:
	Palabras avanzadas:
	Palabras posibles de la selección:

Palabras de ortografía

1. escuela
2. pesado
3. clase
4. molestar
5. cansancio
6. chocolate
7. alta
8. computador
9. paquete
10. patio
11. ventana
12. inmenso
13. ascensor
14. triángulo
15. basura
16. caja
17. murciélago
18. ortografía
19. simple
20. entumecer

Palabras avanzadas
interrumpieran
cielo
instrucciones
umbrío
maestra

Palabras avanzadas   Agrega las Palabras avanzadas a tu tabla para clasificar de palabras.

Conectar con la lectura   Lee la primera página de *Un paquete para la Sra. Jewls*. Busca palabras que tengan distinto número de sílabas. Clasifícalas en la tabla de arriba y subraya la sílaba tónica.

Revisión de ortografía

Encuentra las palabras que están mal escritas y enciérralas en un círculo. Escríbelas correctamente en las líneas de abajo. Subraya la sílaba tónica.

El edificio de nuestra ezcuela es imenso. Nuestro salón de clases está en el cuarto piso, pero como el acensor no funcionaba, tuve que subir por la escalera. Era un día muy caluroso. Apenas me senté, la maestra comenzó a dar su clace. La Sra. Díaz es una mujer halta y con voz clara y fuerte. Comenzó a hablar de las características del mursiélago y nos pidió que hiciéramos un trabajo en el conputador. El tema era interesante, pero me costaba concentrarme. El ambiente estaba tan pezado. La bentana estaba abierta, pero no corría aire. Encima, Juan comenzó a moletar. En ese momento, la Sra. Díaz sacó un murciélago embalsamado de una kaja. ¡Qué horrible! Por supuesto, enseguida se me pasó el cansansio.

1. _____
2. _____
3. _____
4. _____
5. _____
6. _____
7. _____
8. _____
9. _____
10. _____
11. _____
12. _____

Palabras de ortografía

1. escuela
2. pesado
3. clase
4. molestar
5. cansancio
6. chocolate
7. alta
8. computador
9. paquete
10. patio
11. ventana
12. inmenso
13. ascensor
14. triángulo
15. basura
16. caja
17. murciélago
18. ortografía
19. simple
20. entumecer

Palabras avanzadas

interrumpieran
cielo
instrucciones
umbrío
maestra

El núcleo del sujeto y del predicado

Una **oración** es un grupo de palabras que expresan un pensamiento completo. Las oraciones tienen dos partes: un sujeto y un predicado. El **núcleo del sujeto** es la palabra principal que nombra a la persona o cosa de la que habla la oración. El **núcleo del predicado** es la palabra principal que indica qué es o qué hace el sujeto. En muchos casos,, el sujeto se entiende pero no se expresa.

núcleo del sujeto   núcleo del predicado
El <u>personal</u> de la escuela (esperó) la entrega del paquete.

[Tú]   (Abre) la puerta, por favor.

Preguntas para reflexionar
¿Qué palabra de esta oración me dice directamente de quién o de qué se habla? ¿Qué palabra me dice lo que es o hace el sujeto?

1 a 4. Lee las siguientes oraciones completas. Subraya el núcleo del sujeto y encierra en un círculo el núcleo del predicado.

1. Franco entrega paquetes y correspondencia a la escuela todos los días.
2. El paquete en la caja marrón era el más pesado de todos.
3. ¡El contenido de la caja pesaba más de 50 libras!
4. Por suerte, él vio a Luis en la puerta.

5 a 7. Lee las siguientes oraciones completas. Escribe el núcleo del sujeto y encierra en un círculo el núcleo del predicado.

5. La mañana es un momento difícil para el director de la escuela. _____
6. Espera en la puerta de la clase. _____
7. El maestro escribió las instrucciones en el pizarrón. _____

Los fragmentos de oraciones

Una oración es un grupo de palabras que expresan un pensamiento completo. Un **fragmento de oración** es un grupo de palabras que no expresan un pensamiento completo.

fragmento de oración
Cuando los estudiantes están afuera.

Preguntas para reflexionar
¿Dice cada grupo de palabras sobre quién o de qué habla la oración? ¿Dice qué es o qué sucede?

1 a 6. Escribe si el grupo de palabras es una *oración* o un *fragmento de oración*.

1. Los estudiantes limpiaron la escuela. _____

2. Botellas, lápices, envoltorios y basura. _____

3. Quien recoja más basura. _____

4. Los maestros entregarán premios a los estudiantes. _____

5. Los estudiantes deben mantener la escuela limpia. _____

6. Los cestos llenos de basura. _____

7 a 10. Lee los siguientes fragmentos. Escribe si los fragmentos necesitan un sujeto o un predicado para convertirse en una oración completa.

7. basura como botellas, papel y latas _____

8. reciclando estos materiales _____

9. junta basura en la playa el sábado _____

10. los estudiantes de la clase del maestro Martínez

_____

Escribir oraciones completas

Las oraciones tienen dos partes: un sujeto y un predicado. El sujeto nombra a la persona o cosa de la que habla la oración. El predicado indica qué es o qué hace el sujeto. La oración completa expresa un pensamiento completo.

fragmento de oración

Los pájaros, las ranas y los grillos del lago (necesita un predicado)

oración completa

Los pájaros, las ranas y los grillos del lago fascinaron a los estudiantes.

Preguntas para reflexionar
¿Dice cada grupo de palabras sobre quién o de qué habla la oración? ¿Dice qué es o qué sucede?

Actividad Lee los fragmentos de oración. Escribe un sujeto o un predicado para completar los fragmentos y formar una oración completa.

1. _____ fue muy útil para Teresa.

2. La clase favorita de Jennifer _____ .

3. _____ hizo una presentación sobre las tortugas muy interesante.

4. _____ estaban cubiertas de diagramas.

5. Los estudiantes que planificaron experimentos _____

6. Este programa de televisión _____

_____

7. Esos abrigos, esos libros y esos suministros de computadora _____ .

8. Los estudiantes de quinto grado _____ .

Pronombres posesivos

Pronombres posesivos singulares	Pronombres posesivos plurales
mío/a	míos/as
tuyo/a	tuyos/as
suyo/a	suyos/as
nuestro/a	nuestros/as

1 a 4. Completa las oraciones con un pronombre posesivo.

1. Este cuaderno es de Horacio, y los libros también son _____ .

2. Mi mamá me dio esta caja, así que ahora es _____ .

3. Yo debo completar mi tarea y tú debes completar la _____ .

4. Encontramos un perro perdido y lo llevamos a casa. Ahora el perro

   es _____ .

**5 a 8. Encierra en un círculo la palabra que completa mejor las oraciones.
Vuelve a escribir las oraciones en la línea.**

5. Este es tu bolígrafo y el que está sobre la mesa es (mío/mi).

   _____

6. Pedro se comporta como si la computadora fuera solo (suya,
   nuestra), pero es de los dos.

   _____

   _____

7. No tenía marcadores, pero la maestra me prestó los (míos/suyos).

   _____

8. Esta casa no es de nuestro vecino; es (suya/nuestra).

   _____

Conectar con la escritura

Puedes arreglar un fragmento si lo combinas con una
oración completa o con otro fragmento.

Oración y fragmento	Oración completa
Seth y sus hermanos iban a la escuela. En la ciudad.	Seth y sus hermanos iban a la escuela en la ciudad.
Fragmentos	**Oración completa**
La escuela en Dallas. Muchas cosas divertidas para hacer.	La escuela en Dallas tiene muchas cosas divertidas para hacer.

1–8. Lee cada par de fragmentos y oraciones. Arregla los fragmentos para formar oraciones
completas. Escribe las oraciones finales en los renglones.

1. La amiga de Sasha, Abel. No fue a la escuela hoy.

_____

2. ¡Ganó el concurso de preguntas y respuestas! El equipo del colegio.

_____

3. Es vieja pero funciona bien. Mi computadora.

_____

4. Brett and Jemaine. Son compañeros de laboratorio en la clase de Ciencias.

_____

5. Ganará un premio. El primer estudiante.

_____

6. Treinta y siete pájaros en el parque. Los estudiantes contaron.

_____

7. Es el lugar donde vive un animal. El hábitat.

_____

8. Aumentó en el tubo de ensayo. El nivel del líquido.

_____

Punto de enfoque: Ideas
Añadir palabras vívidas y detalles

Sin detalles	Con detalles
Tamara encontró una caja. Corrió a su casa.	Debajo del castaño, Tamara encontró una misteriosa caja llena de cartas viejas. Corrió a su casa para mostrársela a su hermana.

A. Lee las oraciones sin detalles de la izquierda. Luego, agrega palabras y detalles para completar los espacios en blanco y mostrar los sucesos con mayor claridad.

Sin detalles (Confuso)	Con detalles (Claro)
1. Ángela caminó hasta el gimnasio. Ahí vio a su amiga María.	Después de cometer un _____ _____, Ángela _____ al gimnasio. Allí vio a su amiga María, que _____ _____.
2. Estábamos leyendo cuando escuchamos un ruido extraño.	Estábamos leyendo _____ cuando escuchamos un ruido _____

B. Lee las oraciones. Luego, vuelve a escribirlas para que los sucesos sean más comprensibles y lógicos. Usa palabras vívidas y detalles que muestren exactamente cómo ocurrieron los sucesos.

En parejas/Para compartir Haz una lluvia de ideas con un compañero sobre palabras vívidas y detalles que puedes usar en tus oraciones.

Sin detalles	Con detalles
3. El concurso de ortografía fue muy largo.	
4. Comenzó en la mañana.	
5. Karina tuvo problemas con una palabra difícil.	

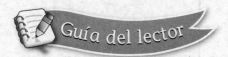

Un misterio real

Piensa como un actor

¿Quieres ser actor? Debes estudiar el texto. Cuando estudias el diálogo de un personaje, o las palabras que dice, tendrás una mejor idea de cómo es el personaje. Si tomas notas, ¡podrás interpretar el papel aún mejor!

Lee la página 52, Escena II. Busca diálogo con información sobre cómo es cada personaje. Escribe las líneas de la obra y explica qué dicen sobre el personaje.

	Althea	Rena
Diálogo	_____ _____ _____ _____	_____ _____ _____ _____
Su personaje	_____ _____ _____ _____	_____ _____ _____ _____

Lee la página 55, Escena V. Busca diálogo con información sobre cómo
es cada personaje. Escribe las líneas de la obra y explica qué dicen
sobre el personaje.

	Althea	Rena
Diálogo	_____ _____ _____ _____	_____ _____ _____ _____
Su personaje	_____ _____ _____ _____	_____ _____ _____ _____

Prefijos *a-, anti-, contra-, des-, in-, im-*

Un misterio real
Estrategias de vocabulario:
Prefijos *a-, anti-, contra-, des-, in-, im-*

Las palabras del recuadro comienzan con un prefijo. Elige una palabra para completar las oraciones. Usa las claves de contexto y el significado del prefijo como ayuda.

desconocido	contraproducente	desapareció	antiarrugas
impaciente	incompleto	atípico	imposible
incómoda	desalentaron	antinatural	analfabeto

1. Mientras esperaba el resultado de la prueba, Martín estaba muy

   _____ . Se paseaba de arriba abajo.

2. No dormí bien anoche porque la cama del hotel era muy

   _____ .

3. El informe está _____. Faltan muchos detalles

   importantes.

4. Nos quedamos sorprendidos cuando vimos entrar a ese

   _____ a nuestro salón de clases.

5. Como estamos lejos, llegar a la ciudad antes de que anochezca es

   _____ .

6. Un niño _____ no sabe leer ni escribir.

7. Juan es siempre muy puntual. Llegar tarde es algo

   _____ en él.

8. El vagabundo _____ en la noche y nadie lo volvió a ver.

9. A pesar de que el equipo iba perdiendo, los jugadores no se

   _____ .

10. Es _____ trabajar de noche y dormir de día.

11. Hacer actividad física en exceso puede llegar a ser

   _____ .

12. Mi mamá se compró una crema _____ para

   cuidarse la piel.

Palabras agudas

Palabras básicas Escribe la Palabra básica que coincide con las pistas. **Separa tu respuesta en sílabas.**

1. nunca, en ningún tiempo _____

2. ir hacia arriba _____

3. también _____

4. moverse por el aire _____

5. fuerza que ejerce la Tierra sobre los cuerpos

   _____

6. pelota _____

7. estrella inmensa que da luz y calor _____

8. nave que vuela por el aire _____

9. trasladarse en el agua _____

10. máquina programable _____

Palabras avanzadas 11 a 14. Escribe algunas oraciones que podrían usar dos amigos durante un juego o un concurso. Usa cuatro de las Palabras avanzadas. Escríbelas en una hoja de papel aparte.

_____

_____

_____

_____

_____

_____

_____

_____

Palabras de ortografía
1. avión
2. jamás
3. café
4. comedor
5. volar
6. subir
7. mejor
8. despegar
9. además
10. colchón
11. nadar
12. gravedad
13. dormir
14. balón
15. sol
16. robot
17. cantar
18. simulador
19. atrás
20. alejó

Palabras avanzadas
natación
saxofón
oscuridad
matiz
regaliz

Clasificar palabras de ortografía

Escribe cada Palabra básica junto a la descripción correcta.

Palabras agudas terminadas en *n*	Palabras básicas: Palabras avanzadas: Palabras posibles de la selección:
Palabras agudas terminadas en *s*	Palabras básicas:
Palabras agudas terminadas en vocal	Palabras básicas: Palabras posibles de la selección:
Palabras agudas que no terminan en *n*, *s* ni vocal	Palabras básicas: Palabras avanzadas: Palabras posibles de la selección:

Palabras de ortografía

1. avión
2. jamás
3. café
4. comedor
5. volar
6. subir
7. mejor
8. despegar
9. además
10. colchón
11. nadar
12. gravedad
13. dormir
14. balón
15. sol
16. robot
17. cantar
18. simulador
19. atrás
20. alejó

Palabras avanzadas
natación
saxofón
oscuridad
matiz
regaliz

Palabras avanzadas   Agrega las Palabras avanzadas a tu tabla para clasificar palabras.

Conectar con la lectura   Lee *Un misterio real* y busca palabras que coincidan con las categorías de la tabla. Clasifícalas en la tabla de arriba.

Revisión de ortografía

Un misterio real
Ortografía: Palabras agudas

Encuentra las palabras que están mal escritas y enciérralas en un círculo. Escríbelas correctamente en las líneas de abajo.

Cadetes e instructores: ¡Escuchen atentamente! Ayer encontraron a un ladrón de comida cerca de la máquina de cafe. Por suerte, una de las cocineras estaba por subír a preparar el almuerzo y lo descubrió a tiempo. Lamentablemente, el ladrón se alejo corriendo por la parte de atráz del edificio. Espero que este triste suceso no se repita jamáz. En un rato comenzaremos nuestro entrenamiento para volár el nuevo avion. Ademas, usaremos el robót simuladór para aprender a depegár y conoceremos la fuerza de grabedad. Cuando termine el entrenamiento, podrán disfrutar del día de zol. Los que lo deseen, podrán nadár y jugar con un balon de fútbol.

1. _____	9. _____
2. _____	10. _____
3. _____	11. _____
4. _____	12. _____
5. _____	13. _____
6. _____	14. _____
7. _____	15. _____
8. _____	

Palabras de ortografía

1. avión
2. jamás
3. café
4. comedor
5. volar
6. subir
7. mejor
8. despegar
9. además
10. colchón
11. nadar
12. gravedad
13. dormir
14. balón
15. sol
16. robot
17. cantar
18. simulador
19. atrás
20. alejó

Palabras avanzadas

natación
saxofón
oscuridad
matiz
regaliz

Oraciones enunciativas e interrogativas

Una **oración enunciativa** cuenta algo y termina con un punto.

No es fácil hacer una audición para una obra.

Una **oración interrogativa** pregunta algo. Empieza y termina con un signo de interrogación.

¿Por qué están nerviosas las personas cuando se suben a un escenario?

Pregunta para reflexionar
¿Esta oración asegura algo o pregunta algo?

Actividad   Escribe las oraciones usando los signos de puntuación y las mayúsculas correctamente. Luego, rotula cada oración como *enunciativa* o *interrogativa*.

1. la obra incluyó ocho personajes diferentes

_____

_____

2. alguna vez has participado en una obra o has estado sobre un escenario

_____

_____

3. por qué es fácil para algunas personas hablar sobre el escenario

_____

_____

4. algunas personas son tímidas con la gente pero pueden actuar bien

_____

_____

Oraciones imperativas y exclamativas

Una **oración imperativa** da una orden y termina con un punto.

Cuelga ese cartel para la obra.

Una **oración exclamativa** expresa una emoción. Empieza y termina con un signo de exclamación.

¡Hiciste un muy buen trabajo con el cartel!

Pregunta para reflexionar
¿Esta oración da una orden o expresa una emoción?

Actividad Escribe las oraciones usando los signos de puntuación y las mayúsculas correctamente. Luego, rotula cada oración como *imperativa* o *exclamativa*.

1. ah, me encanta crear carteles y letreros para películas

   _____

   _____

2. haz un cartel para la obra de la escuela

   _____

   _____

3. cuélgalo en el tablero de anuncios del pasillo

   _____

   _____

4. qué variedad de carteles hizo nuestra clase

   _____

   _____

5. hemos mejorado mucho desde el comienzo del año

   _____

   _____

Clases de oraciones

> Una **oración enunciativa** enuncia algo. Una **oración imperativa**
> da una orden. Ambas terminan con un punto.
>
> Una **oración interrogativa** pregunta acerca de algo. Empieza
> y termina con un signo de interrogación. Una **oración
> exclamativa** expresa una emoción. Empieza y termina
> con un signo de exclamación.
>
> *¿Quién puede ser un artista?*

Pregunta para reflexionar
¿Esta oración enuncia algo, pregunta algo, da una orden o expresa una emoción?

Actividad   Escribe las oraciones usando los signos de puntuación y las
mayúsculas correctamente. Luego, rotula cada oración como *enunciativa*,
imperativa, *interrogativa* o *exclamativa*.

1. dime todo lo que sepas sobre ser un artista

_____

_____

2. Sabes si los artistas ganan mucho dinero

_____

_____

3. algunos artistas se hacen muy famosos y ricos

_____

_____

4. debe ser muy emocionante que alguien compre tu trabajo

_____

_____

Verbos irregulares

Presente	Pretérito indefinido (3ra persona del singular)
traer	trajo
pedir	pidió
producir	produjo
hacer	hizo

1–4. Escribe la forma correcta de los verbos entre paréntesis para completar las oraciones.

1. (decir) La persona que _____ que actuar era fácil debió haber estado bromeando.

2. (contar) El actor profesional nos _____ la cantidad de horas que trabaja.

3. (venir) El actor _____ a la clase porque es el primo de Jesse.

4. (obtener) El actor profesional _____ aplausos al final de su presentación.

5–8. Encierra en un círculo los cuatro verbos incorrectos en el párrafo. Luego, escribe la forma correcta de los verbos en las líneas de abajo.

Practicamos para la obra de la escuela todas las noches. ¿Qué hicimos?

Primero, el director proponió a ciertas personas para algunos roles. Luego, todos tenimos que aprender nuestra letra. Al principio, creyí que nunca me la aprendería. Cuando la sabimos, practicamos cómo desplazarnos por el escenario. Más tarde, hicimos los disfraces y nos los probamos. ¡Ya estábamos listos para la gran noche!

_____

_____

Conectar con la escritura

Un misterio real
Gramática: Conectar
con la escritura

Un solo tipo de oración	Varios tipos de oraciones
Quiero que lean este párrafo sobre hacer películas. Hacer películas era muy diferente de como es hoy. Me pregunto qué saben ya sobre hacer películas.	Lean este párrafo sobre hacer películas. ¡Qué diferente era el proceso de como es hoy! ¿Qué saben ya sobre hacer películas? Lean para averiguar más.

Actividad   Cambia las oraciones enunciativas subrayadas por otro tipo de oración. Escribe las oraciones nuevas en las líneas.

Las personas comenzaron a hacer películas a principios de 1900. Me pregunto cómo habrá sido hacer las primeras películas. Creo que es muy emocionante ver una película muy vieja. Puedes encontrar algunas en internet.

Las primeras películas no eran muy complejas. No quiero que piensen que hacer esas primeras películas fue fácil. Las cámaras eran muy grandes y difíciles de trasladar. Solo registraban imágenes en blanco y negro. Tampoco había sonido; por lo tanto, los actores no hablaban. Seguramente las personas que hicieron las primeras películas tuvieron que trabajar mucho.

1. (interrogativa) _____

_____

2. (exclamativa) _____

_____

3. (imperativa) _____

_____

4. (exclamativa) _____

_____

Punto de enfoque: Voz
Añadir detalles sensoriales para expresar sentimientos

Voz débil	Voz fuerte
Los actores esperaban el comienzo del espectáculo.	Con mariposas en el estómago, los actores esperaban nerviosos el comienzo del espectáculo.

A. Lee las oraciones débiles. Agrega detalles sensoriales y otras palabras vívidas para dar a la escritura más sentimiento y hacer que la voz resulte interesante.

Voz débil	Voz fuerte
1. Las personas formaron una fila temprano para poder entrar.	La _____ permaneció afuera en una fila _____.
2. Justo antes de que abrieran las puertas, se apagaron todas las luces del teatro.	_____ , el teatro se _____
3. Las personas comenzaron a dar vueltas porque no sabían qué hacer.	La multitud _____ y comenzó a _____. qué hacer.

B. Lee las oraciones débiles. Luego vuelve a escribirlas para agregar detalles sensoriales y palabras vívidas. Usa palabras y detalles que muestren los pensamientos y los sentimientos del orador.

En parejas/Para compartir Haz una lluvia de ideas con un compañero sobre palabras y detalles que puedes usar en tus oraciones.

Voz débil	Voz fuerte
4. Luego, las personas regresaron a sus automóviles.	
5. Los actores estaban desilusionados, y algunos no durmieron bien esa noche.	

Elecciones escolares

Escribir un discurso

Lee la página 89. Miata quiere que sus compañeros se interesen en lo que ella tiene para decir. ¿Cómo puede hacer que su discurso sea más atractivo para ellos? Puede usar un lenguaje menos formal para conectarse con sus compañeros. Mira el discurso original de Miata. Luego, vuelve a escribirlo para ayudarla a conectarse con la audiencia. ¿Qué lenguaje o expresiones idiomáticas harían que su discurso fuera más agradable?

Discurso original de Miata

"Podemos plantar unas bonitas azaleas y geranios fuera de nuestras ventanas. Las paredes estarán todas limpias, no como ahora".

Discurso nuevo de Miata

_____
_____
_____
_____

Lee la página 91. Imagina que Rudy ha ganado las elecciones. Él escribe una carta al director pidiendo más tiempo de recreo. Piensa en su discurso. Luego cambia el lenguaje de su discurso, usando palabras más formales que den a su carta un tono más serio.

Discurso original de Rudy

"¡Sí, gente! En lugar de quince minutos, voy a pedirle al director veinte… ¡al menos! ¡Quizá hasta media hora, cuates!"

Analizar el contexto

Elecciones escolares
Estrategias de vocabulario:
Analizar el contexto

Lee las oraciones con atención. Luego escribe la definición de la palabra subrayada. Usa el contexto para determinar cuál de las definiciones es la correcta.

> boleta   puesto   elección   plataforma   agenda

> **boleta 1.** tarjeta para emitir un voto **2.** multa; **puesto 1.** tienda **2.** empleo o puesto; **elección 1.** acción de elegir algo **2.** voto; **plataforma 1.** escenario **2.** ideas de un grupo de personas; **agenda 1.** cuaderno para anotar lo que se debe hacer para no olvidarlo **2.** temas a tratar en una reunión.

1. Los miembros del partido escribieron su <u>plataforma</u> para atraer a las personas.

_____

2. Hay un <u>puesto</u> de flores cerca de la escuela. _____

3. Todos los estudiantes participaron en la <u>elección</u> del presidente de la clase.

_____

4. Los dos amigos se postularon para presidente y vicepresidente en la misma <u>boleta</u>.

_____

5. El candidato dio un discurso desde una <u>plataforma</u>. _____

6. En una democracia, las personas eligen quién ocupa el <u>puesto</u> de presidente.

_____

7. ¿Qué problemas están en la <u>agenda</u> de nuestro próximo encuentro?

_____

8. Se pasó un semáforo en rojo y el policía que lo detuvo le dio una <u>boleta</u>.

_____

9. Decidir qué comprarle fue una <u>elección</u> difícil. _____

10. Anotaré mis tareas en mi <u>agenda</u>. _____

_____

Palabras llanas

Básicas Escribe las Palabras básicas que reemplazan mejor las palabras subrayadas de las oraciones. Separa tu respuesta en sílabas.

Mientras mi (1) compañera y yo caminamos por el estadio de béisbol de las Estrellas el día anterior a las (2) votaciones para presidente, me sorprende la altura de esa estructura, rodeada por una enorme extensión de tierra (3) fecunda. A medida que nos acercamos a la entrada, vemos, junto a una imponente (4) planta, carteles que sirven como (5) adorno. La multitud ruidosa y el enorme (6) terreno nos emocionan. ¡Cuánto más me gusta el béisbol que el (7) balompié! En un momento, nos sentimos desalentadas porque el (8) capitán de las Estrellas queda afuera en la tercera base. (9) Tenían que ganar para poder acceder al (10) pedestal de los ganadores. Unos minutos más tarde se genera (11) polémica por una decisión del árbitro. Entonces, José Cardo, el mejor jugador, va al bate. El estadio queda (12) congelado, mudo. José golpea la pelota y hace un jonrón. ¡Qué griterío! Al salir del estadio, mi amiga me pregunta si me divertí y yo le contesto: "¡Fue el mejor día de mi vida!"

1. _____	7. _____
2. _____	8. _____
3. _____	9. _____
4. _____	10. _____
5. _____	11. _____
6. _____	12. _____

Palabras avanzadas 13 a 15. Tu equipo juega un partido de béisbol contra el rival más importante. Escribe sobre lo que sucede durante el partido. Usa tres de las Palabras avanzadas. Escribe las oraciones en una hoja aparte.

Palabras de ortografía

1. amiga
2. podio
3. parque
4. centavos
5. debate
6. decorado
7. helado
8. planes
9. elecciones
10. decían
11. fértil
12. debían
13. tíos
14. fondos
15. trébol
16. líder
17. árbol
18. lluvia
19. lápiz
20. fútbol

Palabras avanzadas
dónde
idea
ángel
joven
césped

Clasificar palabras de ortografía

Escribe cada Palabra básica junto a la descripción correcta.

Palabras llanas bisílabas con acento ortográfico	Palabras básicas: Palabras avanzadas: Palabras posibles de la selección:
Palabras llanas bisílabas con acento prosódico	Palabras básicas: Palabras avanzadas: Palabras posibles de la selección:
Palabras llanas trisílabas	Palabras básicas: Palabras avanzadas: Palabras posibles de la selección:
Palabras llanas polisílabas	Palabras básicas: Palabras posibles de la selección:

Palabras de ortografía

1. amiga
2. podio
3. parque
4. centavos
5. debate
6. decorado
7. helado
8. planes
9. elecciones
10. decían
11. fértil
12. debían
13. tíos
14. fondos
15. trébol
16. líder
17. árbol
18. lluvia
19. lápiz
20. fútbol

Palabras avanzadas
dónde
idea
ángel
joven
césped

Palabras avanzadas   Agrega las Palabras avanzadas a tu tabla para clasificar palabras.

Conectar con la lectura   Lee *Elecciones escolares*. Busca palabras llanas con distintos números de sílabas. Clasifícalas en la tabla de arriba.

Nombre _____ Fecha _____

Revisión de ortografía

Encuentra las palabras que están mal escritas y enciérralas en un círculo.
Escríbelas correctamente en las líneas de abajo.

Mi amíga y yo decidimos vender galletas en la venta de pasteles de la escuela. Hicimos un cartel como decorádo y lo colgamos en un arbol del parqué. El cartel decía "El último en comprar es un gallina". Mamá me dijo que era demasiado agresivo y las personas devian sentirse atraídas al hacer sus elecciónes. Iniciamos un devate y finalmente decidimos cambiarlo. Tomamos un lapiz y buscamos otra frase. Pensamos en varias ideas: "Galletas especiales para jugadores de futbol" o "Ricas galletas para padres y tios". Ninguna de estas ideas nos parecía fertil. Queríamos estar en el pódio de las mejores vendedoras y vencer a las niñas que vendían heládo. Al final, nos decidimos por este mensaje: "¡Sea el lider y llévese las mejores galletas!" Esa tarde, vendimos muchas galletas. Por las dudas, yo había llevado un trebol de cuatro hojas para que me diera suerte.

Palabras de ortografía

1. amiga
2. podio
3. parque
4. centavos
5. debate
6. decorado
7. helado
8. planes
9. elecciones
10. decían
11. fértil
12. debían
13. tíos
14. fondos
15. trébol
16. líder
17. árbol
18. lluvia
19. lápiz
20. fútbol

Palabras avanzadas

dónde
idea
ángel
joven
césped

1. _____   9. _____

2. _____   10. _____

3. _____   11. _____

4. _____   12. _____

5. _____   13. _____

6. _____   14. _____

7. _____   15. _____

8. _____

Sujetos y predicados completos

Todas las oraciones tienen un **sujeto completo** y un **predicado completo**.

Un sujeto completo contiene todas las palabras que dicen de quién o de qué habla la oración. Un predicado completo contiene todas las palabras que dicen qué es o qué hace el sujeto.

> **Preguntas para reflexionar**
> *¿Cuáles son las palabras que dicen de quién o de qué habla la oración? ¿Cuáles son las palabras que dicen lo que es o hace el sujeto?*

sujeto completo	predicado completo
(Todos nosotros)	contamos los votos.

Actividad   Encierra en un círculo los sujetos completos y subraya los predicados completos en las siguientes oraciones.

1. La niña vestida de azul era candidata a presidenta de la clase.

2. El cartel verde era de Reina.

3. Los padres y los amigos de Reina la ayudaron con su discurso.

4. Los anteriores presidentes de la clase siempre trabajaron para mejorar la escuela.

5. Todos los estudiantes emitieron sus votos.

6. Alguien que estaba en el vestíbulo gritó que los resultados estaban listos.

Concordancia del sujeto y el verbo

El **sujeto** y el **verbo** deben concordar, o corresponderse. Los sujetos singulares llevan verbos singulares. Los sujetos plurales llevan verbos plurales.

sujeto y verbo singular   **sujeto y verbo plural**

El maestro cuenta los votos y todos esperan ansiosos.

Preguntas para reflexionar
¿Es la oración acerca de más de una sola persona, cosa o idea? Si es así, ¿está el verbo en plural?

Actividad Escribe la forma correcta de los verbos.

1. Todos ya (ha, han) _____ votado en esta elección y los

   estudiantes (está, están) _____ ansiosos por saber los

   resultados.

2. La directora (iba, iban) _____ a volver a contar los votos

   ella misma, pero los maestros se (ha, han) _____ ofrecido

   a ayudar.

3. Todos los estudiantes (piensa, piensan) _____ que Reina

   ganó, pero ella no (está, están) _____ tan segura.

4. El maestro Rodríguez (dice, dicen) _____ a los

   estudiantes bulliciosos que tengan paciencia, y los niños

   (comienza, comienzan) _____ a calmarse.

Las comas en las oraciones compuestas

En una **oración compuesta**, generalmente las oraciones se conectan con una coma o una conjunción, o con las dos. Las palabras *y, o* y *pero* son conjunciones. Se escribe una coma delante de *pero*.

Reina pensaba escribir su discurso sola, <u>pero</u> sus amigos se

Preguntas para reflexionar
¿Qué grupo de palabras expresan una idea completa? ¿Qué palabra conecta a las dos ideas completas?

Actividad **Escribe la palabra que se usa para combinar las oraciones más cortas.**

1. Los niños arrojaron papelitos azules y rojos _____ la ganadora sonrió emocionada.

2. La música alegraba el ambiente, _____ todos creíamos que estaba demasiado fuerte.

3. La ganadora quería dar un discurso _____ un maestro bajó el volumen de la música.

4. El director agradeció a todos por haber votado _____ Reina prometió esforzarse por la escuela.

5. Ella quería vender camisetas de la clase para recaudar fondos _____ la clase podía lavar autos.

Puntuación

Enunciativa

Miata estaba nerviosa y emocionada a la vez.

Interrogativa

¿Se presentará Miata como candidata para presidente el año próximo?

Exclamativa

¡Eso espero!

Imperativa

Vota por Miata..

Escribe las oraciones usando los signos de puntuación y las mayúsculas correctamente. Luego, rotula cada oración como *enunciativa,* *imperativa, interrogativa* o *exclamativa.*

1. por qué Helena se presentó para la presidencia y José no

_____

_____

2. ser elegido como presidente lleva mucho tiempo

_____

_____

3. deja de soñar despierto y escucha el discurso

_____

_____

4. ese fue el mejor discurso de campaña que jamás he oído

_____

_____

5. acaso no es hora de trabajar en los carteles

_____

_____

34

Conectar con la escritura

y	pero	o

Actividad Los ejercicios tienen dos oraciones separadas. Combínalas para escribir una oración compuesta en la línea de abajo. Usa una palabra del recuadro para completar las oraciones. Recuerda verificar la puntuación.

1. El candidato perdedor estaba triste. Aceptó su derrota.

_____

_____

2. Todos celebraron en la casa de María. Los vecinos aclamaron a Reina.

_____

_____

3. Reina estaba feliz de haber ganado. Estaba triste porque Rodrigo había perdido.

_____

_____

4. Los estudiantes saludaron a Reina. Se fueron a estudiar.

_____

_____

Punto de enfoque: Elección de palabras

Escribir diálogo para los personajes

Diálogo débil	Diálogo fuerte
—No creo que tenga el tiempo suficiente para preparar el discurso. Tengo muchas cosas que hacer.	—No creo que vaya a tener tiempo de preparar un discurso. ¡Estoy demasiado ocupado!

A. Lee los ejemplos de diálogo simple. Usa las oraciones incompletas para volver a escribirlos.

Diálogo débil	Diálogo fuerte
1. —Soy candidato a presidente de la clase. Por favor, voten por mí.	— _____ Soy candidato a presidente de la clase. _____ votaran por mí!
2. —Mamá, no entiendes todo el trabajo que tengo que hacer antes de las elecciones. No debería lavar los platos esta noche.	—Mamá, tengo _____ _____ antes de las elecciones _____ los platos esta noche?

B. Lee los ejemplos de diálogo simple. Vuelve a escribirlos para mostrar el punto de vista del orador.

En parejas/Para compartir Haz una lluvia de ideas con un compañero para sugerir expresiones que suenen naturales para el orador. Puedes usar fragmentos de oración.

Diálogo débil	Diálogo fuerte
3. —Silencio, niños. Hay mucho ruido y no se escucha al orador.	
4. —Sería triste que no ganara las elecciones. He trabajado mucho para ser elegido.	

Guía del lector

Las niñas Rockett

¿Cómo comenzar un equipo de *double dutch*?

Un entrenador de tu escuela quiere comenzar un equipo de *double dutch*. Él no sabe nada sobre este deporte. Con base en la información de *Las niñas Rockett*, ¿qué consejo le darías?

Lee la página 119. Piensa sobre los pasos que usó el entrenador Rockett para comenzar su equipo. Luego escribe un correo electrónico al entrenador explicando cómo comenzarías un equipo de *double dutch*. Asegúrate de usar palabras de transición para que los pasos de la secuencia sean claros

Nuevo mensaje
Para: Frank W. Baker
de:
Asunto: Como empezar un equipo de *double dutch*

_____

_____

_____

_____

_____

_____

_____

Buena suerte,

Carla

El nuevo entrenador respondió tu correo electrónico. Hizo todo lo que le dijiste, pero el equipo todavía tiene dificultades. ¿Qué otro consejo podrías darle? Escribe otro correo electrónico para responderle. Usa citas de la página 123 para motivar al entrenador y ayudar al equipo.

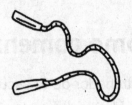

○○○	Nuevo mensaje	
Para:	Frank W. Baker	
de:		
Asunto:	Como empezar un equipo de *double dutch*	

_____

_____

_____

_____

_____

_____

_____

_____

_____

_____

Espero que esto lo ayude,

Carla

Sufijos *-ción, -cción, -sión, -xión*

Las niñas Rockett
Estrategias de vocabulario:
Sufijos *-ción, -cción, -sión, -xión*

Todas las palabras del recuadro terminan con un sufijo.
Selecciona una palabra del recuadro para llenar el espacio
en blanco y completar cada oración. Después escribe la palabra base.

competición	conexión	producción	emisión	operación
organización	división	oposición	solución	protección

1. Los que son expertos en *double dutch* tal vez intenten clasificarse

    para una _____.

2. En todo deporte, es importante usar el equipo adecuado como

    _____.

3. Falló la _____ y todavía no sabemos el

    resultado del partido.

4. La _____ del partido se interrumpió durante unos minutos.

5. Es difícil hacer una _____ larga sin lápiz y papel.

6. Para completar un trabajo importante se requiere trabajo en equipo

    y _____.

7. El musical escolar es una _____ estudiantil que

    lleva varias semanas de planificación.

8. Cuando enfrentas un problema, está bien pedir ayuda para buscar

    una _____.

9. Cuando un grupo o una persona se oponen a una idea nueva, se

    dice que son la _____.

10. Cuando se perdió su perro, encabezó una _____

    de rescate para encontrarlo.

Palabras esdrújulas y sobresdrújulas

Básicas **Escribe la Palabra básica que mejor completa cada grupo.**
Separa tu respuesta en sílabas.

1. apresuradamente, presurosamente, _____

2. similares, iguales, _____

3. muchachos, adolescentes, _____

4. caluroso, ardiente, _____

5. graciosamente, alegremente, _____

6. veloz, ligero, _____

7. facilísimo, sencillísimo, _____

8. encantada, fantástica, _____

9. dímelo, explícamelo, _____

10. cifra, cantidad, _____

Palabras avanzadas 11 a 14. **Escribe un párrafo usando cuatro de las**
Palabras avanzadas.

_____

_____

_____

_____

_____

_____

_____

_____

Palabras de ortografía
1. mágica
2. unísono
3. número
4. México
5. lágrima
6. jóvenes
7. increíblemente
8. ágiles
9. atléticos
10. idénticas
11. eléctrico
12. rápido
13. lámpara
14. sólido
15. rápidamente
16. cómicamente
17. simplísimo
18. cuéntamelo
19. triángulo
20. cálido

Palabras avanzadas
cálidamente
específicamente
esporádicamente
ínfimo
hexágono

Clasificar palabras de ortografía

Escribe cada Palabra básica junto a la descripción correcta.

Palabras esdrújulas	**Palabras básicas:** **Palabras avanzadas:**
Palabras sobresdrújulas	**Palabras básicas:** **Palabras avanzadas:**

Palabras avanzadas Agrega las Palabras avanzadas a la a tu tabla para clasificar palabras.

Conectar con la lectura Hojea *Las niñas Rockett: Una celebración del salto de cuerda, la rima y la hermandad.* Busca palabras esdrújulas y sobresdrújulas. Clasifícalas en la tabla de arriba.

Palabras de ortografía

1. mágica
2. unísono
3. número
4. México
5. lágrima
6. jóvenes
7. increíblemente
8. ágiles
9. atléticos
10. idénticas
11. eléctrico
12. rápido
13. lámpara
14. sólido
15. rápidamente
16. cómicamente
17. simplísimo
18. cuéntamelo
19. triángulo
20. cálido

Palabras avanzadas
cálidamente
específicamente
esporádicamente
ínfimo
hexágono

Revisión de ortografía

Encuentra las palabras que están mal escritas y enciérralas en un círculo. Escríbelas correctamente en las líneas de abajo.

Mi hermano Eric reparte periódicos después de la escuela, pero hoy debe terminar su proyecto de arte. Le ofrecí ayuda. Sería simplisimo, porqueya me sabía su ruta de memoria. En el camino me crucé con unos jovenes y con Wendy, que leía un libro para la escuela. Le dije: "Cuentamelo mientras hago el reparto". Pasamos por la casa del ingeniero electrico y seguimos la ruta en forma de triangulo. Llegamos al numero 340 y rapidamente lancé el periódico. Los perros ladraron al unisono. Luego, aparecieron dos niñas identicas Venían de Mexico y eran muy agiles para correr. Justo a tiempo lanzaron algo solido a su perro, pero terminaron quebrando la lampara de la entrada. El sol de la mañana se sentía calido. Y lo mejor es que Wendy me invitó a comer: ¡la magica cazuela de su mamá!

1. _____	9. _____
2. _____	10. _____
3. _____	11. _____
4. _____	12. _____
5. _____	13. _____
6. _____	14. _____
7. _____	15. _____
8. _____	

Palabras de ortografía

1. mágica
2. unísono
3. número
4. México
5. lágrima
6. jóvenes
7. increíblemente
8. ágiles
9. atléticos
10. idénticas
11. eléctrico
12. rápido
13. lámpara
14. sólido
15. rápidamente
16. cómicamente
17. simplísimo
18. cuéntamelo
19. triángulo
20. cálido

Palabras avanzadas
cálidamente
específicamente
esporádicamente
ínfimo
hexágono

Reconocer los sustantivos

Un **sustantivo** es una palabra que nombra una persona, un lugar o una cosa.

Un **sustantivo común** nombra cualquier persona, lugar o cosa en general. Un **sustantivo propio** nombra una persona, lugar o cosa en particular.

sustantivo propio   sustantivo común
La Escuela Secundaria Libertad es la sede del torneo.

Pregunta para reflexionar
¿Qué palabra nombra una persona, animal o cosa? ¿Nombra algo general o específico?

1 a 4.   Escribe los sustantivos y aclara si son *comunes* o *propios*.

1. Francesca observa la función de las Rocketts.

_____

2. La niña aprende pasos de danza de sus compañeras.

_____

3. Su profesora de danza, Roma, fue una Rockett.

_____

4. La madre de Francesca una vez actuó en el Radio City Music Hall.

_____

5 a 18.   Subraya todos los sustantivos de este párrafo.

Los fines de semana, Sarah jugaba con las otras niñas en su cuadra. Las niñas dibujaban cuadrados de rayuela en la acera. Jugaban a saltar a la cuerda y cantaban rimas. Los martes, estudiaba danza africana y ballet en el estudio de danza de Bert.

Las mayúsculas en los sustantivos propios

Los **sustantivos propios** tienen que escribirse con mayúsculas. Si un sustantivo propio tiene dos palabras, las dos se escriben con mayúsculas. Si tiene tres o más palabras, se escribe con mayúscula cada palabra importante.

sustantivo propio

La ciudad de <u>Nueva York</u> está repleta de artistas talentosos.

La primera letra de las abreviaturas se escribe en mayúscula, como *Sr.* o *Sra.*, y terminan con un punto. También se escriben con mayúscula las iniciales, como L. A. Pérez, y los acrónimos, como FBI.

> **Preguntas para reflexionar**
> *¿Cuántas palabras forman el sustantivo propio? ¿Qué palabras son importantes?*

1 a 4.   Escribe la oración en la línea. Escribe con mayúsculas los sustantivos propios.

1. El equipo de salto a la cuerda de harlem es muy talentoso.

_____

2. El nombre de su equipo es los brincadores fantásticos.

_____

3. Actuaron en el desfile de acción de gracias de nueva york.

_____

4. ¡Se volvieron tan populares que los invitaron a la casa blanca!

_____

5 a 7.   Escribe la oración en la línea. Escribe con mayúsculas las abreviaturas, las iniciales y los acrónimos.

5. Mi madre saltaba a la cuerda en la esquina de la calle 125 y la av. Segunda en nyc.

_____

6. El sr. david a. walker convirtió el *double dutch* en un deporte de categoría mundial.

_____

7. El *new york times* incluyó las finales nacionales de *double dutch*.

_____

Las mayúsculas en los nombres de organizaciones

Cuando el sustantivo propio se refiere al nombre de una organización, se escribe con mayúscula cada palabra importante. Un acrónimo es un sustantivo propio formado por iniciales, o la primera letra de palabras importantes. Se escriben con mayúsculas todas las letras de un acrónimo.

Pregunta para reflexionar
¿El sustantivo nombra cualquier grupo o un grupo en particular?

nombre de organización o acrónimo
Universidad de North Texas o UNT

Actividad **Vuelve a escribir la oración en la línea. Escribe con mayúsculas los sustantivos propios.**

1. ritchie y aleesha fundaron el club de salto de la escuela primaria.

_____

2. En estados unidos hay buenos equipos de salto de cuerda.

_____

3. El equipo japonés es uno de los mejores de la fundación internacional de *double dutch*.

_____

_____

4. Nuestro torneo fue anfitrión de los saltamontes de ohio.

_____

5. talura reid inventó su máquina de dar vuelta a la cuerda en la universidad de michigan.

_____

6 y 7. **Reemplaza los nombres de organizaciones por sus acrónimos.**

6. Los miembros de la Organización del Tratado del Atlántico Norte se reúnen el martes.

_____

7. Mi vecina trabaja para la Organización de las Naciones Unidas.

_____

La coma en las oraciones

Comas	
después de **palabras introductorias** como *sí, no y bueno*	Sí, iré al juego contigo.
al **dirigirse directamente** a una persona	¿Vienes al juego conmigo, Carla?
en una **enumeración**	Las niñas llevan puestos camisas, faldas y zapatos de varios colores.
en nombres de **lugares**	El juego tendrá lugar en Chicago, Illinois.

1 a 5. Agrega comas donde sean necesarias.

1. El equipo viajó a Chicago Boston y Nueva York este año.

2. No los campeonatos no se jugarán en Orlando Florida.

3. Las finales del equipo oficialmente terminan el 2 de noviembre de 2008.

4. ¿Crees que el equipo ganará el premio mayor Helen?

5 y 6. Combina las oraciones para formar una enumeración.

5. Stacey compró calcetines. Stacey compró un traje. Stacey compró zapatos de baile.

_____

6. Puedes comprar bebidas en la ventanilla. Puedes comprar comida en la ventanilla. Puedes comprar entradas en la ventanilla.

_____

7 y 8. Combina las oraciones para formar una oración compuesta.

7. El equipo rojo era muy veloz. El equipo verde practicó más.

_____

8. Katya practica béisbol y baloncesto. Sus entrenadores están muy contentos.

_____

_____

Conectar con la escritura

> Al corregir los escritos, se escriben con **mayúsculas** las palabras que se refieran a lo siguiente:
>
> personas   lugares   organizaciones
> títulos   festividades
>
> También se escriben con mayúsculas los acrónimos y abreviaturas.

Actividad   Subraya las letras que tienen que escribirse con mayúsculas. Encierra en un círculo las letras que tienen que escribirse con minúsculas.

Hace dos años, mi Papá dejó su trabajo en las ligas mayores de béisbol para trabajar para béisbol profesional Nippon, que es una especie de lmb japonesa. Mi familia se trasladó a tokio en abril, cuando comienza El año escolar japonés. Me preocupaba ser la Nueva en el colegio primario de Niñas de tokio. Luego descubrí que todas adoraban saltar la Cuerda durante el recreo. Algunas niñas, como etsuko y tomoko, pueden hacer acrobacias y piruetas. Hice amigas al enseñarles rimas nuevas y ahora estamos inventando rimas ¡con Palabras japonesas e inglesas! Mi maestra, la srta. tanaka, dice que el Viernes podemos enseñarle una rima a la clase.

Nombre _____ Fecha _____

Lección 4
CUADERNO DEL LECTOR

Punto de enfoque: Ideas
Miradas retrospectivas y hacia el futuro

Las niñas Rockett
Escritura: Escritura narrativa

Punto de partida de la historia

Todos los inviernos, Estela esperaba la nieve. Le encantaba esquiar. Cuando la gente la veía lanzarse por las pistas, exclamaba: "¡Ahí va Estela Estelar!", porque lo hacía muy bien. Y Estela también sabía que lo hacía muy bien.

Siempre contestaba con un giro, una sonrisa deslumbrante y una rociada de nieve. Este año quería practicar una pirueta nueva. Lo único que necesitaba era nieve.

Piensa en cómo usarías las miradas retrospectivas y hacia el futuro para hacer más interesante la historia de Estela. Revisa el punto de partida de la historia para incluir y miradas retrospectivas y hacia el futuro. Si es necesario, continúa en otra hoja de papel.

_____

_____

_____

_____

_____

_____

El diario de Elisa

Escribir un diario

Las páginas del diario de Elisa nos ayudan a entender lo que ella piensa y siente. Además, apoyan el tema del cuento.

Lee las páginas 147 y 148. Escribe otra página del diario como si fueras Elisa, describiendo tu experiencia al intentar hablar en clase. ¿Qué sucedió? ¿Cómo se siente Elisa al respecto?

Nombre _____ Fecha _____

Lee la página 151. Escribe otra página en el diario de Elisa que resuma su conversación con José. Piensa en los detalles del cuento mientras conectas esta experiencia con los días anteriores en la clase.

_____

_____

_____

_____

_____

_____

_____

_____

_____

_____

_____

Sufijos *-mente, -oso, -osa*

El diario de Elisa
Estrategias de vocabulario:
Sufijos *-mente, -oso, -osa*

Todas las palabras del recuadro terminan con un sufijo. Selecciona una palabra del recuadro para llenar el espacio en blanco y completa cada oración.

> oficialmente   probablemente   realmente   particularmente   ligeramente
> exitoso   generosa   numerosa   estruendoso   cariñosa

"de cierta manera"

1. Obedece las reglas y no hagas nada para lo que no estés

   autorizado _____ .

2. Un periódico informa los hechos de una historia en la forma en que

   _____ sucedieron.

3. El dobladillo era desigual, con un lado _____ más

   largo que el otro.

4. A menudo lavaba la vajilla, pero no le gustaba _____ secarla.

5. Para cuando regó el césped, _____ ya era muy

   tarde para salvarlo.

"abundancia" o "acción"

6. Si quieres formar parte de deportes en equipo, hay una cantidad

   _____ de ligas extracurriculares.

7. El bateador golpeó la bola de béisbol con un batazo repentino y

   _____ .

8. La práctica es un factor importante para lograr un

   _____ acto de malabarismo.

9. Es muy _____ con sus seres queridos, en especial,

   con sus padres.

10. Fue una persona _____ que siempre ayudó a los

    que lo necesitaban.

Palabras con sílabas abiertas y cerradas

El diario de Elisa
Ortografía: Palabras con sílabas
abiertas y cerradas

Básicas   Completa el crucigrama escribiendo la Palabra básica por cada pista.

Horizontales

1. colocado en vasija o envase
4. tronco, corteza
6. diligente, dinámico
9. certeza, exactitud
10. cortina en un teatro

Verticales

2. niebla, bruma
3. brío, energía
5. cualidad de alto
7. porción de tierra rodeada de mar
8. noticia, primicia

Palabras de ortografía

1. ánimo
2. activo
3. acceso
4. trabajo
5. lugar
6. verdad
7. consolarlo
8. inglés
9. coliflor
10. novedad
11. trompetista
12. amatista
13. envasado
14. telón
15. silla
16. isla
17. madera
18. neblina
19. verano
20. altura

Palabras avanzadas

aprendiz
avergonzado
incapaces
inspirado
invención

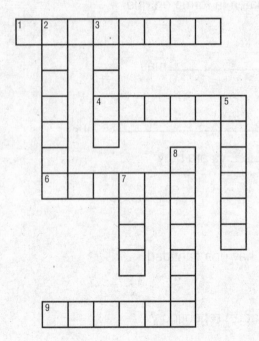

Palabras avanzadas 10 a 13.   Imagina que un oficial de policía habla a tu clase sobre la prevención del delito. Escribe algunas oraciones sobre lo que aprendiste. Usa cuatro de las Palabras avanzadas. Escríbelo en una hoja aparte.

Clasificar palabras de ortografía

Escribe cada Palabra básica junto a la descripción correcta.

Sílabas abiertas	**Palabras básicas:**
Sílabas cerradas con r	**Palabras básicas:** **Palabras avanzadas:**
Sílabas cerradas con l	**Palabras básicas:**
Sílabas cerradas con s	**Palabras básicas:** **Palabras avanzadas:**
Sílabas cerradas con c	**Palabras básicas:**
Sílabas cerradas con d	**Palabras básicas:**
Sílabas cerradas con n	**Palabras básicas:** **Palabras avanzadas:**

Palabras de ortografía

1. ánimo
2. activo
3. acceso
4. trabajo
5. lugar
6. verdad
7. consolarlo
8. inglés
9. coliflor
10. novedad
11. trompetista
12. amatista
13. envasado
14. telón
15. silla
16. isla
17. madera
18. neblina
19. verano
20. altura

Palabras avanzadas
aprendiz
avergonzado
incapaces
inspirado
invención

Palabras avanzadas Agrega las Palabras avanzadas a tu tabla para clasificar palabras.

Conectar con la lectura Repasa *El diario de Elisa*. Busca palabras que tengan sílabas abiertas y sílabas cerradas con *r, l, s, c* y *d*. Clasifícalas en la tabla de arriba.

Nombre _____ Fecha _____

Revisión de ortografía

Encuentra todas las palabras mal escritas y enciérralas en un círculo. Escríbelas correctamente en las líneas de abajo.

El gran juego comienza el jueves después de que toque el tompetista. El entrenador nos tiene preparada esta noveda mientras precalentamos. Me pregunto si el público tendrá aceso al estadio, porque la última vez muchos quedaron fuera. Además, me preocupa la iluminación. La última vez había mucha nebina y el luga se veía oscuro, y los fanáticos casi no veían nada. Las porristas repiten sus rutinas como elón del evento deportivo. El entrenador dice que un poco de ánmo siempre es bueno porque uno no es de madra. Durante el verao practiqué mucho los ejercicios de equilibrio. La verda es que en el último partido me caí dos veces. A esta atura me siento seguro con los lanzamientos libres. Espero estar tan ativo en el juego como en la práctica. ¡No hallo la hora de salir a la cancha y vencer al rival!

1. _____

2. _____

3. _____

4. _____

5. _____

6. _____

7. _____

8. _____

9. _____

10. _____

11. _____

12. _____

Palabras de ortografía

1. ánimo
2. activo
3. acceso
4. trabajo
5. lugar
6. verdad
7. consolarlo
8. inglés
9. coliflor
10. novedad
11. trompetista
12. amatista
13. envasado
14. telón
15. silla
16. isla
17. madera
18. neblina
19. verano
20. altura

Palabras avanzadas

aprendiz
avergonzado
incapaces
inspirado
invención

Sustantivos plurales

El diario de Elisa
Gramática:
Género y número de los
sustantivos

Un **sustantivo singular** nombra una sola persona, lugar,
cosa o idea. Un **sustantivo plural** nombra más de
una persona, lugar, cosa o idea. Para formar la
mayoría de los sustantivos plurales se agrega -*s* o -*es*
al singular. Cuando el sustantivo termina con -*z*, la -*z*
se cambia por *c* antes de añadir -*es*.

**Pregunta para
reflexionar**
*¿El sustantivo necesita
-s o -es para formar el
plural, o se forma de
otra manera?*

sustantivo plural

*Pasamos varias **semanas** en México.*

*En verdad es uno de mis **países** favoritos.*

*Quiero regresar otras **veces** con mi familia.*

Actividad **Escribe la forma plural del sustantivo entre paréntesis.**

1. En mayo tuvimos varias (celebración) del Cinco de Mayo. _____

2. Ese día el ejército mexicano venció a los (francés). _____

3. Los oficiales dan (discurso) y todos juegan (juego). _____

4. Hay muchas (fiesta) y comemos (especialidad) mexicanas. _____

5. Nos ponemos (disfraz) de soldados y cantamos (canción). _____

6. También colgamos piñatas de los (árbol) y añadimos muchas (luz).

_____

Sustantivos masculinos y femeninos

El diario de Elisa
Gramática: Género y número
de los sustantivos

El **género** de un sustantivo puede ser **femenino** o **masculino**. Los sustantivos masculinos suelen terminar en -*o* y llevan un artículo masculino. Los sustantivos femeninos suelen terminar en -*a* y llevan un artículo femenino.

<u>La</u> **caja** contiene <u>los</u> **uniformes** <u>del</u> **equipo**.

Preguntas para reflexionar
¿En qué termina el sustantivo? ¿Qué artículo lleva delante?

Actividad   Escoge el artículo correcto del paréntesis para completar las oraciones. Indica si los sustantivos son masculinos o femeninos.

1. (El/La) cena del Día de Acción de Gracias de mi familia es especial.

   _____

2. Algunas de (los/las) tías buscan pavos salvajes en (el/la) bosque.

   _____

3. A veces ven (unos/unas) gansos volando por encima (del/de la)

   lago. _____

4. Mi papá siempre corta (unos/unas) tartas de calabaza en dos.

   _____

5. ¡Como tanto helado que me duele (el/la) cabeza!

   _____

6. Todos (los/las) años decimos que es (el/la) mejor comida del año.

   _____

Sustantivos colectivos

El diario de Elisa
Gramática:
Género y número de los
sustantivos

Un **sustantivo colectivo** se refiere a un grupo de personas, animales o cosas que actúan como una unidad. Se considera al sustantivo colectivo como un sustantivo en singular, excepto que se refiera a más de un grupo.

sustantivo colectivo singular

Nuestra <u>clase</u> *almorzó primero.*

sustantivo colectivo plural

Todas las <u>clases</u> *del quinto grado están en el segundo piso.*

Preguntas para reflexionar
¿Qué palabra nombra un grupo de personas, lugares o cosas? ¿Qué verbo describe lo que hace el grupo?

Actividad **Subraya el sustantivo colectivo en cada oración. Indica si cada sustantivo colectivo es singular o plural.**

1. La maestra eligió a Elisa para el equipo de ortografía. _____

2. La familia de Elisa se puso muy contenta cuando ella ganó un concurso

   de ortografía. _____

3. José habló al público acerca de las tradiciones

   de Guatemala. _____

4. El padre de José es miembro de varios comités en el centro

   comunitario. _____

5. En Estados Unidos, un jurado decide si una persona es inocente o

   culpable de un delito. _____

6. Ambas orquestas planearon un espectáculo conjunto para agosto. _____

Comparar y usar la negación correctamente

Negación	Se usa la palabra *no*; a veces se usa la doble negación.
Correcto	*No* cancelarán *ningún* juego aunque llueva.

Nunca he visto una multitud tan **grande**. La multitud en el juego de la semana pasada era **más grande**. El último juego de la temporada atrae **la mayor** multitud de todas.
Estos zapatos de atletismo son **buenos**. Pero esos zapatos son **mejores** que estos. Sus zapatos de atletismo son **los mejores**.
Len tuvo una caída **mala**. Heidi tuvo una caída **peor**. Philip tuvo **la peor** de las caídas.
Los movimientos del jugador son **ágiles**. Sus movimientos son **más ágiles** que los míos. Sus movimientos son **los más ágiles** de entre todos los jugadores.

1 a 5.   Escribe una o más palabras para completar las oraciones correctamente.

1. (no es / es) Este juego _____ nada en comparación a nuestro primer juego.

2. (más mal / peor) Billy juega al fútbol _____ que Robert.

3. (mejores / las mejores) El equipo tiene _____ probabilidades de ganar que la

temporada pasada.

4. (nunca ha / nunca no ha) La escuela _____ tenido un buen equipo.

5. (el peor / peor) El equipo del año pasado tuvo _____ puntaje en la historia de la

escuela.

**6 a 10.   Encierra en un círculo los cinco errores en el párrafo. Luego,
corrige los errores en la línea de abajo.**

Creo que nadie no se dio cuenta de lo bien que jugué anoche. Hoy, el entrenador Malone

me dijo que el de anoche fue mejor juego de mi carrera. Luego de hablar con el entrenador,

volví a casa con la más grande sonrisa en mi rostro. Él nunca dice ese tipo de cosas. De hecho,

fue lo agradable que me ha dicho jamás. Nada podría hacerme sentir más bien.

_____

Conectar con la escritura

Usar palabras precisas hace más interesantes tus escritos.

Sustantivo menos preciso	Sustantivo más preciso
Ella nos dejó en el <u>lugar</u>.	Mi madre nos dejó en el <u>campo de entrenamiento</u>.

**Actividad   Reemplaza el sustantivo subrayado con un sustantivo preciso.
Escribe la nueva oración en la línea.**

1. El entrenador tocó la <u>cosa</u> para llamar nuestra atención.

_____

2. Billy necesita <u>equipo</u> nuevo de fútbol americano.

_____

3. Las <u>palabras</u> del <u>hombre</u> hicieron reír al equipo.

_____

4. El <u>jugador</u> marcó un tanto casi al final.

_____

5. El nuevo jugador de defensa se cayó y se <u>lastimó</u>.

_____

6. Al final del juego, todas las <u>personas</u> se pusieron de pie
y aplaudieron.

_____

7. El entrenador llevó a <u>todos</u> a comer.

_____

8. Pedimos cinco pizzas <u>completas</u>.

_____

Punto de enfoque: Voz
Crear descripciones y diálogos intensos

Una voz intensa muestra las emociones, las actitudes o los puntos de vista de la persona. Se oye natural y revela la personalidad de la persona.

Voz moderada	Voz intensa
—No sabía que nos encontrábamos hoy —dijo Greg.	—¡No puede ser! ¿Estás seguro? Pensé que habíamos dicho que hoy no era un buen día —se quejó Greg.

A. Lee las oraciones. En la línea de abajo, explica por qué es más intensa la segunda voz.

Voz moderada	Voz intensa
Señaló la bicicleta y dijo: "Me gusta esa".	—Esperen… Es esa —quedó boquiabierta, apuntando a la belleza del rincón—¡Esa es mi bicicleta!

1. _____

_____

Voz moderada	Voz intensa
"Es genial la vista del tráfico desde el décimo piso".	"Me encanta mirar hacia abajo y ver a los pequeños autos pasar por los túneles, entre los edificios y colocarse en los huecos del tráfico".

2. _____

_____

B. Lee cada oración moderada. Luego vuelve a escribirlas para crear una voz y mostrar una actitud clara. Usa palabras y detalles que muestren los pensamientos y la personalidad de la persona.

En parejas/Para compartir   Trabaja en parejas para hacer una lluvia de ideas.

Voz moderada	Voz intensa
3. Scott dijo que el golpe lanzó la pelota fuera del diamante.	
4. El olor de la comida despertó mi apetito.	

Guía del lector

En busca del canguro arborícola

Instructivo para estudiar canguros

Los biólogos estudian los animales y las plantas observando su comportamiento. Prestan mucha atención a las causas y los efectos. En el cuento "En busca del canguro arborícola", un equipo de biólogos observa las causas y los efectos del comportamiento de los canguros arborícolas.

El equipo está escribiendo un instructivo para otros biólogos que quieran ir a Papúa Nueva Guinea para estudiar a los canguros arborícolas en el futuro. Los ayudarás a escribir el instructivo sobre la base de las observaciones y experiencias con los canguros arborícolas.

Lee la pág. 179. ¿En qué condiciones climáticas es más probable ver a los canguros arborícolas? Describe el efecto que tiene el clima sobre los canguros arborícolas.

_____

_____

Explica cuál es la mejor manera de capturar a un canguro arborícola y explica qué es lo que no se debe hacer. Describe el efecto que estas estrategias tienen sobre los canguros arborícolas.

_____

_____

_____

_____

_____

Lee la pág. 185. Explica cómo preparar a un canguro arborícola para poder examinarlo. Describe el efecto que estos procedimientos tienen sobre el canguro arborícola.

_____

_____

_____

Explica cómo poner un collar localizador a un canguro arborícola. Describe por qué se sueltan.

_____

_____

_____

_____

_____

Sinónimos y antónimos

En busca del canguro arborícola
Estrategias de vocabulario:
Sinónimos y antónimos

Cada oración contiene una palabra que es sinónimo o antónimo de la palabra subrayada. Encierra en un círculo el antónimo o el sinónimo. Luego usa el sinónimo o el antónimo para definir la palabra subrayada.

1. El canguro arborícola que los trabajadores vieron era joven.

   Años después, vieron al mismo canguro ya <u>desarrollado</u>.

   _____.

2. Si trabajamos todos juntos, podemos hacer que los animales salvajes

   como los canguros estén a salvo y no <u>amenazados</u> como ahora.

   _____

3. El canguro arborícola casi es <u>mutilado</u> por una trampa que dejaron

   cazadores descuidados. Afortunadamente, los científicos pudieron salvar la

   pata herida. _____

4. El canguro estuvo <u>quieto</u> e inactivo por un tiempo después de la operación.

   _____

5. La respiración del canguro era <u>dificultosa</u> al principio pero luego pudo

   respirar con más facilidad. _____

6. Como pensaron que el canguro estaba en peligro, <u>apuraron</u> sus

   esfuerzos para alcanzarlo acelerando la velocidad de su camioneta.

   _____

7. La <u>indiferencia</u> de algunas personas hacia el sufrimiento de los animales

   es desalentadora. Deberíamos ocuparnos de todas las criaturas.

   _____

8. Me sentí <u>realizado</u> con mi participación en la expedición. Fue una

   experiencia muy gratificante. _____

Palabras con *b* y *v*

Básicas Escribe la Palabra básica que completa mejor cada analogía.

1. El *delito* es a la *policía* como el *fuego* es a los _____ .

2. *Ir* es a *venir* como *subir* es a _____ .

3. El *agricultor* es al *arado* como el *capitán* es al _____ .

4. El *nacimiento* es a la *vida* como la *partida* es a un _____ .

5. El *viento* es al *molino* como el *valor* es al _____ .

6. *Nacer* es a *morir* como la *ida* es a la _____ .

7. El *aire* es al *globo* como el *agua* es al _____ .

8. *Dormido* es a *despierto* como *cerrado* es a _____ .

9. La *mano* es al *tacto* como el *ojo* es a la _____ .

10. Las *notas* son a la *partitura* como los *palillos* al _____ .

Palabras avanzadas 11 a 14. Escribe qué pasaría si fueras en una expedición a estudiar un animal extraño. Usa cuatro de las Palabras avanzadas. Escribe tu respuesta en una hoja de papel aparte.

_____

_____

_____

_____

_____

_____

_____

_____

Palabras de ortografía
1. bajar
2. barco
3. beso
4. bolsa
5. viaje
6. abierto
7. acróbata
8. bomberos
9. burbujas
10. buscar
11. vista
12. tambor
13. valiente
14. varada
15. veinte
16. vaso
17. avistar
18. vela
19. volteretas
20. vuelta

Palabras avanzadas
vocación
vivíparo
ambivalente
sobrevolar
bravura

Clasificar palabras de ortografía

Escribe las Palabras básicas junto a la descripción correcta.

	Palabras de ortografía

	Palabras básicas:
Palabras con *b*	**Palabras avanzadas:**
Palabras con *v*	**Palabras básicas:**
	Palabras avanzadas:

Palabras avanzadas   Agrega las Palabras avanzadas a tu tabla para clasificar palabras.

Conectar con la lectura   Repasa *En busca del canguro arborícola*. Busca palabras con *b* y *v*. Agrégalas a tu tabla para clasificar palabras.

Palabras de ortografía

1. bajar
2. barco
3. beso
4. bolsa
5. viaje
6. abierto
7. acróbata
8. bomberos
9. burbujas
10. buscar
11. vista
12. tambor
13. valiente
14. varada
15. veinte
16. vaso
17. avistar
18. vela
19. volteretas
20. vuelta

Palabras avanzadas
vocación
vivíparo
ambivalente
sobrevolar
bravura

Revisión de ortografía

Encuentra las palabras que están mal escritas y enciérralas en un círculo. Escríbelas correctamente en las líneas de abajo.

Los científicos aconsejan abistar de lejos los nidos de las tortugas marinas.

Los bonveros ayudan a salvar muchos huevos. Si quieres vajar a dar

un paseo por la bahía, ten cuidado. En alguna buelta podrías pisar una

cría de tortuga que va de biaje hacia el mar. La verdad es que más de

beinte mueren devoradas por los depredadores. Piensa que acercarte a

un nido es como caminar encima de burvujas. Los voluntarios entregan

información a las personas que visitan la bahía en varco. El mar avierto

no es siempre un lugar seguro para las tortugas. Es común ver tortugas

baradas en la playa y ellas necesitan de gente baliente que las ayuden.

Una tortuga marina siempre vusca el mar, pero a veces queda atrapada en

la basura de la costa.

1. _____	7. _____
2. _____	8. _____
3. _____	9. _____
4. _____	10. _____
5. _____	11. _____
6. _____	12. _____

Palabras de ortografía

1. bajar
2. barco
3. beso
4. bolsa
5. viaje
6. abierto
7. acróbata
8. bomberos
9. burbujas
10. buscar
11. vista
12. tambor
13. valiente
14. varada
15. veinte
16. vaso
17. avistar
18. vela
19. volteretas
20. vuelta

Palabras avanzadas

vocación
vivíparo
ambivalente
sobrevolar
bravura

Verbos

Un **verbo** es una palabra que expresa una acción o un estado.

verbo

El canguro arborícola trepó al árbol.

**Pregunta
para reflexionar**
*¿Qué hizo el sujeto de la
oración?*

Actividad Subraya el verbo en cada oración.

1. Estudié sobre los animales.

2. Los científicos buscaron canguros arborícolas en la selva.

3. Finalmente encontramos uno en un árbol.

4. El hombre ladraba como un perro.

5. El canguro arborícola mordió a uno de los científicos.

6. Me preocupa el futuro de estos animales.

7. Colocamos el collar a uno de los canguros arborícolas.

8. El equipo avanzó por la selva.

9. Seguimos el viejo camino.

10. El canguro subió al árbol más alto.

Verbos principales y auxiliares

El **verbo principal** indica la acción o el estado. El **verbo auxiliar** va antes del verbo principal e indica la conjugación. Algunos verbos auxiliares son *haber, ser, poder, querer, estar* y *seguir*.

verbo auxiliar verbo principal

Pronto <u>podremos</u> <u>visitar</u> la selva.

Pregunta para reflexionar
¿Qué verbo describe la acción y qué verbo es el auxiliar?

En cada oración, subraya el verbo principal una vez, y el verbo auxiliar dos veces.

1. Quiero ver un canguro arborícola.
2. Podemos estudiar los animales de Papúa Nueva Guinea en clase.
3. Habremos aprendido sobre el hábitat selvático.
4. El biólogo seguirá estudiando a los canguros arborícolas.
5. Los canguros arborícolas pueden regresar a su hogar en los árboles.
6. Los rastreadores han encontrado dos canguros arborícolas.
7. Estaré escuchando la presentación.
8. He visto un programa acerca de estos animales en un programa de televisión.

Tiempos verbales

Los **tiempos verbales** pueden expresar varios tiempos, secuencias, estados y condiciones.

tiempos verbales
Después de haber encontrado un canguro arborícola, los científicos lo examinarán.

Pregunta para reflexionar
¿Estos tiempos verbales ayudan a expresar tiempo, secuencia, condición o estado?

En cada oración, identifica si los tiempos verbales expresan tiempo, secuencia, condición o estado.

1. Caminamos por la selva en busca de canguros arborícolas.

   _____

2. Viajamos en avión a Papúa Nueva Guinea y conduciremos hasta el campamento.

   _____

3. Los hombres tuvieron que capturar al animal antes de examinarlo.

   _____

4. Vamos a haber completado una semana entera de trabajo en la

   selva. _____

5. Estaré encantado de completar este proyecto. _____

6. Vamos a estar de camino a una parte remota de la isla. _____

7. Seguí al animal que divisé entre los árboles. _____

8. Los canguros arborícolas se recuperarán si se les da tiempo

   suficiente. _____

Sujetos y predicados

	Sujeto	Predicado
Oración	Muchas especies marinas	están en peligro de extinción.
Fragmento	Una criatura selvática poco común	

Actividad Subraya el sujeto una vez, y el predicado dos veces. Si la oración no tiene sujeto y predicado, escribe *fragmento*.

1. Los científicos trabajan por una causa vital. _____

2. Los canguros arborícolas son tímidos y reservados. _____

3. En los árboles, un hermoso canguro arborícola rojo y dorado. _____

4. Caminando entre los árboles, esperando ver canguros arborícolas. _____

5. Siempre me interesaron estas criaturas en particular. _____

6. El fotógrafo siguió al equipo mientras buscaban en el bosque. _____

7. El equipo de investigadores que trabaja en el campamento. _____

8. Muchos animales pasan la mayor parte de sus vidas subidos a los árboles. _____

9. Los especialistas en animales hacen sus investigaciones en varias partes del mundo.

_____

10. Muchos mamíferos que viven en selvas tropicales. _____

Conectar con la escritura

Elegir el verbo preciso y el tiempo verbal correcto hace que la escritura sea más clara e interesante.

Verbo impreciso	Verbo preciso
El canguro arborícola estaba sentado en el árbol.	El canguro arborícola estaba descansando en el árbol.

1 a 5.   Elige el verbo o el tiempo verbal que describe más detalladamente a la acción.

1. (movió, había movido) El animal se _____ a otro árbol.

2. (analizan, analizarán) Los científicos _____ la información que reúnan.

3. (estuve, me sentí) _____ extremadamente feliz de hacer el viaje.

4. (cambió, se oscureció) De pronto el cielo _____ .

5. (anduvo, aceleró) El avión _____ por la pista y se fue.

6 a 10.   Completa cada oración con una palabra del recuadro. Elige el verbo que mejor describe el significado de la oración.

> había tomado   estaba   abrió   dijo   revisa
> expresé   exclamó   examinaría   había estudiado   di

6. El canguro arborícola se _____ paso entre las ramas del árbol.

7. El científico _____ muestras que examinaría después.

8. "¡Estoy emocionada de haber visto esto!", _____ .

9. Oscar _____ la información antes de hacer el examen.

10. _____ mi agradecimiento por la ayuda de los rastreadores.

Nombre _____ Fecha _____

Lección 6
CUADERNO DEL LECTOR

**En busca del
canguro arborícola**
Escritura: Escritura informativa

Punto de enfoque: Organización
Crear una secuencia clara

Sucesos	Secuencia
El rastreador puso al canguro arborícola en una bolsa de arpillera. Holly y Lisa examinaron el animal. Gabriel le colocó un collar localizador.	Primero, el rastreador pone al canguro arborícola en una bolsa de arpillera mientras el animal se movía para liberarse. Después, Holly y Lisa examinaron al animal. Cuando terminaron, Gabriel le colocó un collar localizador que usarían para rastrear al canguro.

Organiza los sucesos en una secuencia. Agrega o cambia palabras para hacer la secuencia más clara e interesante.

Sucesos	Secuencia
1. Tess fue liberada.	
2. Los rastreadores contratados buscaban canguros.	
3. Los científicos viajaron a la selva de Papúa Nueva Guinea.	
4. Los científicos examinaron el animal.	
5. Colocaron un collar localizador en el cuello de Tess.	
6. Buscaron por tres días y capturaron a un canguro arborícola hembra.	
7. Lo llamaron Tess.	
8. Determinaron su peso, temperatura y ritmo cardíaco.	

Fiel amigo

Evaluar la elección de palabras

Los autores tratan de crear suspenso y drama en un relato a través de la elección de las palabras. En *Fiel amigo*, el lenguaje sensorial vívido ayuda a crear momentos de tensión y suspenso. Podemos sentir cómo Travis y Arliss experimentaron estos momentos.

Lee la pág. 211. Elige tres frases que, en tu opinión, usan el lenguaje sensorial apropiado para describir la acción y escríbelas en la columna 1. Para cada frase, explica por qué el autor hizo una buena elección de palabras y escribe la explicación en la columna 2. Trata de pensar una razón diferente para cada frase. La primera ya fue completada a modo de ejemplo.

Elección de palabras del autor	Características de una buena elección de palabras
sentí que el corazón se me paró de golpe	describe un sentimiento físico

Escribe todas las características de una buena elección de palabras de la tabla de la pág. 73 en la lista de control a continuación. Elige tu página favorita del relato. Escribe tres ejemplos de una buena elección de palabras en la columna 1 de la lista de control. Luego, revisa las características que tiene cada ejemplo.

Número de página _____	Característica 1	Característica 2	Característica 3	Característica 4
Elección de palabras del autor	describe un sentimiento físico			

Haz una crítica de la página. Explica por qué piensas que muestra o no una buena elección de palabras.

_____

_____

_____

_____

Adagios y proverbios

Fiel amigo
Estrategias de vocabulario:
Adagios y proverbios

**Elige una palabra del recuadro para completar el proverbio o adagio.
Luego escribe el significado de la oración debajo.**

> cargar   ojo   ladra   lengua
> bien   pulir   victoria   vientos

1. La casa nueva nos costó un _____ de la cara.

_____

2. Los niños tuvieron que _____ con responsabilidades como la

de juntar madera.

_____

3. No te preocupes, perro que _____ no muerde.

_____

4. La maestra les decía que debían hacer el _____ sin mirar a quién.

_____

5. El estudiante nuevo habló en una _____ extranjera.

_____

6. No cantes _____ antes de tiempo.

_____

7. Intentó _____ su vocabulario antes de la prueba.

_____

8. Quien siembra _____ recoge tempestades.

_____

Palabras con los sonidos /r/ y /rr/

Básicas   Escribe la Palabra básica que completa mejor cada oración.

1. El _____ de mi vecino ladró toda la noche.

2. Los niños estaban _____ en el parque cuando comenzó a llover.

3. En la féria había unos _____ de plata muy bonitos.

4. Mi primo tiene una _____ muy contagiosa.

5. En la fiesta había mucha comida, _____ yo no tenía hambre.

6. La _____ estaba desierta.

7. A las plantas hay que tratarlas con _____ .

8. Este verano iremos de vacaciones a _____ .

9. El pastor sacó de su _____ alimentos y una botella de agua.

10. La _____ nos dice qué está bien y qué está mal.

11. En el campamento comimos unas ricas _____ .

Palabras avanzadas   En una hoja aparte, escribe una entrada en tu diario sobre tus metas profesionales. Usa al menos tres de las Palabras avanzadas.

Palabras de ortografía

1. perro
2. largo
3. pero
4. moral
5. ronco
6. morral
7. retozo
8. arepa
9. rápido
10. arete
11. arremeter
12. aparece
13. risa
14. cariño
15. marea
16. corriendo
17. ruta
18. Aruba
19. ratita
20. enrulado

Palabras avanzadas
recorrer
enredo
alrededor
padre
sonrisa

Clasificar palabras de ortografía

Escribe las Palabras básicas junto a la descripción correcta.

Palabras que se escriben con _rr_ y se pronuncian /rr/	Palabras básicas:
	Palabras avanzadas:
Palabras que se escriben con _r_ y se pronuncian /r/	Palabras básicas:
	Palabras avanzadas:
Palabras que se escriben con _r_ y se pronuncian /rr/	Palabras básicas:
	Palabras avanzadas:

Palabras avanzadas   Agrega las Palabras avanzadas a tu tabla para clasificar palabras.

Conectar con la lectura   Lee *Fiel amigo*. Busca palabras con los sonidos /r/ y /rr/ y agrégalas a tu tabla para clasificar palabras.

Palabras de ortografía

1. perro
2. largo
3. pero
4. moral
5. ronco
6. morral
7. retozo
8. arepa
9. rápido
10. arete
11. arremeter
12. aparece
13. risa
14. cariño
15. marea
16. corriendo
17. ruta
18. Aruba
19. ratita
20. enrulado

Palabras avanzadas
recorrer
enredo
alrededor
padre
sonrisa

Revisión de ortografía

Fiel amigo
Ortografía: Palabras con los sonidos /r/ y /rr/

Encuentra las palabras que están mal escritas y enciérralas en un círculo.
Escríbelas correctamente en las líneas de abajo.

Palabras de ortografía

Mi bisabuelo Vicente creció en la costa de Arruva en 1880.

Cuando era niño, tenía un pero, Pancho, de pelo enrrulado y que

coría más rrápido que cualquier otra mascota de la ciudad. Era un

animal muy cariñozo, pero también era perezoso. No importaba que

mi bisabuelo sacara una arrepa de su moral para ofrecérsela, Pancho

rretozaba muy tranquilo en su rincón. Una vez mi abuelo decidió

sacarlo de paseo y ambos salieron a recorer el parque que queda al

costado de la rruta. Cuando ya estaban por volver a casa, unos niños se

burlaron de mi bisabuelo y Pancho quiso aremeter contra ellos, perro

mi bisabuelo no lo dejó.

1. **perro**
2. **largo**
3. **pero**
4. **moral**
5. **ronco**
6. **morral**
7. **retozo**
8. **arepa**
9. **rápido**
10. **arete**
11. **arremeter**
12. **aparece**
13. **risa**
14. **cariño**
15. **marea**
16. **corriendo**
17. **ruta**
18. **Aruba**
19. **ratita**
20. **enrulado**

Palabras avanzadas
recorrer
enredo
alrededor
padre
sonrisa

1. _____
2. _____
3. _____
4. _____
5. _____
6. _____
7. _____
8. _____
9. _____
10. _____
11. _____
12. _____
13. _____

Objeto directo

En una oración, un **objeto directo** es una persona, un lugar o una cosa que recibe la acción del verbo. Es decir, puede ser un sustantivo, un pronombre o una frase sustantiva. El objeto directo siempre se puede reemplazar por *lo, la, los, las.*

objeto directo

El niño sujetaba el hacha.

Pregunta para reflexionar
¿Qué palabras indican qué o quién recibe la acción del verbo?

Actividad **Subraya el objeto directo en cada oración.**

1. Papá salió a juntar el ganado.

2. Mamá arreglará la cerca.

3. El mes pasado, un puma atacó una vaca de mi vecino.

4. El hombre que ellos contrataron lo vio.

5. Eso asustó mucho a los habitantes del pueblo.

6. El viento azotaba los árboles.

7. Cuando fuimos de campamento, vimos un oso pardo.

8. En el jardín de la escuela encontraron un lagarto.

Objeto directo

Un **objeto directo** compuesto son dos o más objetos o
personas que reciben la acción de un mismo verbo. Los
complementos pueden ser sustantivos, pronombres o ambos.
Recuerda que el objeto directo siempre se puede reemplazar
por *lo, la, los, las*.

Mi mamá llamó a <u>mi papá</u>, al <u>empleado</u> y a <u>mi hermano</u>.

Mi mamá llamó a <u>mi hermano</u> y a <u>mí</u>. (No <u>mi hermano</u> y yo)

**Pregunta para
reflexionar**
*¿Qué palabras indican
qué o quién recibe la
acción del verbo?*

1 a 5. **Lee cada oración y subraya los objetos directos
compuestos.**

1. Compré un martillo, clavos y pegamento.

2. Arreglé la cerca, el establo y la puerta de la entrada.

3. Recibimos a nuestros vecinos y a algunos músicos viajeros.

4. Los músicos trajeron una guitarra, un violín y un tambor.

5. Después de la música y de bailar un poco, servimos distintas

comidas y bebidas.

6 a 8. **Subraya el pronombre incorrecto. En los espacios en blanco,
escribe el correcto.**

6. Mi papá dice que la oscuridad nunca asustó a mi mamá ni a lo.

_____

7. La luna y las estrellas los ayudaron a nos a ver mejor. _____

8. Mi tío nos llevó a mi hermano y a yo al parque. _____

Objeto indirecto

Un **objeto indirecto** es un sustantivo o un pronombre que está relacionado con el verbo y con el objeto directo e indica a quién o para quién se realiza la acción del verbo. El objeto indirecto está precedido por las preposiciones *a* o *para* y puede reemplazarse por **le** o **les**.

Una oración que tiene un objeto indirecto debe tener un objeto directo.

objeto directo   objeto indirecto

Papá compró <u>maíz</u> <u>para los caballos</u>.

> **Pregunta para reflexionar**
> *¿Qué palabras me dicen para quién o qué se realiza la acción?*

Actividad Subraya el objeto indirecto una vez y el objeto directo dos veces.

1. Sus primos les mostraron su piscina.

2. Ellos les prestaron trajes de baño.

3. Llevaron pequeños pedacitos de pan a los patos y gansos.

4. Mostraron a sus primos su mejor zambullida.

5. Después de nadar, dieron maíz a las gallinas.

6. Cuando regresaron, sus tíos les prepararon la merienda.

7. Al atardecer, la tía preparó la cena para ellos y para sus primos.

8. Después de la cena, les cantaron a la tía, al tío y a sus primos un villancico.

Clases de oraciones

Cuatro clases de oraciones

Oración enunciativa	En el bosque hay osos.
Oración interrogativa	¿Viste el oso?
Oración imperativa	No te acerques al oso.
Oración exclamativa	¡Cuidado con el oso!

Actividad   **Vuelve a escribir cada oración agregando la puntuación correcta.
La clase de oración se muestra entre paréntesis.**

1. los osos buscan arándanos en el bosque (enunciativa)

   _____

2. encontraste algún arbusto de arándanos (interrogativa)

   _____

3. recoge algunos arándanos (imperativa)

   _____

4. me encantan los arándanos (exclamativa)

   _____

5. Los campistas vieron un oso cerca de las carpas (enunciativa)

   _____

6. El oso está buscando comida (enunciativa)

   _____

7. Coloca tu comida en una bolsa para los osos (imperativa)

   _____

8. La comida que no está envuelta puede atraer a los osos. (interrogativa)

   _____

Conectar con la escritura

Objetos directos con el mismo verbo	Oración combinada con objeto directo compuesto
El oso comió algunas bayas. El oso comió un pescado.	El oso comió algunas bayas y un pescado.
Pude plantar tomates. Pude plantar maíz. Pude plantar lechugas.	Pude plantar tomates, maíz y lechugas.

Actividad **Combina cada grupo de oraciones para formar una oración que incluya todos los objetos directos.**

1. Mi papá montó el caballo blanco. Mi papá montó la yegua baya. Mi papá montó el palomino.

   _____

2. Mi hermana acarició al gato. Mi hermana acarició al perro. Mi hermana acarició al conejo.

   _____

3. En nuestra caminata, vimos cisnes nadando. Vimos ardillas trepando. Vimos halcones volando.

   _____

   _____

4. La osa atacó al niño. La osa atacó al perro.

   _____

5. El coyote asustó al padre y al hijo. El tigre asustó al padre y al hijo.

   _____

Punto de enfoque:
Elección de palabras

Agregar citas directas y detalles precisos

Detalle general (débil)	Detalle preciso (fuerte)
Fiel amigo le gruñó al oso. Parecía feroz.	Fiel amigo arremetió con un gruñido feroz. Golpeó y se abalanzó con todo su peso sobre el oso.

A. Lee cada enunciado sin detalles de la columna derecha. Luego agrega citas de Fiel amigo que desarrollen y apoyen el enunciado.

Sin detalles (débil)	Con detalles (fuerte)
1. Travis quería a su hermano.	
2. Los sentimientos de Travis por Fiel amigo cambiaron.	

B. Lee las oraciones. Vuelve a escribirlas para hacer el detalle más preciso. Agrega palabras que muestren información más que darla.

En parejas/Para compartir Haz una lluvia de ideas con un compañero sobre formas más exactas de expresar cada detalle.

Detalle general	Detalle preciso
3. Escuchó el sonido de un oso.	
4. Se preparó para actuar.	
5. Se sintió aliviado.	

Nombre _____ Fecha _____

Lección 8
CUADERNO DEL LECTOR

Everglades para siempre:
La recuperación del
gran pantano de Estados
Unidos

Lectura independiente

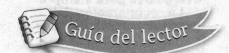

Guía del lector

Everglades para siempre: La recuperación del gran pantano de Estados Unidos

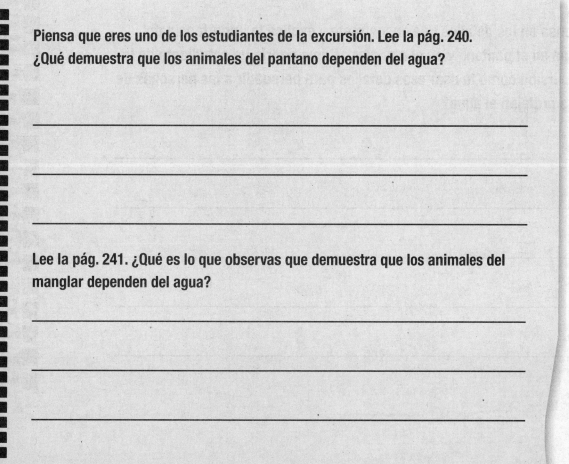

Pensar como un conservacionista

Los conservacionistas estudian cómo las acciones de los seres humanos afectan a los animales y a las plantas. La autora de *Everglades para siempre* describe cómo los animales y las plantas del Everglades dependen del agua. Quiere que entendamos que nuestro uso del agua afecta el Everglades. Piensa como una conservacionista.

Piensa que eres uno de los estudiantes de la excursión. Lee la pág. 240. ¿Qué demuestra que los animales del pantano dependen del agua?

_____

_____

_____

Lee la pág. 241. ¿Qué es lo que observas que demuestra que los animales del manglar dependen del agua?

_____

_____

_____

Nombre _____ Fecha _____

Lección 8
CUADERNO DEL LECTOR

**Everglades para siempre:
La recuperación del
gran pantano de Estados
Unidos**

Lectura independiente

Lee la pág. 244. El guardabosques Jim dice que es importante
conservar el agua. ¿Cómo apoya lo que observaste en el pantano y en
el manglar lo que dice el guardabosques Jim sobre el agua?

_____

_____

_____

Piensa en los detalles que encontraste y explica la importancia del
agua en el pantano y en el manglar. ¿Cómo podría un estudiante de la
excursión como tú usar esos detalles para persuadir a las personas de
que protejan el agua?

_____

_____

_____

_____

Prefijos *en-, re-, pre-, pro-*

Las palabras del recuadro comienzan con un prefijo. Elige una palabra del recuadro para completar el espacio en blanco y completar así cada oración. Usa el significado de los prefijos y las palabras base para ayudarte a seleccionar la palabra correcta de cada oración.

enfurecido	predecir	enjaulados	promover	remover
promulgar	releer	prehistoria	revisar	rehacer

"dentro"

1. Los animales _____ sufren mucho.

2. Cuando nos contaba acerca de los cazadores, el guardaparques estaba
_____ .

"repetición"

3. La maestra les dijo que debían _____ los deberes .

4. Fue bastante difícil _____ la tierra para plantar
el árbol.

5. Es difícil entender los textos por completo sin _____ .

6. Antes de una excursión al aire libre, debes _____ el equipo.

"antes"

7. La _____ terminó con la invención de la escritura.

8. Algunas personas dicen que pueden _____
el futuro.

"impulso"

9. Una tarea del Congreso es _____ las leyes.

10. Nos reunimos para _____ cambios y mejoras en la
organización del club.

Palabras con el sonido /s/

Básicas Escribe la Palabra básica que completa mejor cada oración.

1. De niña me gustaba subir a la _____ del
   cerro y observar desde allí el _____ .

2. Es saludable comer _____ en el desayuno
   y algo liviano en la _____ .

3. La _____ del cuento se pasaba horas hablando con
   los _____ .

4. Tienes que _____ a mi primo, ¡él es lo
   _____ !

5. Por _____ a Luis que pasaba caminando con su perro,
   casi me caigo a un _____ .

Palabras avanzadas Imagina que tu familia asistirá a un acuario.
Escribe un párrafo sobre lo que ves y haces. Usa cuatro de las Palabras
avanzadas. Escribe tu respuesta en una hoja aparte.

Palabras de ortografía

1. cima
2. sapo
3. pozo
4. cena
5. zurdo
6. cereal
7. máximo
8. sirenas
9. seco
10. azul
11. círculos
12. hacia
13. azar
14. suelo
15. conocer
16. saludar
17. cenagal
18. zona
19. horizonte
20. sendero

Palabras avanzadas

sencillo
zumo
silencio
peces
sumo

Clasificar palabras de ortografía

Escribe las Palabras básicas junto a la descripción correcta.

Palabras que se escriben con *s* y se pronuncian con /s/	Palabras básicas:
	Palabras avanzadas:
Palabras que se escriben con *c* y se pronuncian con /s/	Palabras básicas:
	Palabras avanzadas:
Palabras que se escriben con *z* o *x* y se pronuncian con /s/	Palabras básicas:
	Palabras avanzadas:

Palabras avanzadas   Agrega las Palabras avanzadas a tu tabla para clasificar palabras.

Conectar con la lectura   Lee *Everglades para siempre: La recuperación del gran pantano de Estados Unidos.* Busca palabras con el sonido /s/ y clasifícalas en la tabla de arriba.

Palabras de ortografía

1. cima
2. sapo
3. pozo
4. cena
5. zurdo
6. cereal
7. sirenas
8. seco
9. azul
10. círculos
11. hacia
12. azar
13. suelo
14. conocer
15. saludar
16. cenagal
17. zona
18. horizonte
19. sendero
20. máximo

Palabras avanzadas

sencillo
zumo
silencio
peces
sumo

Everglades para
siempre

Ortografía: Palabras con
el sonido /s/

Revisión de ortografía

Encuentra las palabras que están mal escritas y enciérralas en un círculo. Escríbelas correctamente en las líneas de abajo.

Desde la sima se podía ver toda la ciudad, como si estuviera en un poso. Podía pasar horas sentada allí comiendo sereal, mientras miraba el cielo asul y el horisonte. Cuando llegaba a casa, mamá preparaba la sena y luego veíamos un programa de juegos de asar en la televisión. Cuando mi abuela pasaba a xaludar, mi hermanito corría hasia ella y le pedía que le leyera siempre el mismo cuento cuyos protagonistas eran unas cirenas y unos zapos. Lo conosía de memoria, pero le encantaba escucharlo y ella disfrutaba contárselo una y otra vez.

1. _____   7. _____

2. _____   8. _____

3. _____   9. _____

4. _____   10. _____

5. _____   11. _____

6. _____   12. _____

Palabras de ortografía

1. cima
2. sapo
3. pozo
4. cena
5. zurdo
6. cereal
7. sirenas
8. seco
9. azul
10. círculos
11. hacia
12. azar
13. suelo
14. conocer
15. saludar
16. cenagal
17. zona
18. horizonte
19. sendero
20. máximo

Palabras avanzadas

sencillo
zumo
silencio
peces
sumo

Usar *y, pero* y *o*

Las **conjunciones** son palabras que relacionan otras palabras o grupos de palabras en una oración. Las palabras *y, pero* y *o* son conjunciones coordinantes. *Y* une. *Pero* demuestra contraste. *O* indica elección.

conjunción

Los caimanes usan sus colas y patas para cavar huecos en la costa.

Pregunta para reflexionar
¿Qué palabra tiene la función de conectar otras palabras o grupos de palabras en la oración?

1 a 5.   Subraya la conjunción en cada oración. Indica si une sujetos, predicados, objetos directos u oraciones.

1. Si los pantanos se secan, los animales tendrán que migrar o morirán. _____

2. Los árboles de mangle tienen raíces y cortezas especiales. _____

3. Los líquenes se esparcen en el árbol, pero no lo matan.

   _____

4. Los arbustos de moras y las palmas enanas cubren la tierra. _____

5. La garza atrapó el pez, pero la garceta se lo robó. _____

6 a 10.   Escribe la conjunción que mejor exprese el significado que se muestra entre paréntesis.

6. Los cocodrilos observan atentamente _____ esperan a su presa. (unión)

7. Un halcón se zambulló en el río, _____ no atrapó ningún pez. (contraste)

8. Puedes cuidar el agua tomando duchas más cortas _____ lavando mucha ropa junta. (elección).

9. Las plantas _____ los animales dependen unos de otros en la selva. (unión)

10. Los gobiernos _____ las empresas deben cooperar para cumplir los objetivos de conservación del ambiente. (unión)

Usar *y*, *pero* y *o* para combinar palabras u oraciones

Cuando se unen dos oraciones completas con una conjunción, se forma una oración compuesta. Si las oraciones comparten el sujeto o están relacionadas con la misma idea, usa la conjunción *y*. Si las oraciones presentan ideas que se contrastan, usa *pero* o la conjunción *o*.

Me interesa la protección de los recursos naturales, **pero** nunca antes estudié eso.

Me interesa la protección de los recursos naturales **y** espero estudiar eso en la universidad.

Estudiaré para proteger los recursos naturales **o** seguiré botánica.

Preguntas para reflexionar
¿De qué manera están relacionadas las dos oraciones? ¿Qué conjunción puedo usar para conectarlas?

Actividad **Forma oraciones compuestas usando conjunciones. Escribe tu oración en la línea.**

1. Papá y yo hicimos una excursión a los Everglades mi hermana visitó el museo.

   _____

2. La excursión duró tres horas al final, comimos bocadillos.

   _____

3. Me gustó ver a los animales silvestres. A Papá le gustó ver las plantas.

   _____

4. Desearía que pudiéramos quedarnos más nuestro viaje terminará en dos días.

   _____

5. Podríamos irnos ahora. Podríamos quedarnos a ver las fotografías.

   _____

Usar conjunciones subordinantes

Las **conjunciones subordinantes** son palabras que conectan una parte de la oración con otra y hacen que una parte sea dependiente de la otra parte. Cuando se usa una conjunción subordinante para conectar dos oraciones, se forman oraciones complejas. Algunas conjunciones subordinantes son: *cuando, mientras, si, aunque, dado que, como, dado que, debido a que, porque.*

Como el halcón está desesperado por comida, espera pacientemente para atrapar su presa.

Pregunta para reflexionar
¿Qué parte de la oración es dependiente de la otra parte?

Actividad Usa una conjunción subordinante para escribir cada par de oraciones como una oración compleja. Agrega comas donde sea necesario.

1. Los estudiantes llegaron al final del sendero. El guardabosques les mostró un árbol.

   _____

   _____

2. Los estudiantes estaban lejos del océano. No podían ver el manglar.

   _____

   _____

3. El agua que alimenta a los árboles de mangle es salada. Los árboles no mueren.

   _____

   _____

4. Las raíces están adaptadas. Los árboles pueden alimentarse del agua salada.

   _____

   _____

Oración compuesta

Oración simple	Oración compuesta
Los caimanes viven en el parque.	Los caimanes viven en el parque y los científicos los estudian.
Los científicos los estudian.	

1–10. Une las oraciones simples para formar una oración compuesta.
Usa las conjunciones *pero*, *y* u *o* para unirlas.

1. El Estado de Florida protege al Parque Nacional de los Everglades. Muchos
visitantes lo disfrutan. _____

_____

2. Los caimanes están hambrientos. Los caimanes atacarán a su presa.

_____

3. Hay muchos animales en el parque. Los caimanes son la atracción
principal. _____

_____

4. Los científicos estudian los recursos naturales del parque. Los científicos
los cuidan. _____

_____

5. Todos debemos proteger y preservar los Everglades. Los Everglades
desaparecerán. _____

_____

Conectar con la escritura

Oración seguida
El caimán pudo haber atrapado la trucha eligió esperar una más grande.
Oración compuesta
El caimán pudo haber atrapado la trucha, pero eligió esperar una más grande.
Oración compleja
Aunque el caimán pudo haber atrapado la trucha, eligió esperar una más grande.

Actividad Vuelve a escribir las oraciones seguidas como oraciones compuestas y complejas. Usa la puntuación correcta.

1. La pantera de Florida se encuentra amenazada está en la lista de especies en peligro.

_____
_____
_____

2. Es posible acampar en los Everglades necesitarás una autorización.

_____
_____

3. Los guardabosques son los mejores guías tienen mucha información acerca del parque.

_____
_____
_____

4. Podemos mojarnos los pies en la orilla podemos ver peces exóticos.

_____
_____

Punto de enfoque: Ideas
Describir causas y efectos

Párrafo débil	Párrafo fuerte
Existen plantas llamadas fitoplancton que viven en el océano. Son importantes. Los seres humanos comen peces grandes. Los peces pequeños las comen.	Existen plantas microscópicas llamadas fitoplancton que viven en la superficie del océano. Son importantes para la supervivencia de la mayoría de los organismos del planeta. Son la base de la cadena alimenticia. Los peces pequeños comen estas plantas, después peces más grandes se comen a estos peces pequeños. Los seres humanos comen los peces grandes.

Agrega detalles que expliquen la relación de causa y efecto entre el clima seco y la migración de los animales dentro del Everglades. Luego organiza lógicamente los detalles y úsalos para escribir un párrafo. Recuerda incluir conjunciones que conecten ideas.

1. Durante el clima seco, bajan los niveles de agua en algunas partes del Everglades.

2. _____

_____

3. Las aves grandes y los lagartos buscan peces y animales pequeños para alimentarse.

4. _____

_____

Párrafo: _____

_____

_____

_____

_____

Guía del lector

Guerreros de la tormenta

¡Tener la primicia!

Cuando los periodistas investigan una historia para el periódico, entrevistan a las personas que participaron en los sucesos. Cuando escriben la historia, usan citas de esas personas para apoyar sus conclusiones. Las citas son las palabras que realmente dijeron las personas que estuvieron allí.

Eres un periodista que está investigando el rescate del E.S. Newman por los lancheros de la región costera de Carolina del Norte. Estás entrevistando a Nathan para obtener algunas citas interesantes para tu historia.

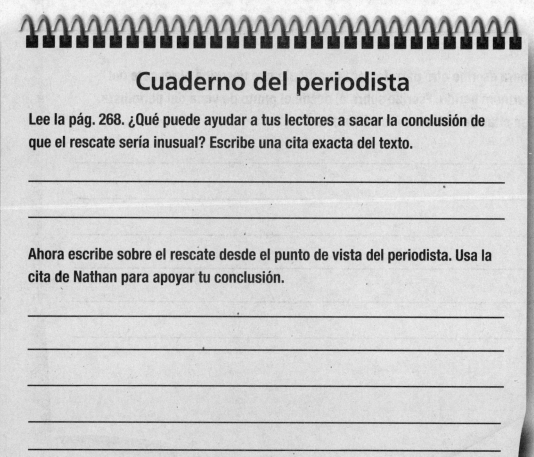

Cuaderno del periodista

Lee la pág. 268. ¿Qué puede ayudar a tus lectores a sacar la conclusión de que el rescate sería inusual? Escribe una cita exacta del texto.

_____

_____

Ahora escribe sobre el rescate desde el punto de vista del periodista. Usa la cita de Nathan para apoyar tu conclusión.

_____

_____

_____

_____

_____

Nombre _____ Fecha _____

Lección 9
CUADERNO DEL LECTOR

**Guerreros de la
tormenta**
Lectura independiente

Cuaderno del periodista

**Lee la pág. 274. ¿Qué información puede ayudar a tus lectores
a sacar la conclusión de que el marinero estaba gravemente
herido? Escribe una cita exacta del texto.**

_____

_____

_____

_____

**Ahora escribe otro párrafo para tu artículo que describa el rescate del
marinero herido. Escribe sobre él desde el punto de vista del periodista.
Usa citas de Nathan en tu párrafo.**

_____

_____

_____

_____

_____

_____

Raíces griegas y latinas

Muchas palabras del idioma español tienen su origen en el latín o el griego. En griego, *lejos* y *tele* significa *distancia* y *foto* significa *luz*. En latín, *rump* significa romper y *scrib* significa escribir. Las palabras del recuadro tienen una raíz griega o latina. Elige una palabra del recuadro para completar las oraciones.

teléfono	fotosíntesis	interrumpió	telegrama
fotografía	transcribir	telescopio	describe

1. Hoy se utiliza el _____ para comunicarse con personas en todas partes del mundo.

2. Antes de que se inventaran el teléfono y el correo electrónico, las personas se comunicaban enviando un _____ .

3. Me compré una cámara nueva para hacer un curso de _____ .

4. El marinero usó el _____ para divisar tierra y para avistar otros barcos.

5. La _____ es el proceso por el cual las plantas usan la luz para fabricar su alimento.

6. Un golpe en la puerta _____ el discurso que estaba dando el maestro.

7. Fui a la biblioteca para _____ algunos párrafos del libro de ciencias.

8. Me pareció muy interesante lo que este libro _____ .

Palabras con *ll*, *y*, *ch* y *ñ*

Básicas   Lee el párrafo. Escribe la Palabra básica que reemplaza mejor a los números encerrados entre paréntesis en las oraciones.

El (1) había ido a la (2) del río acompañado por su (3) antes de que comenzara a llover. Esta era la época del (4) en que la (5) era algo común, por eso no se alarmó. Sin embargo, ésta vez, sin que el (6) se diera cuenta de ello, el agua comenzó a subir y los canales se (7) de agua y se volvieron peligrosos. En los alrededores no había nadie que lo pudiera (8). Al ver esto, le dio un (9) de frío y empezó a sentirse mareado, pero decidió calmarse repitiendo una y otra vez que solamente era un (10). Lo repitió muchas veces, hasta que logró despertar.

1. _____   6. _____

2. _____   7. _____

3. _____   8. _____

4. _____   9. _____

5. _____   10. _____

Palabras avanzadas 11 a 14.   ¿Qué es lo que haría que tus vacaciones tuvieran aventuras? Escribe algunas oraciones sobre lo que te gustaría ver o hacer. Usa cuatro Palabras avanzadas.

_____

_____

_____

_____

_____

Palabras de ortografía

1. medalla
2. muy
3. llenaron
4. marchar
5. apoyo
6. chillido
7. llanto
8. hallar
9. orilla
10. sueño
11. ayudar
12. muñeca
13. mayo
14. chanchito
15. niño
16. año
17. añadir
18. chucho
19. playero
20. lluvia

Palabras avanzadas

joyería
chinchilla
belleza
brasileño
moñito

Clasificar palabras de ortografía

Escribe cada Palabra básica junto a la descripción correcta.

Palabras que se escriben con *ll*	**Palabras básicas:** **Palabras avanzadas:** **Palabras posibles de la selección:**
Palabras que se escriben con *y*	**Palabras básicas:** **Palabras avanzadas:** **Palabras posibles de la selección:**
Palabras que se escriben con *ch*	**Palabras básicas:** **Palabras avanzadas:** **Palabras posibles de la selección:**
Palabras que se escriben con *ñ*	**Palabras básicas:** **Palabras avanzadas:** **Palabras posibles de la selección:**

Palabras avanzadas Agrega las Palabras avanzadas a tu tabla para clasificar palabras.

Conectar con la lectura Hojea *Guerreros de la tormenta*. Busca palabras con el sonido *ll, y, ch* y *ñ*. Clasifícalas en la tabla de arriba.

Palabras de ortografía

1. medalla
2. muy
3. llenaron
4. marchar
5. apoyo
6. chillido
7. llanto
8. hallar
9. orilla
10. sueño
11. ayudar
12. muñeca
13. mayo
14. chanchito
15. niño
16. año
17. añadir
18. chucho
19. playero
20. lluvia

Palabras avanzadas
joyería
chinchilla
belleza
brasileño
moñito

Revisión de ortografía

Encuentra las palabras que están mal escritas y enciérralas en un círculo. Escríbelas correctamente en las líneas de abajo.

El chancito emitió un chiyido ensordecedor y al niño le dio un chuco de frío al ver desde la oriya del canal, que venía mui yeno a causa de la yuvia, que su chancito se había comido la medaya de oro de su abuela. Su padre, aún con suenio porque recién se levantaba de la siesta, corrió a ayudarlo. Pero esto no era novedad, el anio anterior se había tragado una pulsera y un aniyo.

—Tendremos que buscar la forma de sacarlo de allí —dijo papá.

— Seguro lo escupe solo —anadí—. Y, tal como creía, el chanchito la escupió. Papá tomó la medaya y la apolló sobre la mesa donde la abuela la había dejado.

1. _____	9. _____
2. _____	10. _____
3. _____	11. _____
4. _____	12. _____
5. _____	13. _____
6. _____	14. _____
7. _____	15. _____
8. _____	

Palabras de ortografía

1. medalla
2. muy
3. llenaron
4. marchar
5. apoyo
6. chillido
7. llanto
8. hallar
9. orilla
10. sueño
11. ayudar
12. muñeca
13. mayo
14. chanchito
15. niño
16. año
17. añadir
18. chucho
19. playero
20. lluvia

Palabras avanzadas

joyería
chinchilla
belleza
brasileño
moñito

Oraciones complejas

Una **conjunción subordinante** conecta dos cláusulas para formar una **oración compleja**. La parte de la oración que lleva la conjunción subordinante depende de la otra parte, porque no puede existir por sí misma. Necesita la cláusula principal para tener sentido.

conjunción subordinante

Nos fuimos a casa temprano (porque) *se acercaba una tormenta.*

Algunas conjunciones subordinantes son *si*, *porque*, *cuando*, *mientras* y *a pesar de*.

Preguntas para reflexionar
¿Qué parte de la oración no puede existir por sí misma? ¿Con qué palabra comienza?

Actividad Encierra en un círculo la conjunción subordinante en cada oración.

1. A pesar de que estaba nublado, decidimos ir a dar un paseo.

2. Queríamos ir a la playa dado que el clima todavía estaba cálido.

3. Puesto que parecía que era posible que lloviera, llevamos nuestros paraguas.

4. Planeábamos volver a casa si empezaba a llover mucho.

5. Mientras estábamos en la playa, recogimos algunos caracoles.

6. Cuando cayeron las primeras gotas, volvimos caminando al automóvil.

Actividad Explica qué función tienen las conjunciones subordinantes en una oración.

_____

_____

Nombre _____ Fecha _____

Oraciones complejas

Una **oración compleja** está formada por una cláusula dependiente y una cláusula independiente. La **cláusula dependiente** comienza con una conjunción subordinante y no puede existir por sí sola. Una **cláusula independiente** puede existir por sí sola.

cláusula dependiente   cláusula independiente

Cuando comenzó a llover, tuvimos que entrar a la casa.

Preguntas para reflexionar
¿Qué parte de la oración tiene sentido por sí misma? ¿Qué parte da información adicional?

Actividad Encierra en un círculo la cláusula dependiente y subraya la cláusula independiente de cada oración.

1. Pusimos madera en las ventanas porque se acercaba un huracán.

2. Después de que terminamos, fuimos a la tienda a comprar comestibles.

3. Ya que la tormenta podría voltear las líneas eléctricas, compramos linternas.

4. Queríamos estar de regreso antes de que la tormenta comenzara.

5. Cuando volvimos a casa, la lluvia estaba comenzando a caer.

6. Mientras el huracán rugía afuera, nosotros estábamos seguros dentro.

Conjunciones compuestas

Las **conjunciones compuestas** siempre funcionan de a pares.
Se usan para unir palabras o frases paralelas. Algunas son:
tanto/como, *ni/ni*, *no solo/sino también*.

Conjunciones compuestas
No solo convirtieron la estación en un museo **sino que**
también organizaron una exposición.

**Pregunta
para reflexionar**
*¿Qué par de palabras
funcionan juntas para unir
partes paralelas de la
oración?*

Actividad Encierra en un círculo las conjunciones compuestas. Luego
subraya las palabras, frases o cláusulas que unen.

1. Ni el museo ni el historiador pudieron encontrar más de una fotografía
de los navegantes.

2. Tanto la tripulación como los navegantes se sintieron aliviados.

Actividad Usa las conjunciones compuestas que están entre paréntesis
para unir las dos oraciones. Escribe la nueva oración en la línea de
abajo.

3. La valentía es muy importante. El conocimiento es muy importante. (tan/como)

_____

4. El fuerte oleaje no venció a Nathan. El miedo no venció a Nathan. (ni/ni)

_____

5. Nathan era un buen nadador. Nathan era un excelente líder. (no solo/sino también)

_____

Clases de sustantivos

Un **sustantivo común** nombra una persona, lugar o cosa en general. Un **sustantivo propio** nombra una persona, lugar o cosa en particular. Un sustantivo propio siempre comienza con mayúscula. Un **sustantivo singular** nombra una persona, lugar o cosa. Un **sustantivo plural** nombra más de una persona, lugar o cosa. Generalmente se forma agregando *s* o *es* al final del sustantivo.

sustantivos comunes en singular: barco, marinero, lanchero, reloj

sustantivos comunes en plural: barcos, marineros, lancheros, relojes

sustantivos propios en singular: E.S. Newman, Carolina del Norte, Sr. Etheridge

sustantivos propios en plural: Apalaches

1–4. Encierra en un círculo el sustantivo común. Subraya los sustantivos propios. Identifica si son singulares o plurales.

1. El faro está ubicado en Carolina del Norte _____ .

2. Herbert Greenley lo construyó para ayudar a los marineros. _____

3. Los ayuda a ver durante las tormentas. _____

4. Greenley estaba orgulloso del edificio que había creado _____

5–10. Corrige seis errores en el siguiente párrafo. Encierra los errores en un círculo y escribe correctamente las palabras en los espacios en blanco.

lusitania era el nombre de un barco. Fue construido en inglaterra hace ya más de cien años y realizó muchos viajes al otro lado del atlántico. En 1915, fue alcanzado por un torpedo que venía de un Submarino. En ese entonces, Inglaterra estaba en Guerra con alemania. Dieciocho minutos después de haber sido atacado, el barco se hundió.

5. _____

6. _____

7. _____

8. _____

9. _____

10. _____

Conectar con la escritura

Oración con ideas relacionadas	Conjunción subordinante	Conjunciones compuestas
Usé la computadora de la biblioteca. Encontré más libros sobre los miembros del servicio de Salvamento.	Después de haber usado la computadora de la biblioteca, encontré más libros sobre los miembros del servicio de Salvamento.	No solo usé la computadora de la biblioteca, sino que también encontré más libros sobre los miembros del servicio de Salvamento.

Actividad **Combina cada par de oraciones. Usa las conjunciones subordinantes *cuando*, *porque*, *mientras*, *a pesar de* o *ya que*. Escribe la nueva oración en la línea de abajo.**

1. Luis escribió un informe sobre los lancheros. Quería aprender más.

   _____

2. Había leído sobre los lancheros. Había muchas cosas que todavía no sabía.

   _____

   _____

3. Consultó el sitio web del museo. Se enteró de cosas interesantes.

   _____

Actividad **Combina cada par de oraciones usando una conjunción compuesta. Escribe la nueva oración en la línea de abajo.**

4. Luis no era oficial de la Guardia Costera. Luis no conocía el Servicio de salvamento.

   _____

5. Luis disfrutó hacer el informe. Luis disfrutó aprender sobre los lancheros.

   _____

6. La maestra terminó de leer el informe. Le puso a Luis una A.

   _____

Punto de enfoque: Ideas
Organizar las ideas principales y los detalles

Idea principal: Los primeros años de la vida del Sr. Etheridge no tuvieron nada especial.
Detalle: Nació en la esclavitud a mediados del 1800. **Detalle:** Aprendió a leer y a escribir. **Detalle:** Luchó en la Guerra Civil.

Lee los siguientes detalles y clasifícalos de acuerdo al tema que desarrollan.

Escribe los detalles en las líneas debajo de cada idea principal.

Detalles

- Los lancheros no podían usar su equipo por la tormenta.
- Hizo que la tripulación practicara con el equipo.
- No había tierra cerca desde donde lanzar el rescate.
- Supervisó la construcción de una nueva estación.
- Las corrientes oceánicas eran muy fuertes.
- A su estación se la llamaba "una de las más firmes en la costa de Carolina".
- Su tripulación se volvió muy habilidosa.

Idea principal: Bajo el mando de Etheridge, la estación de rescate de Pea Island se transformó en una de las mejores.

1. _____
2. _____
3. _____
4. _____

Idea principal: El rescate del E.S. Newman ocurrió en condiciones que parecían imposibles.

1. _____
2. _____
3. _____

Pumas

¿Qué es el mensaje clave?

La idea principal es lo más importante que dice el párrafo sobre el tema.
El resto de la información del párrafo está para apoyar la idea principal.
Los escritores a veces llaman a la idea principal el mensaje clave. Es el
mensaje que el autor quiere que reciba el lector cuando lee el párrafo.

**Lee el último párrafo de la página 296. La idea principal, o el mensaje clave,
del párrafo es que los pumas se han adaptado a muchos hábitats diferentes.
Encuentra tres detalles que apoyen este mensaje clave.**

Mensaje clave	Detalles
Los pumas se han adaptado a muchos hábitats diferentes.	1. _____ _____ 2. _____ _____ _____ 3. _____ _____

Nombre _____ Fecha _____

¿Puedes decir cuál es el mensaje clave usando los detalles del párrafo? Lee el último párrafo de la pág. 303. Escribe tres detalles del párrafo. Piensa de qué tratan principalmente estos tres detalles. Luego escribe el mensaje clave del párrafo.

Detalles	Mensaje clave
1. _____ _____ _____	_____ _____
2. _____ _____	_____ _____
3. _____ _____ _____	

Nombre _____ Fecha _____

Lección 10
CUADERNO DEL LECTOR

Pumas

Estrategias de vocabulario:
Matices de significado

Matices de significado

Vuelve a escribir las oraciones reemplazando la palabra subrayada con el sinónimo que está entre paréntesis. Luego indica si el significado de la nueva palabra es más fuerte, más débil o similar.

observó	chillido	interesante	ariscos	corrieron
analizó	sabroso	fascinante	comió	caminaron
sonido	apetitoso	hostiles	devoró	

1. El puma observó a su presa. (analizó)

_____

2. El pájaro emitió un sonido como alerta. (chillido)

_____

3. El postre estaba sabroso. (apetitoso)

_____

4. El comportamiento de los pumas nos pareció interesante. (fascinante)

_____

5. Los animales eran hostiles con las personas. (ariscos)

_____

6. El puma se comió el trozo de carne. (devoró)

_____

7. Los niños corrieron hacia la exhibición de pumas. (caminaron)

_____

Palabras con el sonido /k/

Básicas Escribe la Palabra básica que completa mejor cada oración. Escribe las palabras en los espacios en blanco.

1. En la _____ de algunas montañas hay nieve todo el año.

2. El _____ tiene un pelaje oscuro, espeso y sedoso.

3. Gracias a sus poderosos _____ , el puma puede trepar, saltar y recorrer grandes distancias.

4. Los pumas viven en muchos lugares, como _____ , California y América del Sur.

5. Las hembras buscan _____ para sus cachorros y les enseñan a comer.

6. Tienen dientes _____ muy gruesos y afilados que sirven para pinchar.

7. _____ pueda ver un puma en las próximas vacaciones.

8. La receta de la tarta lleva un _____ de manzanas.

9. Debes _____ encender el horno antes de comenzar a preparar la tarta.

10. ¡Y no debes olvidar _____ la piel a las manzanas!

Palabras avanzadas Escribe cuatro oraciones en las que uses las Palabras avanzadas. Escríbelas en una hoja aparte.

Palabras de ortografía

1. caninos
2. comida
3. recordar
4. acudir
5. cachorros
6. músculos
7. camuflaje
8. cumbre
9. cola
10. quebrada
11. querido
12. corporal
13. aquellos
14. quitar
15. quienes
16. quizás
17. quiero
18. Alaska
19. kilogramo
20. koala

Palabras avanzadas
quinta
caraqueño
congelación
requerir
caótico

Clasificar palabras de ortografía

Escribe cada Palabra básica junto a la descripción correcta.

Palabras de ortografía
1. caninos
2. comida
3. recordar
4. acudir
5. cachorros
6. músculos
7. camuflaje
8. cumbre
9. cola
10. quebrada
11. querido
12. corporal
13. aquellos
14. quitar
15. quienes
16. quizás
17. quiero
18. Alaska
19. kilogramo
20. koala

Palabras con q	Palabras básicas: Palabras avanzadas: Palabras posibles de la selección:
Palabras con k	Palabras básicas:
Palabras con c	Palabras básicas: Palabras avanzadas: Palabras posibles de la selección:

Palabras avanzadas
quinta
caraqueño
congelación
requerir
caótico

Palabras avanzadas Añade las Palabras avanzadas a tu tabla para clasificar palabras.

Conectar con la lectura Hojea *Pumas*. Busca palabras con el sonido /k/. Clasifícalas en la tabla de arriba.

Revisión de ortografía

Encuentra las palabras que están mal escritas y enciérralas en un círculo. Escríbelas correctamente en las líneas de abajo.

El oso polar es un mamífero enorme que vive en Alaksa y en

otras partes del mundo. Su dieta es casi exclusivamente carnívora, qizás

porque en las regiones donde habita no hay otro alimento disponible. Un

cachorro pesa menos de un quilogramo al nacer y vive con su madre

hasta el año de edad. La osa solo se aparta de él para salir a buscar

komida, pero no duda en aqudir velozmente a la madriguera si cree

que su qüerido cachorro está en peligro. Tienen grandes mandíbulas y

dientes, aunque sus kaninos no son tan alargados como los del resto de

los carnívoros. Sus mandíbulas están rodeadas de poderosos músqulos.

Su instinto está muy desarrollado y les permite recuerdar los lugares

donde pueden hallar alimento. Kienes puedan ver un oso polar en

su hábitat natural, serán testigos de una de las maravillas del reino

animal.

Palabras de ortografía

1. caninos
2. comida
3. recordar
4. acudir
5. cachorros
6. músculos
7. camuflaje
8. cumbre
9. cola
10. quebrada
11. querido
12. corporal
13. aquellos
14. quitar
15. quienes
16. quizás
17. quiero
18. Alaska
19. kilogramo
20. koala

Palabras avanzadas
quinta
caraqueño
congelación
requerir
caótico

1. _____   6. _____
2. _____   7. _____
3. _____   8. _____
4. _____   9. _____
5. _____   10. _____

Citas textuales

En una narración, el **guión de diálogo** se usa para indicar las palabras exactas de un personaje y los comentarios del narrador.

La primera palabra del personaje se escribe con mayúscula inicial. Entre el guión de diálogo y la primera palabra no se deja espacio.

—*El parque Big Bend tiene millas de senderos para hacer caminatas.*

Lo que dice el narrador debe cerrarse con punto final o con un guión seguido de un punto o una coma si el diálogo continúa después de su comentario.

—*El parque Big Bend tiene millas de senderos para hacer caminatas —dijo el señor Lorenzo.*

Preguntas para reflexionar
La oración, ¿tiene las palabras exactas del hablante? ¿Cómo puedo separar las palabras exactas del resto de la oración?

Actividad   Vuelve a escribir las oraciones en las líneas. Usa correctamente los signos de puntuación y las mayúsculas.

1. me encantaría visitar el Parque Nacional Big Bend exclamó el tío Robert

_____

2. es uno de los desiertos más grandes de Estados Unidos dijo

_____

3. alguna vez has visto un puma le pregunté _____

4. has visto uno alguna vez, tío Roberto repitió Rachel

_____

5. sí, he visto uno rió y ese fue un gran día

_____

Citas textuales

Una cita textual presenta las palabras exactas de otro escritor o hablante.

En un ensayo o un informe de investigación, la cita textual se escribe entre comillas. La primera palabra de la cita lleva mayúscula inicial. El punto o la coma que cierra la cita se escribe fuera de las comillas.

Las palabras del autor

Esta es una experiencia que se tiene una vez en la vida.

Oraciones citadas

Usa dos puntos y abre la cita con mayúscula inicial.

El ecologista escribió: "Esta es una experiencia que se tiene una vez en la vida".

Usa *que* para introducir la cita.

El ecologista escribió que "esta es una experiencia que se tiene una vez en la vida".

> **Preguntas para reflexionar**
> *¿Qué parte del texto quiero citar? ¿Cómo puedo incluirlo en mi escritura?*

Actividad Completa cada oración con una frase u oración tomada de la cita directa que figura entre paréntesis.

1. Puede decirse que el puma es un animal antisocial que, _____

   ("El puma es un animal antisocial, prefiere comer en soledad".)

2. El autor describe la capacidad de saltar de los pumas diciendo que _____

   _____

   ("Sus piernas son como dos resortes que lo impulsan".)

3. Los animales pequeños, aunque estén lejos, no están a salvo del puma, que

   _____ ("Los pumas tienen una excelente vista".)

4. A diferencia de los gatos, _____ ("Su ronroneo es engañoso".)

5. A pesar de que no es fácil verlos, _____

   _____ ("Pero sabemos que estos animales, de la familia de los felinos, viven en once

   estados del oeste de Estados Unidos".)

Interjecciones y diálogo

Las **interjecciones** muestran una emoción fuerte como enojo, dolor o sorpresa. Suelen aparecer al principio de la oración y se escriben entre signos de exclamación o seguidas de una coma.

Interjección

¡**Vaya**, mi libro sobre los pumas está en la biblioteca!

(muestra alegría o sorpresa)

Los escritores a menudo dividen el diálogo en dos partes. Ambas partes comienzan con un guión largo, o raya. La primera palabra de la segunda parte del diálogo no va en mayúsculas, salvo que sea un sustantivo propio. En el medio de las dos partes del diálogo dividido, el escritor suele decir quién es el hablante, qué está haciendo el hablante o cómo está hablando. Estas intervenciones del narrador van entre guiones.

Cita dividida

—El puma se mueve en silencio y muy rápido —dijo la Sra. Smith—, y esto le da una gran ventaja al cazar.

Preguntas para reflexionar

¿Qué palabras me indican quién está hablando? ¿Aparecen en el medio de la cita, antes o después de ella?

Agrega la puntuación de estas oraciones. Luego, identifica cada interjección y explica su función en la oración.

1. ¡Ay!, su gata me arañó   gritó Julia   y yo sólo la estaba acariciando.

   _____

2. ¿Eh? No veo ni un rasguño   contestó Belle   ni con mis gafas de aumento.

   _____

3. Ah, estoy contenta de que no es un puma   se quejó Julia   porque entonces me habría lastimado de verdad.

   _____

4. Vaya, Julia   dijo Belle   ¿realmente crees que acariciarías a un puma?

   _____

5. Está bien   dijo Julia entre dientes   lo dije sin intención.

   _____

Clases de verbos

Tiempo: indica si se trata del pasado, del presente o del futuro.

El puma <u>fue</u> hacia su guarida. *(verbo de acción)*

Secuencia: indica el orden de los sucesos.

<u>Lean</u> el libro y luego <u>podremos hablar</u> sobre los pumas. *(verbo de acción; verbo auxiliar)*

Condición: indica que una acción o un estado depende de que se cumpla una condición.

Si los rastreadores <u>atrapan</u> a un puma, <u>intentarán ponerle</u> el collar. *(verbo de acción; verbo auxiliar)*

Estado: indica el estado del sujeto.

El puma <u>estaba</u> asustado sin su madre. *(verbo copulativo)*

En cada oración, indica si el verbo expresa tiempo, secuencia, condición o estado.

1. Los cachorros **bebían** ávidamente la leche. _____

2. Después de **jugar**, **comerán** de nuevo. _____

3. Si **van** a la fuente de agua, **es posible** que se **caigan**. _____

4. La mamá puma **observa** sus movimientos atentamente. _____

5. **Está** preocupada por el bienestar de sus cachorros. _____

Escribe un párrafo sobre los pumas en el que se usen los tiempos verbales para indicar tiempo, secuencia, condición y estado.

_____

_____

_____

_____

Conectar con la escritura

Incorrecto	Correcto
¿Jeremías preguntó cuándo podemos ver las serpientes?	—¿Cuándo podemos ver las serpientes?— preguntó Jeremías.

Actividad Escribe los enunciados como si fueran diálogo. Agrega los guiones de diálogo, las mayúsculas y los signos de puntuación. Agrega por lo menos una interjección en una oración. También puedes cambiar palabras para mejorar la escritura.

1. La señorita Lin dijo que la jirafa es el animal más alto del mundo. Dijo que su largo cuello la ayuda a alcanzar las hojas que están en lo alto de los árboles.

    _____

    _____

2. Un periodista informó que unos científicos habían descubierto una nueva selva tropical en Borneo. Los animales que habitaban allí nunca habían visto un ser humano.

    _____

    _____

    _____

3. La hiena acecha manadas de animales salvajes. El guía turístico dijo que las hienas atacan a los animales enfermos o débiles que se quedan retrasados.

    _____

    _____

4. José afirmó que el libro está lleno de datos acerca de animales salvajes. Dice que lo leerá todo.

    _____

    _____

Punto de enfoque: Fluidez de las oraciones
Usar resúmenes y paráfrasis

Original	Nueva
"Los pumas enfrentan pocas amenazas de otros animales porque no tienen depredadores naturales".	Los pumas están en lo más alto de la cadena alimenticia porque no hay otros animales que los cacen.

Parafrasea o resume en tus propias palabras las siguientes citas.

1. "Al cazar diferentes animales, los pumas cumplen la función de mantener bajo control las poblaciones de otras especies".

   _____

   _____

2. "Los pumas son buenos nadadores pero prefieren mantenerse secos".

   _____

   _____

3. "Los pumas guardan las presas grandes que cazan y se alimentan de ella por días".

   _____

   _____

4. "Los pumas vocalizan de muchas formas".

   _____

   _____

5. "La población de los pumas está distribuida por América del Norte".

   _____

   _____

Nombre _____ Fecha _____

Unidad 2
CUADERNO DEL LECTOR

El árbol del tiempo
Sección 1
Lectura independiente

El árbol del tiempo: ¿Para qué sirven las genealogías?

Hacer una tira cómica

Aruma y Amaité son dos jóvenes de la época de los pueblos mesoamericanos. Aruma y Amaité desean casarse, pero no pueden hacerlo porque Aruma no es descendiente de nobles. Muestra por qué los jóvenes no pueden casarse creando una tira cómica. Usa la información de las páginas 3 a 5.

Por qué Aruma y Amaité no pudieron casarse

Nombre _____ Fecha _____

Unidad 2
CUADERNO DEL LECTOR

El árbol del tiempo
Sección 1
Lectura independiente

Lee atentamente la página 4. Resume en la siguiente tabla para qué servían los antiguos árboles genealógicos y qué nos aportan los actuales.

Época	Utilidad
Culturas mesoamericanas	
Actualidad	

Resume qué entiendes por árbol genealógico y por qué puede ser de interés para una persona.

_____

_____

_____

_____

Nombre _____ Fecha _____

Unidad 2
CUADERNO DEL LECTOR

El árbol del tiempo
Sección 1
Lectura independiente

Evaluar una decisión

José ha decidido investigar sobre sus antepasados. Se inspiró en su amigo Pedro, quien, investigando por Internet, llegó hasta sus tatarabuelos. José comenzará a mandar correos electrónicos en busca de posibles familiares en Alaska y en Dinamarca. José dice que en unos años podrá trazar su árbol genealógico familiar.
¿Qué piensan los familiares de José sobre esta decisión?

Su madre

¿Fue una buena decisión? _____ 👍   _____ 👎   _____ 👈

Argumentos:

_____

_____

_____

_____

_____

_____

_____

_____

Nombre _____ Fecha _____

Unidad 2
CUADERNO DEL LECTOR

El árbol del tiempo
Sección 1
Lectura independiente

Hermano de José

¿Fue una buena decisión? _____ 👍 _____ 👎 _____ 👉

Argumentos:

_____

_____

_____

_____

_____

Pedro, amigo de José

¿Fue una buena decisión? _____ 👍 _____ 👎 _____ 👉

Argumentos:

_____

_____

_____

_____

Nombre _____ Fecha _____

Unidad 2
CUADERNO DEL LECTOR

El árbol del tiempo
Sección 1
Lectura independiente

Escribir una carta

José le escribe a su amiga Ana una carta en la que explica su idea de investigar sobre su árbol genealógico. Usa la información de las páginas 3 a 5 del texto para redactar dos cartas: una de José a Ana y la respuesta de Ana a José.

Querida Ana:

_____

_____

_____

_____

_____

_____

_____

_____

_____

_____

Con cariño,
José

Nombre _____ Fecha _____

Unidad 2
CUADERNO DEL LECTOR

El árbol del tiempo
Sección 1
Lectura independiente

Querido José:

_____

_____

_____

_____

_____

_____

_____

_____

_____

Hasta pronto,
Ana

¿Te gustaría investigar sobre tus antepasados? ¿Lo harías por Internet?
Explica tu punto de vista.

_____

_____

_____

Nombre _____ Fecha _____

Unidad 2
CUADERNO DEL LECTOR

El árbol del tiempo
Sección 2
Lectura independiente

El árbol del tiempo: ¿Para qué sirven las genealogías?

El tronco y las ramas

El árbol genealógico se llama así porque es un esquema con tronco y ramas. Dibuja un árbol. Luego explica qué representa y para qué sirve.

El árbol genealógico

Nombre _____ Fecha _____

Unidad 2
CUADERNO DEL LECTOR

El árbol del tiempo
Sección 2
Lectura independiente

Vuelve a leer las páginas 6 y 7. Explica qué entiendes por cada uno de los siguientes términos relacionados con el tema de la lectura.

Génesis: _____
_____
_____
_____

Genealogía: _____
_____
_____
_____

Genealógico: _____
_____
_____
_____

Generación: _____
_____
_____
_____

128

Nombre _____ Fecha _____

Unidad 2
CUADERNO DEL LECTOR

El árbol del tiempo
Sección 2
Lectura independiente

Hacer una lista

En la columna de la izquierda anota 8 palabras importantes que aparezcan en las páginas 6 y 7. En la columna de la derecha, anota una sola palabra que se te ocurra que esté relacionada con la palabra que aparece en la lectura.

Palabras del libro	Palabras relacionadas

Nombre _____ Fecha _____

Unidad 2
CUADERNO DEL LECTOR

El árbol del tiempo
Sección 2
Lectura independiente

Ilustración con leyendas

Dibuja un árbol con varias ramas. Cada rama representa a un integrante de tu familia. Luego escribe en cada rama el nombre y el tipo de parentesco de cada integrante de tu familia.

Nombre _____ Fecha _____

Unidad 2
CUADERNO DEL LECTOR

El árbol del tiempo
Sección 2
Lectura independiente

Respuestas con razones

Consulta las páginas 6 y 7 para responder las siguientes preguntas.
Debes iniciar cada respuesta con la palabra "porque".

¿Por qué hay árboles genealógicos con más ramas que otros?

_____

_____

_____

_____

¿Por qué puede ser útil organizar todos los datos de una familia en un árbol genealógico?

_____

_____

_____

_____

¿Por qué las personas de la misma generación tienen comportamientos similares?

_____

_____

_____

_____

Nombre _____ Fecha _____

Unidad 2
CUADERNO DEL LECTOR

El árbol del tiempo
Sección 2
Lectura independiente

Alguien estaba reuniendo información para armar un árbol genealógico y se le mezclaron las notas. Ayuda a ordenarlas nuevamente debajo de los nombres y las fechas de nacimiento.
Las notas decían: *bisabuelo*, *abuelo*, *padre*, *hijo*, *nieto*.

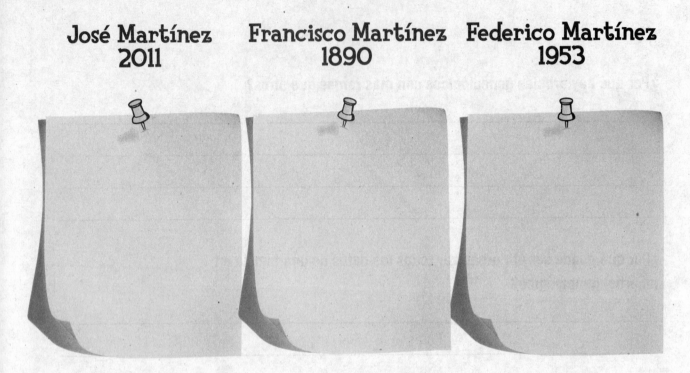

José Martínez
2011

Francisco Martínez
1890

Federico Martínez
1953

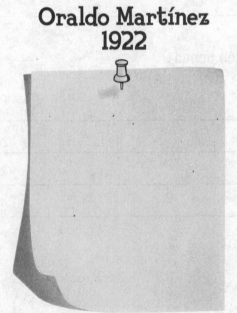

Oraldo Martínez
1922

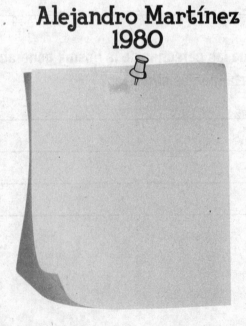

Alejandro Martínez
1980

Nombre _____ Fecha _____

Unidad 2
CUADERNO DEL LECTOR

El árbol del tiempo
Sección 3
Lectura independiente

El árbol del tiempo: ¿Para qué sirven las genealogías?

Escribir una carta

Julio vive en México y le escribe una carta a su abuela para saber más sobre sus antepasados. Escribe la respuesta de la abuela.

Querida abuela:

En el colegio estuvimos estudiando sobre genealogía. Aprendimos que un parentesco es un vínculo por consanguinidad. También vimos qué es un árbol genealógico. Esto me llevó a preguntarme sobre mis orígenes. Cuéntame sobre tus antepasados.

Con cariño,
Julio

Querido Julio:

_____

_____

_____

_____

_____

Te quiere,

Tu abuela Mary

Nombre _____ Fecha _____

Unidad 2
CUADERNO DEL LECTOR

El árbol del tiempo
Sección 3
Lectura independiente

Julio escribe otra carta en la que le explica a su abuela un poco más sobre lo que estudiaron en la escuela sobre parentesco y consanguinidad. Escribe la carta como si fueras Julio. Usa la información de las páginas 8 a 10

Nombre _____ Fecha _____

Unidad 2
CUADERNO DEL LECTOR

El árbol del tiempo
Sección 3
Lectura independiente

Escribir un anuncio

Imagina que te dedicas a realizar árboles genealógicos. Redacta
un anuncio para publicar en un periódico en el que persuadas a los
lectores para que contraten tus servicios.

Tenga su árbol genealógico

_____

_____

_____

_____

_____

_____

_____

_____

_____

Nombre _____ Fecha _____

Unidad 2
CUADERNO DEL LECTOR

El árbol del tiempo
Sección 3
Lectura independiente

Dibujar un árbol genealógico

Lee la página 9 con atención. Dibuja un árbol con raíz, tronco y ramas. Escribe una frase o una oración junto a cada parte del árbol en la que describas qué representa esa parte respecto de la genealogía.

Nombre _____ Fecha _____

Unidad 2
CUADERNO DEL LECTOR

El árbol del tiempo
Sección 3
Lectura independiente

Detective genealógico

Imagina que eres un detective que tiene que investigar el pasado familiar de una persona. ¿Con qué preguntas iniciarías la investigación? Usa las palabras clave que se dan entre paréntesis para escribir preguntas sobre la genealogía.

(bisabuelos)

_____

_____

_____

_____

(abuelos)

_____

_____

_____

(antepasados del siglo xix)

_____

_____

_____

Nombre _____ Fecha _____

Unidad 2
CUADERNO DEL LECTOR

El árbol del tiempo
Sección 3
Lectura independiente

Continúa anotando preguntas para tu investigación del árbol
genealógico de una persona.

(fotografías) _____

_____

_____

_____

(abuelos de California) _____

_____

_____

(fechas de nacimiento) _____

_____

_____

Nombre _____ Fecha _____

Unidad 2
CUADERNO DEL LECTOR

El árbol del tiempo
Sección 4
Lectura independiente

Guía del lector

El árbol del tiempo: ¿Para qué sirven las genealogías?

Escribir correos electrónicos

Imagina que por medio de Internet has descubierto que tienes un primo en España. Escribe un correo electrónico en el que le cuentas cómo es tu familia. Usa información de las páginas 11 a 15 y relaciona cómo vive tu familia con lo que dice el libro.

Nuevo Mensaje	
Para:	Esteban
De:	Nicolás
Asunto:	Árbol genealógico

_____

_____

_____

_____

_____

_____

_____

_____

_____

_____

_____

_____

_____

_____

Nombre _____ Fecha _____

Unidad 2
CUADERNO DEL LECTOR

El árbol del tiempo
Sección 4
Lectura independiente

Escribe una respuesta que podría enviarte tu primo desde España. Tu primo es historiador y te cuenta cómo eran las familias de Europa en la Antigüedad.

Nuevo Mensaje
Para: **Nicolás**
De: **Esteban**
Asunto: **La familia**

_____

_____

_____

_____

_____

_____

_____

_____

_____

_____

Nombre _____ Fecha _____

Unidad 2
CUADERNO DEL LECTOR

El árbol del tiempo
Sección 4
Lectura independiente

Un diario antiguo

Imagina que encuentras un diario personal que escribía un antepasado que vivió en el siglo XIX. Escribe cómo sería una entrada de ese diario.

Querido diario:

_____

_____

_____

_____

_____

_____

_____

_____

_____

_____

_____

_____

_____

_____

_____

_____

Nombre _____ Fecha _____

Unidad 2
CUADERNO DEL LECTOR

El árbol del tiempo
Sección 4
Lectura independiente

Escribe otra entrada del diario de tu antepasado.

Querido diario:

_____

_____

_____

_____

_____

_____

_____

_____

_____

_____

_____

Hacer un resumen en orden cronológico

Resume en orden cronológico lo que aprendiste sobre las familias a lo largo de la historia. Busca información en las páginas 11 a 15.

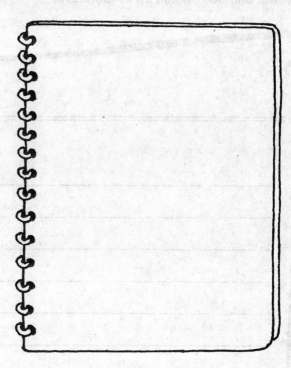

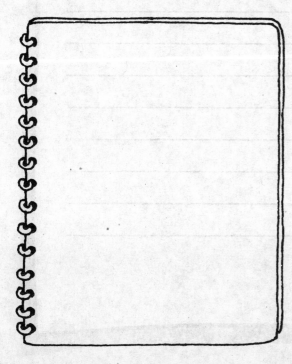

Nombre _____ Fecha _____

Unidad 2
CUADERNO DEL LECTOR

El árbol del tiempo
Sección 4
Lectura independiente

Escribir un artículo de enciclopedia

Escribe un artículo para publicar en una enciclopedia libre de Internet.
Explica la historia de la familia desde la Antigüedad hasta la época
actual. Consulta el resumen que hiciste en la página anterior. Escribe un
título y haz una ilustración en el recuadro.

Nombre _____ Fecha _____

Unidad 2
CUADERNO DEL LECTOR

El árbol del tiempo
Sección 5
Lectura independiente

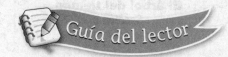

Guía del lector

El árbol del tiempo: ¿Para qué sirven las genealogías?

Tu árbol genealógico

Vuelve a leer la página 16. Completa los espacios en blanco de las dos primeras columnas con el nombre de la relación de parentesco o el número de generación, según corresponda. Luego completa la tercera columna con tu nombre y el de los hermanos que tengas en la hilera de "hijos" y los nombres que conozcas de tus ascendientes en el resto de las hileras.

Relación de parentesco	Generación	Nombres
_____	1.ª	
bisabuelos	_____	
abuelos	_____	
_____	4ª	
_____		
nietos	_____	
_____	7ª	
_____	8ª	
choznos	_____	

Nombre _____ Fecha _____

Unidad 2
CUADERNO DEL LECTOR

El árbol del tiempo
Sección 5
Lectura independiente

Vuelve a leer las páginas 19 a 21. En el espacio en blanco, dibuja el árbol genealógico de tu familia. Incluye todos los nombres de tus familiares y sus fechas de nacimiento.

Nombre _____ Fecha _____

Unidad 2
CUADERNO DEL LECTOR

El árbol del tiempo
Sección 5
Lectura independiente

Hacer un resumen

**Vuelve a leer las páginas 16 a 21. Toma breves
apuntes sobre cómo hacer un árbol genealógico.**

Nombre _____ Fecha _____

Unidad 2
CUADERNO DEL LECTOR

El árbol del tiempo
Sección 5
Lectura independiente

Ahora usa los apuntes que tomaste en la página anterior para escribir un resumen sobre cómo se realiza un árbol genealógico.

_____

_____

_____

_____

_____

_____

_____

_____

_____

_____

Nombre _____ Fecha _____

Unidad 2
CUADERNO DEL LECTOR

El árbol del tiempo
Sección 5
Lectura independiente

Hacer una entrevista

Federico se dedica a realizar árboles genealógicos. Se entrevista con Ana, una persona que desea que le haga el árbol genealógico de su familia. Escribe tres preguntas que pueda hacer Federico en su primera entrevista y las respuestas de Ana.

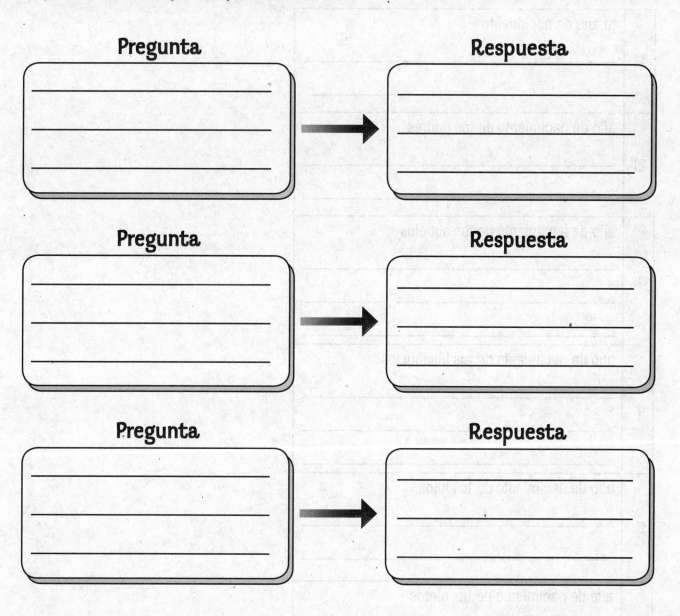

Pregunta

Respuesta

Pregunta

Respuesta

Pregunta

Respuesta

Nombre _____ Fecha _____

Unidad 2
CUADERNO DEL LECTOR

El árbol del tiempo
Sección 5
Lectura independiente

Calcular generaciones

Vuelve a leer la página 17. Una vez que hayas entendido cómo calcular las generaciones si no tienes fechas exactas, completa la siguiente tabla partiendo de tu año de nacimiento.

1.	tu año de nacimiento
	_____
	_____
2.	año de nacimiento de tus padres
	_____
	_____
3.	año de nacimiento de tus abuelos
	_____
	_____
	_____
4.	año de nacimiento de tus bisabuelos
	_____
	_____
5.	año de nacimiento de tus hijos
	_____
	_____
6.	año de nacimiento de tus nietos
	_____
	_____

Nombre _____ Fecha _____

Unidad 2
CUADERNO DEL LECTOR

El árbol del tiempo
Sección 6
Lectura independiente

Guía del lector

El árbol del tiempo: ¿Para qué sirven las genealogías?

Genealogía de un escritor

En la página 23, dice que Gabriel García Márquez escribió una historia que abarca varias generaciones. Investiga en Internet quién es García Márquez y escribe un breve informe sobre él.

Gabriel García Márquez

Árbol genealógico de Gabriel García Márquez

Observa los datos de los ascendientes y descendientes de Gabriel García Márquez. Luego, dibuja su árbol genealógico en el espacio en blanco.

Padre: Gabriel Eligio García

Madre: Luisa Santiaga Márquez Iguarán

Abuelo materno: Nicolás Márquez

Abuela materna: Tranquilina Iguarán

Esposa: Mercedes Barcha

Hijos: Rodrigo y Gonzalo García Barcha

Nombre _____ Fecha _____

Unidad 2
CUADERNO DEL LECTOR

El árbol del tiempo
Sección 6
Lectura independiente

Escribir un relato

Escribe un relato sobre una familia de otra época. En primer lugar, escribe un borrador en el que anotes fechas y sucesos de otra época. Incluye también los nombres de los personajes imaginarios y sus parentescos.

_____

_____

_____

_____

_____

_____

_____

_____

_____

_____

_____

_____

Ya sabes en qué época y dónde transcurrirá tu relato imaginario. También has inventado el nombre de algunos personajes. Ahora puedes escribir qué ocurre en esta historia y qué hacen los personajes de esta familia. Puedes agregar otros personajes emparentados.

_____

_____

_____

_____

_____

_____

_____

_____

_____

_____

_____

_____

Nombre _____ Fecha _____

Unidad 2
CUADERNO DEL LECTOR

El árbol del tiempo
Sección 6
Lectura independiente

Linaje de personajes

Piensa en todas las relaciones de parentesco que tiene cada
uno de los personajes que inventaste para tu relato y
escríbelas. Para cada personaje, indica de quién es padre,
de quién es hijo, de quién es hermano, de quién es nieto,
y así sucesivamente.

Nombre _____ Fecha _____

Unidad 2
CUADERNO DEL LECTOR

El árbol del tiempo
Sección 6
Lectura independiente

Haz el árbol de genealógico de tus personajes imaginarios.
Inventa las fechas de nacimiento para cada uno de ellos.

Travesía peligrosa

Ilustrar una ficción histórica

El ilustrador crea imágenes que ayudan al lector a comprender el significado y los sucesos de una historia. Greg Harlin, el ilustrador de *Travesía peligrosa*, ha creado imágenes muy bellas que ayudan a comprender los sucesos de la historia. Las ilustraciones tienen un efecto emocional en los lectores.

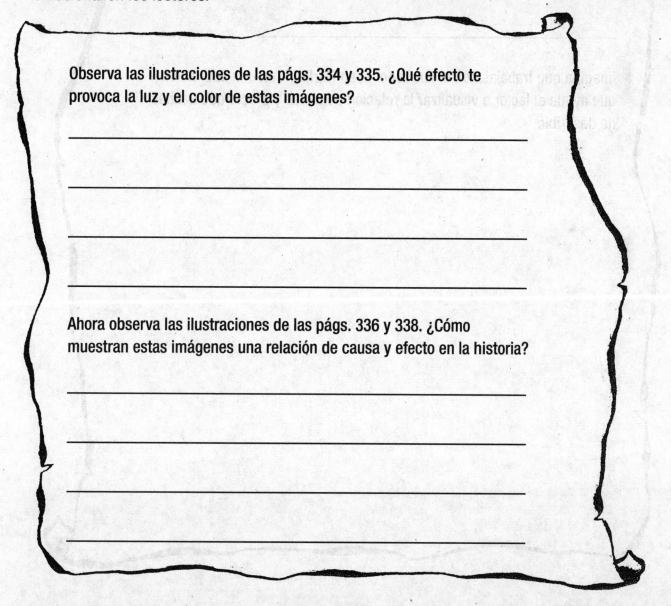

Observa las ilustraciones de las págs. 334 y 335. ¿Qué efecto te provoca la luz y el color de estas imágenes?

_____

_____

_____

_____

Ahora observa las ilustraciones de las págs. 336 y 338. ¿Cómo muestran estas imágenes una relación de causa y efecto en la historia?

_____

_____

_____

_____

Vuelve a leer la pág. 337. ¿Cuál es la relación de causa y efecto que se describe en esta página?

_____

_____

_____

Imagina que trabajas con el ilustrador Greg Harlin. Crea una ilustración que ayude al lector a visualizar la relación de causa y efecto que acabas de describir.

Materiales de consulta

Travesía peligrosa
Estrategias de vocabulario:
Materiales de consulta

> **a. inspeccionar** (De *inspección*)
> 1. tr. Examinar, reconocer atentamente.
>
> **b. inspección** (Del lat. *inspectio, -onis*)
> 1. f. Acción y efecto de inspeccionar.
> 2. f. Cargo y cuidado de velar por algo.
> 3. f. Casa, despacho u oficina del inspector.

1 a 4. Lee las entradas de diccionario de arriba. Escribe la letra y el número de la definición que coincide con el significado de la palabra subrayada.

1. Mi tarea es <u>inspeccionar</u> las tropas para ver que todo esté en orden. _____

2. El capitán hizo una profunda <u>inspección</u> del valle antes de cruzarlo. _____

3. El inspector está en la <u>inspección</u> preparando los documentos. _____

4. Juana está a cargo de la <u>inspección</u> de la salud de los estudiantes. _____

vigorizante, *adj.*	**embarcarse**, *v*
Que da energía y vitalidad	Intervenir en una empresa difícil o arriesgada
Sinónimos	**Sinónimos**
fortalecedor, energizante	aventurarse, emprender

5 a 6. Reemplaza las palabras subrayadas con un sinónimo de las entradas del diccionario de arriba.

5. Una brisa <u>vigorizante</u> en la cara lo ayudó a seguir adelante. _____

6. Antes de <u>embarcarse</u> en la travesía por el río Delaware, el general Washington

    estaba preocupado por los enemigos que los seguían. _____

> **punto de vista** Posición que toma una persona para opinar sobre algo.

Escribe una oración con la frase del glosario de arriba. Usa la frase con el sentido dado.

7. _____

Palabras con *g* suave

Básicas Escribe la Palabra básica que completa mejor cada oración.

1. Mi familia y yo fuimos a un _____ muy interesante.

2. En la _____ era una gran ciudad.

3. Hoy es un puerto histórico donde hay una _____.

4. El barco fue un buque de_____, pero ahora es un museo.

5. En la entrada había dos soldados montando _____.

6. Para _____ tuvimos que viajar varias horas.

7. Llevé la _____ para distraernos en el viaje.

8. A mi hermano _____ le encantan las canciones populares.

9. Siempre me hago de _____, pero al final canto las canciones que

   a él le gustan.

10. Los viajes con mi familia son geniales. ¿Cuál será el_____?

Palabras avanzadas 11 a 14. Escribe un párrafo de algo que hayas
aprendido durante un viaje o una excursión. Usa cuatro de las Palabras
avanzadas.

_____
_____
_____
_____
_____
_____
_____
_____

Palabras de ortografía

1. fragata
2. gato
3. lugar
4. rogar
5. llegar
6. gordas
7. gorila
8. gusano
9. gota
10. aguacero
11. laguna
12. guardia
13. Miguel
14. guerra
15. gustar
16. guitarra
17. siguiente
18. cigüeña
19. antigüedad
20. pingüino

Palabras avanzadas
guía
agüero
aguijón
ungüento
agujero

Clasificar palabras de ortografía

Escribe las Palabras básicas junto a la descripción correcta.

Palabras de *ga, go, gu*	Palabras básicas: Palabras avanzadas: Palabras posibles de la selección:
Palabras de *gue, gui*	Palabras básicas: Palabras avanzadas: Palabras posibles de la selección:
Palabras con *güe, güi*	Palabras básicas: Palabras avanzadas:

Palabras avanzadas Añade las Palabras avanzadas a tu tabla de Clasificación.

Conectar con la lectura Lee *Travesía peligrosa*. Halla palabras con *g* suave. Añádelas a tu tabla de Clasificación.

Palabras de ortografía

1. fragata
2. gato
3. lugar
4. rogar
5. llegar
6. gordas
7. gorila
8. gusano
9. gota
10. aguacero
11. laguna
12. guardia
13. Miguel
14. guerra
15. gustar
16. guitarra
17. siguiente
18. cigüeña
19. antigüedad
20. pingüino

Palabras avanzadas
guía
agüero
aguijón
ungüento
agujero

Nombre _____ Fecha _____

Revisión de ortografía

Travesía peligrosa
Ortografía: Palabras con *g* suave

Halla las palabras que están mal escritas y enciérralas en un círculo. Escríbelas correctamente en los espacios en blanco.

Después de mucho roguar, conseguí que mis padres me dejaran llevar al zoológico a mi hermanito Migel. Mi hermano nunca se queda quieto en el mismo lujar, y ellos tenían miedo de que se portara mal. Tenían razón. Apenas acabábamos de lleghar, fue corriendo a la jaula del gerila y se puso a hacer monerías. Al minuto sigiente, el simio estaba en güardia, preparando proyectiles para tirarle. ¡Lo único que nos faltaba! ¡Una gerra con un simio! En seguida lo saqué de allí y fuimos a ver a los pinwinos. De camino, pasamos por una lahuna donde dos patas muy grodas se peleaban por un jusano. Mi hermano ya empezaba a planear otra travesura, pero por suerte, apareció un payaso que tocaba la gitarra y se distrajo. Cuando volvimos, mi hermano estaba contento. ¡Y yo estaba tan cansado que me quedé dormjdo en la mesa!

1. _____
2. _____
3. _____
4. _____
5. _____
6. _____
7. _____
8. _____
9. _____
10. _____
11. _____
12. _____
13. _____

Palabras de ortografía

1. fragata
2. gato
3. lugar
4. rogar
5. llegar
6. gordas
7. gorila
8. gusano
9. gota
10. aguacero
11. laguna
12. guardia
13. Miguel
14. guerra
15. gustar
16. guitarra
17. siguiente
18. cigüeña
19. antigüedad
20. pingüino

Palabras avanzadas
guía
agüero
aguijón
ungüento
agujero

Pronombre de sujeto

Un **pronombre** es una palabra que toma el lugar de un sustantivo. Un **pronombre de sujeto** realiza la acción del verbo en una oración.

pronombre de sujeto

singular	plural
Yo	nosotras, nosotros
tú, usted	ustedes
ella, él	ellas, ellos

Jane leyó su libro de historia. Ella leyó su libro de historia.
Ed y Mark estudiaron para la prueba. Ellos estudiaron para la prueba.

Preguntas para reflexionar
¿Quién o qué es el sujeto de la oración?
¿Qué palabra puede sustituir el sujeto?

1 a 5. Subraya el sujeto y encierra en un círculo el verbo principal de cada oración. Reemplaza el o los sustantivos por un pronombre de sujeto.

1. Ken, Lucas y Marta quieren escribir una obra sobre la Guerra de Independencia.

_____

2. Ken comienza a investigar el tema. _____

3. Ken, Lucas y Marta tardarán muchas semanas en planear la obra.

_____

4. Harry construye el escenario para la obra. _____

5. Marta quiere que la obra se trate sobre el viaje de Paul Revere.

_____

6 a 10. Subraya los pronombres de sujeto correctos en las oraciones.

6. (Ellos, Los) están cambiando el horario del ensayo.

7. (Nosotros, Ustedes) quisiéramos escuchar tu opinión.

8. (Tú, Yo) has sido elegido director de la obra.

9. Mark y (mí, yo) haremos los trajes.

10. Sin embargo, (él, lo) y (yo, mí) pediremos ayuda a los demás.

Pronombre de complemento

Un **pronombre** es una palabra que toma el lugar de un sustantivo. Un **pronombre de complemento** toma el lugar del sustantivo que es el complemento directo o indirecto de un verbo de acción. Va antes del verbo o después de una preposición como *a*, *por*, *para*, *en* o *de*.

pronombres de complemento singulares: me, te, la, lo, le, se, mí, ti, sí, él, ella

pronombres de complemento plurales: nos, las, los, les, se, nosotros, ustedes, ellos, ellas

La historia es fácil para Liam. La historia es fácil para él.
El doctor atendió a sus pacientes. El doctor los atendió.

Pregunta para reflexionar
¿En quién o en qué recae la acción de la oración?

Actividad   Lee los pares de oraciones. Marca con una (X) las oraciones que tienen el pronombre de complemento correcto.

1. _____ Ken me pidió que tocara Paul Revere.

   _____ Ken mí pidió que tocara Paul Revere.

2. _____ Él los ofreció partes en la obra.

   _____ Él les ofreció partes en la obra.

3. _____ Marta los envió por mail copias del guión.

   _____ Marta nos envió por mail copias del guión.

4. _____ Les pareció buena idea estudiar historia.

   _____ Los pareció buena idea estudiar historia.

5. _____ A Sarah no le gustó cómo la quedaba el traje.

   _____ A Sarah no le gustó cómo le quedaba el traje.

6. _____ El director les llamó por teléfono.

   _____ El director los llamó por teléfono

7. _____ Mis padres mí aplaudieron fuerte.

   _____ Mis padres me aplaudieron fuerte.

Concordancia del pronombre y el antecedente

Preguntas para reflexionar
¿A quién o a qué reemplaza el pronombre? ¿El sustantivo es singular o plural? ¿Femenino o masculino? ¿Primera, segunda o tercera persona?

Un **pronombre** es una palabra que toma el lugar de un sustantivo. Un **antecedente** es el sustantivo al que el pronombre reemplaza o al que se refiere. Un pronombre y su antecedente deben concordar en persona, género y número.

pronombre	oración	antecedente
Yo	Yo soy (Emily.)	Emily
tú	Tú eres (Jana.)	Jana
él	Él es (Jarrod.)	Jarrod
ella	Ella es mi (perra) que ladra mientras juega.	perra
ellos	Ellos son mis (perros) que descansan luego de hacer ejercicios.	perros

Actividad Subraya el pronombre de las oraciones y encierra en un círculo el antecedente de cada uno.

1. Joshua dijo que él mismo bajaría las luces desde bambalinas.

2. Mary pidió que encendieran la linterna porque ella no podía.

3. Lucy preguntó a Mary si ella tenía baterías de repuesto en su bolsillo.

4. Los amigos de Andy lo ayudaron a practicar sus líneas para la obra.

5. La clase gritó: "¡Nos luciremos esta noche!"

6. —Bart y Gary, ustedes ayudarán a las personas del público a encontrar sus asientos —dijo el director.

Conjunciones y preposiciones

Las **conjunciones** son palabras que unen otras palabras o grupos de palabras en una oración. Las palabras *y*, *pero*, *más*, *ni* y *o* son conjunciones coordinantes. Las palabras como *si*, *porque*, *aunque*, *como* y *cuando* son conjunciones subordinantes.

Sabían que tenían que luchar, **pero** no sabían **si** ganarían **o** perderían. Las **preposiciones** muestran la conexión entre las palabras de una oración. Las preposiciones se usan para expresar ubicación o tiempo o para brindar otros detalles.

Antes de que comenzara la batalla, el general Washington y sus soldados no sabían qué pasaría.

y	de
o	por
ni	hacia
pero	

Actividad   Completa los espacios en blanco. Elige una conjunción o una preposición del recuadro para completar cada oración.

1. Las aguas del río movían el barco _____ un lado al
   otro y _____ adelante _____ atrás.

2. Los hombres estaban preocupados porque los barcos podían volcarse
   _____ romperse antes _____ que llegaran al otro lado.

3. Se preguntaban si debían seguir _____ regresar.

4. El general Washington soportó el mismo sufrimiento que sus
   soldados, _____ no se quejó _____ perdió
   la esperanza.

5. Washington estaba preocupado _____ la seguridad física _____ la
   salud mental_____ sus hombres.

Conectar con la escritura

Los pronombres son palabras útiles. Los buenos escritores usan pronombres para evitar repetir los mismos sustantivos en todas las oraciones.

Dana siempre me llama cuando Dana quiere hacer la tarea de historia.
Dana siempre me llama cuando ella quiere hacer la tarea de historia.

Actividad Vuelve a escribir las oraciones. Reemplaza los sustantivos repetidos por los pronombres correctos.

1. Clara no estará contenta con Pedro si Pedro llega tarde a clase.

   _____

2. Will y Matt tomaron nota mientras Ana daba clase a Will y Matt.

   _____

3. Los estudiantes estaban nerviosos antes de que el profesor diera a los estudiantes el examen.

   _____

4. Matt hace una investigación todas las noches y después presenta la investigación.

   _____

5. —Déjame leer el periódico cuando hayas terminado de leer el periódico –dijo mi mamá.

   _____

6. Matt envío las notas a Will por correo electrónico y Will leyó las notas el jueves.

   _____

7. Will se sintió orgulloso cuando presentaron a Will ante la clase.

   _____

8. Matt y Will ganaron premios y pusieron los premios en el estante.

   _____

Punto de enfoque: Voz
Usar palabras convincentes

Opinión clara	Opinión poco clara
Cuando las personas adoptan mascotas de refugios, deben estar dispuestas a adoptar animales de cualquier edad.	Las personas solo adoptan cachorros y gatitos de los refugios de animales.

A. Lee el tema dado y escribe una oración en la que establezcas claramente tu opinión frente al tema. Usa palabras claras y convincentes.

1. Usar bicicletas como medio de transporte.

_____

_____

2. Formar los equipos en la clase de gimnasia.

_____

_____

Opinión: La biblioteca debería comprar los libros que los estudiantes quieren leer.	
Persuadir a los compañeros	Persuadir al director de un periódico
¿No usarían la biblioteca más a menudo si tuviera mejores libros?	Si la biblioteca tuviera libros de autores conocidos, los estudiantes usarían la biblioteca más seguido.

B. Lee la opinión de abajo. Escribe una oración para persuadir a cada audiencia.

En parejas/Para compartir Haz una lluvia de ideas de argumentos para las distintas audiencias con respecto a tu opinión.

Opinión: Se debería permitir a los estudiantes usar el gimnasio de la escuela durante los fines de semana.

3. Persuadir al director de la escuela:

_____

_____

4. Persuadir a padres o familiares:

_____

_____

Lección 12
CUADERNO DEL LECTOR

¿Puedes hacer que se
comporten, rey Jorge?
Lectura independiente

¿Puedes hacer que se comporten, rey Jorge?

Escribir un editorial

Generalmente, las historias de los periódicos cuentan hechos, no
opiniones. Pero a veces los periódicos publican algunas historias que
expresan opiniones. Se llaman editoriales. Cuando expresa su opinión,
el autor del editorial suele usar palabras que demuestran juicios,
sentimientos o creencias. A veces, para persuadir a los demás, se usan
adjetivos que parecen extremos.

Lee la página 363. ¿Qué palabras se usan para expresar una opinión?

_____

_____

_____

_____

**Lee la pág. 366. ¿Qué hechos demuestran que no vencerían fácilmente a
los norteamericanos?**

_____

_____

_____

_____

_____

Eres miembro del gobierno británico. Estás escribiendo un editorial de tres párrafos para un periódico británico para persuadir al gobierno de que haga las paces con los norteamericanos. Respalda tu opinión con hechos, pero usa también un tono persuasivo.

Lenguaje figurado

¿Puedes hacer que se comporten, rey Jorge?
Estrategias de vocabulario:
Lenguaje figurado

Lee las oraciones. Encierra en un círculo las pistas que te ayudan a comprender el significado de la expresión subrayada. Luego reescribe la expresión subrayada con tus propias palabras.

1. Los colonos <u>tenían agallas</u>, luchaban y defendían sus ideales.

_____.

2. El rey pensaba que calmar la rebelión iba a <u>ser pan comido</u>, pero se encontró con un enemigo que no era nada fácil.

_____

3. Cuando le preguntaron por qué había perdido las colonias, <u>metieron el dedo en la llaga</u>. Sabían que ese era el punto débil del rey.

_____

4. Los soldados heridos <u>veían las estrellas</u> cada vez que una bala los alcanzaba. El dolor era insoportable.

_____

5. El rey <u>hacía la vista gorda</u> a los reclamos de los colonos, nunca los tomaba en cuenta y fingía no haberlos escuchado jamás.

_____

6. Muchas personas le tenían miedo a la revolución y no querían independizarse, pero ellos <u>fueron contra la corriente</u> y decidieron rebelarse aunque la mayoría pensara lo contrario.

_____

7. Los consejeros del rey se <u>salieron con la suya</u> y lograron humillar al rey por su derrota. _____

8. Cuando los colonos ganaron esa batalla, el rey se vio <u>con la soga al cuello</u>. Sabía que el peligro era inminente.

_____

Palabras con *g, j, x*

Básicas   Escribe la Palabra básica que completa mejor cada analogía.

1. *Francia* es a *Europa* lo que _____ es a *América.*

2. *Premio* es a *galardón* lo que *prontitud* es a _____ .

3. *Estudiante* es a *escuela* lo que *soldado* es a _____ .

4. *Irse* es a *quedarse* lo que *prohibir* es a _____ .

5. *Mueble* es a *casa* lo que *flor* es a _____ .

6. *Automóvil* es a *vehículo* lo que _____ es a *vajilla.*

7. *Cuero* es a *vacas* lo que *lana* es a _____ .

8. *Elegir* es a *seleccionar* lo que *cosa* es a _____ .

9. *Manzana* es a *frutas* lo que _____ es a *verduras.*

10. *Fantasía* es a *fantástico* lo que *magia* es a _____ .

11. *Especial* es a *ordinario* lo que *fin* es a _____ .

12. *Hoja* es a *árbol* lo que _____ es a *libro.*

Palabras avanzadas   Haz un cartel que anime a los estudiantes de tu escuela a hacer un viaje. Usa tres de las Palabras avanzadas. Escribe el cartel en una hoja aparte.

Palabras de ortografía

1. gente
2. origen
3. diligencia
4. gigante
5. refugio
6. página
7. mágico
8. ovejas
9. dejar
10. jardín
11. bandeja
12. jarrón
13. ejemplo
14. ejército
15. paje
16. objeto
17. ají
18. jirafa
19. pajizo
20. México

Palabras avanzadas

anteojos
Oaxaca
paraje
exigente
privilegio

Clasificar palabras de ortografía

Escribe las Palabras básicas junto a la descripción correcta.

Palabras con g, sonido /j/	**Palabras básicas:** **Palabras avanzadas:** **Palabras posibles de la selección:**
Palabras con j	**Palabras básicas:** **Palabras avanzadas:** **Palabras posibles de la selección:**
Palabras con x, sonido /j/	**Palabras básicas:** **Palabras avanzadas:**

Palabras avanzadas   Añade las Palabras avanzadas a tu tabla de Clasificación.

Conectar con la lectura   Lee *¿Puedes hacer que se comporten, rey Jorge?* Halla palabras con *j* y *g*, sonido /j/. Añádelas a tu tabla de Clasificación.

Palabras de ortografía

1. gente
2. origen
3. diligencia
4. gigante
5. refugio
6. página
7. mágico
8. ovejas
9. dejar
10. jardín
11. bandeja
12. jarrón
13. ejemplo
14. ejército
15. paje
16. objeto
17. ají
18. jirafa
19. pajizo
20. México

Palabras avanzadas
anteojos
Oaxaca
paraje
exigente
privilegio

Revisión de ortografía

Halla las palabras que están mal escritas y enciérralas en un círculo. Escríbelas correctamente en los espacios en blanco.

Thomas Paine no era feliz en Inglaterra, su lugar de origuen. Intentaba hacer sus tareas con dilijencia para complacer a sus superiores, pero sentía que para eso era necesario tener algún poder máxico. Tenía sus propias ideas, pero siempre lo metían en problemas. Entonces, Paine conoció a Ben Franklin, quien le dijo que debía deajr su país para ir a Estados Unidos. Franklin pensaba que Estados Unidos sería un buen refugeo. Cuando llegó, Paine supo que no iba a formar parte del ejercito ni a radicarse en Mégico, así que decidió dedicarse a escribir. Con su tintero en una bandega, se sentó en el jradín y escribió un panfleto llamado *Sentido común*. En sus pájinas, alentaba a la jente a levantarse contra el malvado rey Jorge, que no era obgeto de su simpatía ni, según Paine, un exemplo de buen gobernante. También escribió otros panfletos que alentaban a las personas a participar en el gobierno.

1. _____	8. _____
2. _____	9. _____
3. _____	10. _____
4. _____	11. _____
5. _____	12. _____
6. _____	13. _____
7. _____	

Palabras de ortografía

1. gente
2. origen
3. diligencia
4. gigante
5. refugio
6. página
7. mágico
8. ovejas
9. dejar
10. jardín
11. bandeja
12. jarrón
13. ejemplo
14. ejército
15. paje
16. objeto
17. ají
18. jirafa
19. pajizo
20. México

Palabras avanzadas

anteojos
Oaxaca
paraje
exigente
privilegio

Presente, pretérito perfecto simple y pretérito imperfecto

El **tiempo** de un verbo indica cuándo ocurrió una acción o un suceso.

Los verbos en **presente** indican que algo sucede ahora.

El **pretérito perfecto simple** se usa para expresar una acción pasada y terminada en el tiempo. Suele estar acompañado por alguna referencia temporal.

El **pretérito imperfecto** se usa para describir situaciones, personas o cosas. Expresa acciones repetitivas en el pasado.

> **Preguntas para reflexionar**
> *¿Cuándo sucede la acción? ¿Está sucediendo ahora o ya sucedió?*

presente
Hoy, la mayoría de los estadounidenses <u>viven</u> en ciudades.

pretérito perfecto simple
José <u>vivió</u> en esa casa hasta hace diez años.

pretérito imperfecto
La mayoría de los colonos norteamericanos <u>vivían</u> en granjas..

Actividad   Escribe los verbos de cada oración e indica si están en presente, en pretérito perfecto simple o en pretérito imperfecto.

1. Pedro compartió cómo vivían los colonos de Nueva Inglaterra.

_____

2. Durante las vacaciones de verano, él viaja a Virginia y visita un museo viviente de historia.

_____

3. Él compró una botella que un soplador de vidrio hizo con arena.

_____

4. La hermanita de Pedro viajó con él y todavía recuerda el viaje.

_____

5. Los dos decidieron que los muebles parecían muy pequeños.

_____

Futuro

Los verbos en **futuro** indican que un suceso va a ocurrir.

tiempo presente
Ella aprende sobre historia norteamericana.

tiempo futuro
Ella aprenderá sobre historia norteamericana.

Pregunta para reflexionar
¿La acción es algo que **va** *a suceder?*

Actividad **Escribe el tiempo futuro de los verbos entre paréntesis.**

1. Ella (hacer) una salida de campo con su clase.

_____

2. Ellos (visitar) el lugar de una batalla famosa.

_____

3. Ella (ver) el puente sobre el que leyó en la escuela.

_____

4. Ellos le (hablar) al guardaparque sobre la batalla.

_____

5. La maestra calcula cuánto (costar) comprar copias de un mapa histórico para su aula.

_____

Coherencia de tiempos verbales

Los tiempos verbales ayudan a comprender cuándo ocurren los diferentes sucesos de un cuento. Para mostrar con claridad cuándo ocurren los sucesos, se debe elegir el mejor tiempo verbal para la situación. Se debe cambiar el tiempo verbal solo para indicar un cambio de tiempo.

Ayer **comenzamos** a investigar sobre nuestro proyecto de historia. Hoy **hacemos** un cartel para las presentaciones. **Completaremos** el proyecto la semana próxima.

Preguntas para reflexionar
¿Tiene sentido el párrafo? ¿Está claro el orden de los sucesos?

Actividad Lee las oraciones y piensa en la relación entre los sucesos. Subraya el verbo que está en el tiempo incorrecto. Luego escribe el verbo correcto.

1. El fin de semana pasado, Max halla un viejo diario en el ático y se lo mostró a su madre. _____

2. El diario estaba lleno de polvo y ellos se preguntarán cuán viejo era. _____

3. La madre de Max lee la fecha en la primera entrada. Se sorprendió tanto que casi dejó caer el diario al suelo. _____

4. Max no podía creer que el diario pertenecerá a alguien que vivió en 1774. _____

5. —¡Este diario fue más viejo que Estados Unidos! —dijo, y su madre se rió. _____

Oraciones complejas

Oración principal	Oración subordinada
Te lo muestro La reunión se realizó Salí de la casa	**para** que veas que es verdad. **donde** estaba previsto. **porque** necesitaba tomar aire fresco.

1 a 5.   Subraya la oración subordinante y encierra en un círculo la conjunción subordinante.

1. David debe escribir un informe sobre Boston porque la maestra se lo pidió.

2. Cuando David estaba investigando, encontró un libro sobre mujeres

   patriotas.

3. Aunque fueron muy importantes, pocas personas han escuchado sobre las

   damas de Edenton.

4. Como querían apoyar un boicot a los productos británicos, un grupo de

   mujeres se reunió en Edenton en 1774.

5. En esa época, muchas mujeres no se involucraban en política porque se

   burlaban de ellas.

6 a 8.   Escribe una conjunción subordinante para completar

las oraciones.

6. _____ es muy pesado, mañana David llevará el libro a la escuela.

7. David le mostrará la caricatura de las damas de Edenton a su

   maestra _____ tenga un tiempo libre.

8. David le pedirá permiso a la maestra para colgar la caricatura en la

   clase _____ cree que se vería muy bien.

Nombre _____ Fecha _____

Lección 12
CUADERNO DEL LECTOR

¿Puedes hacer que se
comporten, rey Jorge?
Gramática: Conectar con la
escritura

Conectar con la escritura

Usar el presente
En esta película, un muchacho <u>lleva</u> mensajes entre campamentos del ejército durante la Guerra de Independencia.

Usar el pretérito perfecto o imperfecto
Me <u>pareció</u> que la mejor parte fue cuando el muchacho se <u>perdía</u> durante la noche.

Usar el futuro
Me parece que a todos les <u>gustará</u> ver las imágenes del campo de batalla enfocadas desde arriba.

Actividad Elige el tiempo más adecuado para los verbos que están entre paréntesis. Vuelve a escribir la oración para reflejar claramente su significado.

1. La película (comenzar) cuando el hermano mayor se (unir) a la milicia.

   _____

2. Los disparos de los cañones (sonar) tan fuerte que no pude escuchar lo

   que el hermano (decir) a su capitán.

   _____

   _____

3. El cuento se vuelve emocionante cuando el muchacho (pedir) prestado

   un caballo después de que se (lastimar) el tobillo.

   _____

   _____

4. Cuando me (ir) del cine, (querer) aprender a montar a caballo.

   _____

5. Me (gustar) tanto la película que le (decir) a mis amigos que la vieran.

   _____

Punto de enfoque: Organización
Presentar razones y evidencia

Los buenos escritores pueden persuadir a los lectores escribiendo las ventajas y las desventajas de diferentes soluciones para un problema. Las razones y evidencia deben estar organizadas lógica y claramente.

Razones organizadas claramente:

Los colonos de Norteamérica sentían que sus opiniones no le importaban al gobierno británico. Pensaban que necesitaban más poder dentro del gobierno. Decidieron que las colonias debían pedir representación en el gobierno británico. De esa manera, los colonos podían aceptar mejor las decisiones sobre impuestos y otros asuntos que nos afectaban.

Lee el siguiente problema. Explica por qué piensas que es un problema. Luego, escribe una ventaja y una desventaja de una solución posible.

Problema: Los estudiantes no pueden opinar sobre qué comidas se sirven en la cafetería de la escuela.

Razón: _____

Solución: Los estudiantes pueden seguir llevando el almuerzo a la escuela.

Ventaja: _____   **Desventaja:** _____

_____   _____

Solución: La cafetería podría ofrecer varias opciones de almuerzo.

Ventaja: _____   **Desventaja:** _____

_____   _____

Ahora, escribe una solución razonable al problema.

_____

_____

Se llamaba Molly LaJarra

¡Ahora está en el ejército!

Antes de decidir nombrar a Molly Hays sargento, George Washington habló con sus soldados para saber qué había hecho Molly.

Lee la pág. 396. El general Washington le preguntó al cabo Banks si había visto a Molly hacer algo que él considerara valiente o especial. Escribe los detalles que apoyarían la idea de que Molly era una heroína.

> **Señor, no va a creer esto, pero vi a Molly**
>
> _____
>
> _____
>
> _____
>
> _____

Lee la pág. 399. El alférez Wiggins era un oficial de artillería que vio a Molly ese día. El general Washington le preguntó a Wiggins si había visto a Molly hacer algo excepcional. Escribe los detalles que apoyarían la conclusión de que Molly era una heroína.

> **Señor, miré a través del campo de batalla y no podía creer lo que veía.**
>
> **¡Observé a esa mujer**
>
> _____
>
> _____
>
> _____

Nombre _____ Fecha _____

Lección 13
CUADERNO DEL LECTOR

**Se llamaba
Molly LaJarra**
Lectura independiente

Lee la pág. 401. El sargento Wells era un oficial de infantería que vio a Molly desde su puesto en el campo de batalla. El general Washington le preguntó al sargento Wells si había visto a Molly hacer algo importante ese día. ¿Qué le diría el sargento Wells? Escribe detalles que apoyarían la conclusión de que Molly era una heroína.

Señor, usted debe pensar que el calor me afectó la cabeza,

pero vi algo increíble. Al lado de uno de los cañones vi

_____

_____

_____

_____

George Washington está escribiendo el informe para el Congreso Continental sobre la batalla de Monmouth. Está explicando su decisión de otorgarle a Molly el rango de sargento. Escribe su conclusión y las razones para apoyarla.

He concluido que Molly Hays merece el rango de sargento en nuestro

ejército. Estas son las razones que apoyan mi

conclusión: _____

_____

_____

_____

Materiales de consulta

**Se llamaba
Molly LaJarra**
Estrategias de vocabulario:
Materiales de consulta

Consulta un diccionario de sinónimos para elegir una palabra de la lista
para completar cada serie de sinónimos, o palabras con significados
similares. Luego de cada serie hay otra palabra. ¿Es un sinónimo o un
antónimo de las palabras anteriores? Enciérrala en un círculo si es un
antónimo. Subraya la palabra si es un sinónimo.

| magnífico | herido | sustituto | valiente |
| facilitar | precedente | leyenda | femenino |

1. grandioso, _____ , espléndido   maravilloso

2. mujeril, _____ , femenil   masculino

3. _____ , mito, cuento   fábula

4. valeroso, corajudo, _____   cobarde

5. lastimado, lesionado, _____   accidentado

6. anterior, _____ , previo   primero

7. reemplazo, suplente, _____   regular

8. ayudar, _____ , cooperar   impedir

Palabras con *h*

Básicas Escribe la Palabra básica que completa mejor cada grupo.

1. bullir, cocinar, _____

2. señores, caballeros _____

3. flojo, suelto, _____

4. mojada, rociada, _____

5. allí, en ese lugar, _____

6. ánimo, gracias, _____

7. escaparse, irse, _____

8. agujero, pozo, _____

9. verdura, vegetal, _____

10. humareda, emanación, _____

11. presagio, premonición, _____

**Palabras avanzadas 12 a 14. Escribe una carta a un amigo. Usa tres
de las Palabras avanzadas. Escribe en una hoja aparte.**

Palabras de ortografía

1. hacer
2. haya
3. hendidura
4. heroína
5. hervir
6. Honduras
7. holgado
8. hombres
9. honrado
10. hortaliza
11. hoyo
12. huir
13. humano
14. húmeda
15. humor
16. humo
17. ahí
18. alhaja
19. agüero
20. huevo

**Palabras
avanzadas**
azahar
almohada
ungüento
ahuecar
chihuahua

Clasificar palabras de ortografía

Escribe las Palabras básicas junto a la descripción correcta.

	Palabras de ortografía
	1. hacer
	2. haya
	3. hendidura
	4. heroína
	5. hervir
	6. Honduras
	7. holgado
	8. hombres
	9. honrado
	10. hortaliza
	11. hoyo
	12. huir
	13. humano
	14. húmeda
	15. humor
	16. humo
	17. ahí
	18. alhaja
	19. agüero
	20. huevo

Palabras que empiezan con *h*	**Palabras básicas:** **Palabras avanzadas:** **Palabras posibles de la selección:**
Palabras que contienen una *h* intermedia	**Palabras básicas:** **Palabras avanzadas:** **Palabras posibles de la selección:**
Palabras con *hue, hui*	**Palabras básicas:** **Palabras avanzadas:**
Palabras con *güe, güi*	**Palabras básicas:** **Palabras avanzadas:**

Palabras avanzadas   Agrega las Palabras avanzadas a tu tabla de Clasificación.

Palabras avanzadas
azahar
almohada
ungüento
ahuecar
chihuahua

Conectar con la lectura   Lee *Se llamaba Molly LaJarra*. Halla palabras que contengan la letra *h* inicial o intermedia. Agrégalas a tu tabla de Clasificación.

Revisión de ortografía

**Busca las palabras que están mal escritas y enciérralas en
un círculo. Escríbelas correctamente en los espacios en blanco.**

Cuando Héctor terminó de hacer ese oyo en la úmeda tierra
de su güerto de hortalisa, se dirigió a la cocina y se puso a herbir un
uevo y una zanahoria para hacer una rica ensalada. Le encantaban los
labores domésticos y disfrutaba de las pequeñas rutinas diarias. De
pronto, golpearon a la puerta, y cuando abrió se encontró con unos
honvres que venían de Onduras y que acababan de uir de un gran
peligro. Ahi mismo a Héctor le cambió el umor.

1. _____	7. _____
2. _____	8. _____
3. _____	9. _____
4. _____	10. _____
5. _____	11. _____
6. _____	

Palabras de ortografía

1. hacer
2. haya
3. hendidura
4. heroína
5. hervir
6. Honduras
7. holgado
8. hombres
9. honrado
10. hortaliza
11. hoyo
12. huir
13. humano
14. húmeda
15. humor
16. humo
17. ahí
18. alhaja
19. agüero
20. huevo

**Palabras
avanzadas**
azahar
almohada
ungüento
ahuecar
chihuahua

Verbos regulares

La mayoría de los verbos son **verbos regulares**. Cuando los conjugamos, las terminaciones de los verbos regulares son como las terminaciones de los verbos *amar*, *temer* o *partir*, según se trate de un verbo regular terminado en *–ar*, *–er* o *–ir*.

amar: yo amo, tú amas, él ama, nosotros amamos, vosotros amáis, ellos aman

temer: yo temo, tú temes, él teme, nosotros tememos, vosotros teméis, ellos temen

partir: yo parto, tú partes, él parte, nosotros partimos, vosotros partís, ellos parten

Preguntas para reflexionar
¿Conserva el verbo su raíz intacta en todos los tiempos y personas? ¿Solamente varía la terminación?

Actividad   Escribe el tiempo pasado de cada verbo de la lista. Luego escribe una oración usando el verbo en el tiempo pasado.

1. unir _____

_____

2. solicitar _____

_____

3. enseñar _____

_____

_____

4. llevar _____

_____

5. llegar _____

_____

**Se llamaba
Molly LaJarra**
Gramática: Verbos regulares e
irregulares

Verbos irregulares

Algunos verbos son **irregulares**. Estos verbos no se conjugan
igual que los verbos regulares. Algunos verbos irregulares son
muy comunes.

traer: *yo traigo*   **construir**: *ellos construyen*

pensar: *yo pienso*   **sentir**: *ellos sienten*

sonar: *él suena*

**Pregunta para
reflexionar**
*¿Conserva el verbo su
raíz intacta en todos los
tiempos y personas?*

Actividad   Escribe los verbos e indica si son regulares o irregulares.

1. Annie iba a la biblioteca todos los fines de semana porque
   le gustaba.

   _____

2. Ella invirtió gran parte de su tiempo leyendo historias
   sobre las personas que lucharon por la Revolución.

   _____

3. Muchas veces el tiempo pasaba sin que Annie se detuviera a chequear la hora.

   _____

4. El bibliotecario siempre saludaba cuando Annie salía corriendo.

   _____

5. La familia de Annie almorzaba a las doce en punto y Annie
   siempre volvía a la casa apenas antes de ese horario.

   _____

Gramática

188

Grado 5, Unidad 3

Formas de los verbos irregulares

Los verbos irregulares presentan cambios tanto en su raíz como en su terminación en todos los tiempos verbales. Debes memorizar las formas irregulares y su ortografía.

verbo	conjugación en tiempo simple	conjugación en tiempo compuesto
ir	yo fui	yo he ido
tener	yo tuve	yo he tenido
ser	yo fui	yo he sido

Pregunta para reflexionar
¿Estos verbos son irregulares si se los conjuga en todas las personas y tiempos verbales?

Actividad Lee la oración y piensa cómo deberían conjugarse los verbos irregulares. Subraya el verbo que esté en la forma incorrecta. Luego escribe la forma correcta del verbo. El punto 4 tiene más de un verbo en la forma incorrecta.

1. Samuel ha fue a llevarle comida a los soldados. _____

2. Su padre digo que sabía que quería hacerlo. _____

3. Él sido sorprendido por el que llegó primero a su casa.

_____

4. Venido hasta la planta baja para encontrarse con que él ya se había fue.

_____

5. Samuel tenido que llevar más dinero porque no le alcanzó el

que le había dado para la comida. _____

Interjecciones

Una **interjección** es una palabra que se usa para expresar
sorpresa, entusiasmo u otras emociones. Las interjecciones
suelen estar entre signos de exclamación. Si una interjección
expresa una emoción leve, se puede usar una coma para
separarla del resto de la oración.

Signos de exclamación
¡Oye! ¡Vienen los británicos!
¡Vaya! ¡Ese caballo sí que va rápido!
¡Ganamos la batalla! **¡Viva!**

Comas
Sí, iré a apoyar a los soldados.
Cielos, fue una gran sorpresa.

1 a 4. **Agrega una interjección a la oración, usando signos de exclamación.**

1. Muchos soldados se enfermaron.

_____

2. Esto sería un retroceso para la unidad.

_____

3. Pronto, los soldados se sintieron mejor.

_____

4. ¡Eso estuvo cerca!

_____

5 a 6. **Agrega una interjección usando una coma.**

5. Mi hermano volverá a casa mañana.

_____

6. Supongo que puedo esperar un día más.

_____

Nombre _____ Fecha _____

Lección 13
CUADERNO DEL LECTOR

**Se llamaba
Molly LaJarra**
Gramática: Conectar con la
escritura

Conectar con la escritura

Los verbos de acción describen lo que hace una persona o
una cosa. Cuanto más preciso o vívido es un verbo de acción,
mejor describe la acción.

En lugar de **dijo**, usa **exclamó**, **gritó** o **contestó**.
En lugar de **hizo**, usa **armó**, **construyó** o **inventó**.
En lugar de **fue**, usa **corrió**, **caminó** o **paseó**.

---

cocinó, cosió, caminó, exclamó

**Actividad   Reemplaza los verbos subrayados con un verbo preciso del
recuadro. Vuelve a escribir las oraciones para usar el verbo preciso y
aclarar el significado que propuso el autor.**

1. El soldado fue sin apuro hacia el campamento.

_____

2. Le hizo un nuevo abrigo. Usó su hilo y aguja.

_____

3. —¡Me encanta ese abrigo! —dijo su esposo. Estaba entusiasmado.

_____

4. Más tarde, cenaron la comida que ella hizo.

_____

Nombre _____ Fecha _____

Lección 13
CUADERNO DEL LECTOR

**Se llamaba
Molly LaJarra**
Escritura: Escritura de opinión

Punto de enfoque: Ideas
Presentar ideas a una audiencia

Los buenos escritores piensan en su audiencia. Un argumento que se presenta a una audiencia tal vez no sea apropiado para otra audiencia. También debes pensar en el saludo y en el cierre de tu carta.

A los padres	Al general
Querida mamá: Mis hermanas y yo queremos empezar a coser para hacer ropa para los soldados. Escuchamos que nuestro hermano Jeremías ¡no tiene ropa abrigada en el Valle Forge! No sería bueno que se enferme mientras está allí. Entonces, después de hacer nuestras tareas, ¿podemos tomar prestada tu canasta de costura y un poco de tela? Gracias, Clara	Estimado general: Le escribo para pedirle permiso para enviar ropa abrigada a usted y a sus tropas en el Valle Forge. Mi hermano Jeremías está allí con usted. Mis hermanas y yo hemos estado cosiendo desde hace un mes algunos abrigos, pantalones y guantes. Nos gustaría enviárselos para que no se enfermen. Gracias por considerar mi pedido. Cordialmente, Clara Ruiz

La siguiente carta está dirigida a una empresa textil. Lee la carta y encierra en un círculo el saludo, las opciones de vocabulario y el cierre que te parezcan adecuadas para la audiencia.

Hola:/ A quien corresponda:

Mis hermanas y yo acabamos de recibir el permiso de nuestra madre para empezar a coser. Queremos hacer ropa abrigada para nuestros soldados del valle Forge. ¿Sería posible para su compañía/Podría la compañía por favor darnos/hacer una donación de los elementos necesarios? ¡Sería fabuloso!/ Estaríamos profundamente agradecidos. Permitiría a los chicos/soldados tener la ropa que necesitan. Gracias/Le agradezco sinceramente,

Clara Ruiz

Guía del lector

James Forten

El diario de navegación del Royal Louis

Al investigar sucesos históricos, los historiadores suelen mirar los registros oficiales de la época para encontrar detalles sobre cómo y cuándo ocurrieron los sucesos. El registro oficial de un barco se llama diario de navegación. El capitán del barco escribe en el diario exactamente lo que sucedió cada día. Ayuda al capitán Decatur a escribir en el diario de navegación del Royal Louis.

Lee la pág. 425 y el primer párrafo de la pág. 426. ¿Qué escribiría el capitán Decatur en el diario ese día?

5 de agosto de 1781

_____

_____

_____

_____

Lee el resto de la pág. 426. ¿Qué escribiría el capitán Decatur en el diario ese día?

23 de agosto de 1781

_____

_____

_____

_____

Lee la pág. 427. ¿Qué escribiría el capitán Decatur en el diario ese día?

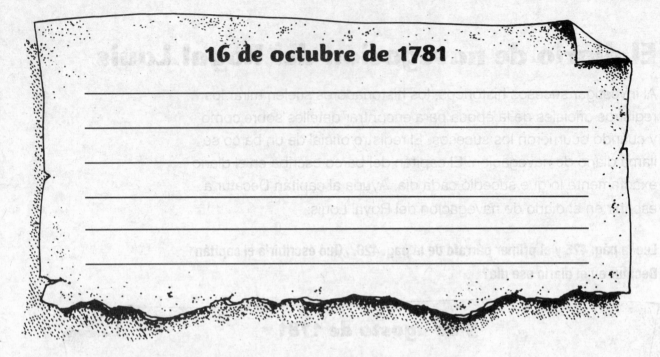

16 de octubre de 1781

Lee los detalles que escribiste en el diario del barco. ¿Cómo apoyan estos detalles una idea principal de la historia de James Forten?

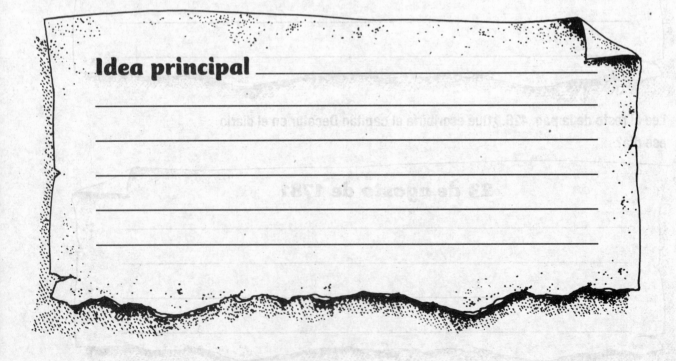

Idea principal _____

Raíces griegas y latinas

Las palabras del recuadro tienen raíces griegas y latinas. Algunas se forman a partir de las raíces griegas *graf* (que quiere decir *escribir*) y *metro* (que quiere decir *medir*). Otras se forman a partir de las raíces latinas *port* (que quiere decir *llevar*) y *yect* (que quiere decir *arrojar*). Completa cada oración con una palabra del recuadro.

termómetro	autógrafo	proyectar	transportar
inyectar	gráficas	importar	kilómetro

1. El barco permaneció en aguas profundas, a un _____ de la orilla.

2. Los colonos debían _____ de Europa los bienes que no podían producir por sí mismos.

3. Los objetos grandes y pesados, por ejemplo las cocinas y los tractores, son difíciles de _____.

4. El médico le tuvo que _____ el medicamento con una jeringa.

5. En la época colonial, no existía el _____ para medir la fiebre.

6. Si encuentro al campeón, le pediré un _____.

7. Voy a _____ las transparencias para que todos puedan verlas.

8. En esta transparencia verán _____ que muestran el crecimiento económico.

Grupos consonánticos con *l* y *r*

Básicas   Escribe la Palabra básica más apropiada a cada pista.

1. cuenta, dice _____

2. siervos _____

3. dificultad _____

4. agarrar _____

5. estallido _____

6. éxodo, salida _____

7. nevero, ventisquero _____

8. centuria, centenario _____

9. mapamundi, planisferio _____

10. problema, dilema _____

Palabras avanzadas   **Lee el titular de una noticia. Escribe sobre esta
noticia usando cuatro Palabras avanzadas.**

| CIENTÍFICOS DESCUBREN CURA
ASOMBROSA |
| --- |

_____

_____

_____

_____

_____

_____

_____

| Palabras de
ortografía |
| --- |

1. habla
2. cable
3. octubre
4. sobre
5. británicos
6. bruma
7. esclavos
8. crear
9. escribir
10. conflicto
11. fruta
12. glaciar
13. siglo
14. migración
15. explosión
16. prisionero
17. problema
18. atlas
19. atrapar
20. tripulación

**Palabras
avanzadas**

tranvía
razonable
clavel
flúor
cráneo

Clasificar palabras de ortografía

Escribe las Palabras básicas junto a la descripción correcta.

Palabras de ortografía

Palabras con grupos consonánticos *-bl/-br*	**Palabras básicas:** **Palabras avanzadas:**
Palabras con grupos consonánticos *-cl/-cr*	**Palabras básicas:** **Palabras avanzadas:**
Palabras con grupos consonánticos *-fl/-fr*	**Palabras básicas:** **Palabras avanzadas:**
Palabras con grupos consonánticos *-gl/-gr*	**Palabras básicas:** **Palabras avanzadas:**
Palabras con grupos consonánticos *-pl/-pr*	**Palabras básicas:** **Palabras avanzadas:**
Palabras con grupos consonánticos *-tl/-tr*	**Palabras básicas:** **Palabras avanzadas:**

Palabras avanzadas Agrega las Palabras avanzadas a tu tabla de Clasificación.

1. habla
2. cable
3. octubre
4. sobre
5. británicos
6. bruma
7. esclavos
8. crear
9. escribir
10. conflicto
11. fruta
12. glaciar
13. siglo
14. migración
15. explosión
16. prisionero
17. problema
18. atlas
19. atrapar
20. tripulación

Palabras avanzadas
tranvía
razonable
clavel
flúor
cráneo

Revisión de ortografía

James Forten

Ortografía: Grupos consonánticos con *l* y *r*

**Busca las palabras que están mal escritas y enciérralas en un círculo.
Escríbelas correctamente en los espacios en blanco.**

Es una agradable tarde de octuvre, y me dispongo a mirar la
tele por cavle en mi habitación. Este canal siempre abla sovre la
naturaleza, los animales, las plantas, los fenómenos naturales y su
historia. El programa de hoy sí que me puede hatrapar. Muestra un
glasiar en pleno deshielo, y luego habla sobre el comflicto que tiende
a crrear la teoría de la explocion del bigbang. Busco otros canales.
¡Qué interesante! Tratan el provlema de la migracion y los esclabos
en el ciglo XX. Muestran un atlaz e indican las regiones geográficas
propensas a la inmigración.

1. _____	8. _____
2. _____	9. _____
3. _____	10. _____
4. _____	11. _____
5. _____	12. _____
6. _____	13. _____
7. _____	14. _____

Palabras de ortografía

1. habla
2. cable
3. octubre
4. sobre
5. británicos
6. bruma
7. esclavos
8. crear
9. escribir
10. conflicto
11. fruta
12. glaciar
13. siglo
14. migración
15. explosión
16. prisionero
17. problema
18. atlas
19. atrapar
20. tripulación

Palabras avanzadas
tranvía
razonable
clavel
flúor
cráneo

Puntuación en una serie o lista

La coma y el punto y coma se usan para separar tres o más elementos dentro de una serie o lista. Se usa punto y coma cuando los elementos de la serie ya están separados por coma.

Elementos separados por coma: Estaba conmocionado por la suciedad, el olor y el ruido del buque.

Elementos separados por punto y coma: El documental se transmitió por Canal 11, PBS; Canal 35, WGN y Canal 70, HMN.

Pregunta para reflexionar
¿Los elementos de la serie o lista están separados por comas?

Actividad Agrega coma o punto y coma para que la puntuación de la oración sea correcta.

1. Cuando James se inscribió para ser marinero, no tenía idea de la incomodidad el peligro y el trabajo arduo que implicaba.

2. Llevó pólvora hizo los recados y ayudó a los heridos.

3. Los cuatro oficiales del buque eran de Malvern, Pennsylvania Trenton, New Jersey Lebanon, Pennsylvania y Baltimore, Maryland.

4. El capitán el primer oficial y los muchachos del camarote permanecieron en la cubierta durante la batalla.

5. El viento la lluvia los truenos y los relámpagos empeoraron la batalla.

6. Finalmente, el mar se calmó el cielo se aclaró y la batalla terminó.

7. James se sintió aliviado agradecido y exhausto.

8. Para descubrir más detalles sobre esta batalla, buscamos estos tres libros en la biblioteca: *Héroes de guerra, Entonces y ahora Marineros, soldados, héroes Cómo lucharon, cómo ganaron.*

Nombre _____ Fecha _____

Palabras y frases introductorias: Palabras *sí* y *no*

Los elementos introductorios son palabras, frases, o cláusulas que aparecen al comienzo de una oración. Agregan información, pero no son parte de la oración principal. Entre ellas, se encuentran las palabras sí y no. Para mostrar que son palabras o frases introductorias, están separadas por comas.

palabra introductoria

Sinceramente, creo que es importante saber sobre James Forten y otros patriotas.

Pregunta para reflexionar
¿Puede haber una palabra o grupo de palabras que introducen la oración sin ser parte de la oración principal?

Actividad Subraya todas las palabras o frases introductorias. Luego agrega la puntuación correcta.

1. Como James Forten muchos afroamericanos exitosos trabajaron para

   abolir la esclavitud.

2. Por ejemplo Frederick Douglass, que vivió en el siglo XIX se convirtió

   en un abolicionista famoso.

3. En el siglo XVIII era difícil para los afroamericanos ser exitosos.

4. Para muchos afroamericanos ir a la escuela no era una opción.

5. De hecho las personas esclavizadas podían ser castigadas por aprender a leer y escribir.

6. Bueno eso es porque la educación abre los ojos de las personas para

   discernir lo correcto de lo incorrecto.

7. Como resultado pueden reconocer la injusticia y trabajar para alcanzar

   el cambio.

8. —Sí tienes razón. Esto hace que aprecie más mi educación.

Nombre _____ Fecha _____

Coma en el trato directo y en las preguntas al final de una oración

Las comas se usan para separar nombres que indican trato directo, o una persona a la que se le habla. Si el nombre aparece en el medio de la oración, las comas deben ir antes y después de él.

Las comas también se usan para separar preguntas cortas que aparecen al final de las oraciones.

trato directo	**pregunta**

Marta, alcánzame ese libro, ¿puede ser?

Preguntas para reflexionar
¿Hay algún nombre en la oración que indique que está dirigida a alguien? ¿Hay alguna pregunta corta al final de la oración?

Vuelve a escribir las oraciones con la puntuación correcta.

1. —Por favor pásame las fichas Roberto.

    _____

2. —Quiero comenzar con mi investigación ¿y tú?

    _____

3. —Tatiana dijo que la documentación vence mañana Bill.

    _____

4. —Necesito encontrar un sitio web más Andrea antes de comenzar a escribir.

    _____

5. —Ya deberías tener toda la investigación hecha para la fecha ¿no es cierto?

    _____

6. —Sí Enrique y encontré mucho sobre Molly La Jarra y James Forten.

    _____

Tiempos verbales: presente y pasado

El **tiempo presente** se refiere a algo que está pasando ahora.

El **tiempo pasado** se refiere a algo que ya pasó.

La **concordancia verbal** le muestra claramente al lector el orden de los sucesos.

Incoherencia de tiempos verbales	Coherencia de tiempos verbales
Rápidamente, subió las escaleras y carga el cañón.	Rápidamente, sube las escaleras y carga el cañón.
La semana pasada, lucharon en una feroz batalla y ganan.	La semana pasada, lucharon en una feroz batalla y ganaron.

Encierra en un círculo los cuatro verbos de cada párrafo que muestran incoherencia en el tiempo verbal. Escríbelos en el tiempo verbal correcto en la línea que está a continuación del párrafo.

1. James Forten fue un héroe porque <u>cumple</u> sus responsabilidades aun en el fragor de la batalla. Actuó de acuerdo con los valores que sus padres le <u>inculcan</u>. <u>Quieren</u> que fuera a la escuela y trabajara mucho. Así lo hizo. Su duro trabajo lo <u>lleva</u> a ser un empresario exitoso.

   _____

2. La Historia siempre <u>estaba</u> actualizada. Cuando estudiamos Historia, <u>adquiríamos</u> conocimiento. <u>Aprendíamos</u> de los errores de otras personas. Conocemos ejemplos de hombres y mujeres que usaron sus capacidades para cambiar el mundo y hacer que sea un lugar mejor. Conocer a estas figuras históricas <u>hizo</u> que nosotros también seamos mejores personas.

   _____

James Forten
Gramática: Conectar con la
escritura

Conectar con la escritura

Los buenos escritores agregan coma y punto y
coma para aclarar el significado de sus oraciones.

**Usa coma o punto y coma para separar los elementos de
una serie.**
John Adams, Molly LaJarra y James Forten contribuyeron al
esfuerzo de guerra.

**Usa coma para separar palabras o frases introductorias, trato
directo y preguntas al final de una oración.** Henrietta, ¿quién es
la persona que más admiras?
En mi opinión, los tres fueron muy valientes, ¿no crees?

**Vuelve a escribir el párrafo y agrega coma y punto y coma donde
corresponda.**

Hemos leído sobre algunos norteamericanos excepcionales en la Lección
11, Unidad 3 Lección 13, Unidad 3 y Lección 14, Unidad 3. Por ejemplo
James Forten luchó en la guerra desarrolló un negocio y trabajó para abolir
la esclavitud. En la época en la que él vivía los afroamericanos tenían pocos
derechos y oportunidades. En mi opinión esto lo hace aún más extraordinario
¿no es cierto?

_____

_____

_____

_____

_____

_____

Punto de enfoque: Organización
Presentar la evidencia en forma clara

Argumento: Los afroamericanos necesitaron mucho coraje para luchar la Guerra de la Revolución del lado de los patriotas.	
Evidencia débil	**Evidencia fuerte**
La guerra es atemorizante.	Si eran capturados por los británicos, podían ser vendidos como esclavos en las Indias Occidentales.
Podían morir.	Además, si eran capturados por los británicos, podían ser ejecutados por traidores.
Si estuvieran en un barco, éste podría hundirse.	Corrieron el riesgo de ser heridos o asesinados o de morir a causa de las enfermedades que se contagiaban en los campamentos.

A. Elige una de las posiciones del argumento de abajo. Haz una lista de tres evidencias fuertes que puedes usar para apoyar tu argumento.

Argumento: Las biografías de personajes históricos (deberían / no deberían) ser

incluidas en todos los libros de texto de lectura.

1. _____

2. _____

3. _____

B. Usa la evidencia para escribir un párrafo persuasivo bien organizado. En parejas/Para compartir Trabaja con un compañero para hacer una lluvia de ideas de conjunciones fluidas.

_____

_____

_____

_____

Nosotros también estuvimos allí

Hacer un glosario ilustrado

Un glosario es una sección al final de los libros de no ficción que contiene los significados de las palabras que aparecen en el texto. Generalmente, los autores incluyen palabras que son importantes para comprender las ideas principales del texto.

Lee el segundo párrafo de la pág. 451. La palabra *garabateando* significa escribir rápida o torpemente. ¿Qué te dice esta palabra sobre cómo esos jóvenes estaban alistándose en el ejército?

_____

_____

_____

Lee el primer párrafo de la pág. 452. Un *contrato* es un acuerdo para trabajar para alguien por cierto período de tiempo. ¿Por qué crees que Joseph usó la palabra *contrato* para describir su alistamiento?

_____

_____

_____

El autor de *Nosotros también estuvimos allí* te ha encargado hacer un glosario ilustrado del libro. Elige seis palabras de las historias de Joseph Plumb Martin y Sybil Ludington. Deben ser palabras que te ayuden a comprender a los personajes y sus experiencias. Recuerda que las entradas de un glosario se enumeran en orden alfabético. Luego de escribir las palabras, dibuja una ilustración que muestre el significado de cada palabra.

Glosario ilustrado

Palabra	Significado	Ilustración

Prefijos *in-, im-, i-, ir-*

**Las palabras del recuadro comienzan con un prefijo que significa *no*.
Elige una palabra de la lista para completar cada espacio en blanco y
forma oraciones correctas.**

> ineficiente   increíble   informal   impermeable   impersonal
>
> impura   ilógico   ilegible   irregular   irresponsable

1. Si Sybil hubiera ido y venido a caballo, habría sido

_____ porque le habría tomado tiempo extra.

2. En el mapa se ve una frontera zigzagueante e

_____ .

3. Por los desechos químicos arrojados en el arroyo, el agua era

_____ .

4. El picnic anual del vecindario fue una reunión _____

5. Durante la noche de campamento la lluvia no nos mojó porque la

carpa era _____ .

6. El orden de los sucesos era _____ y no tenía

sentido.

7. Olvidar dos veces una cita es terriblemente _____ .

8. Una nota escrita a mano es menos _____ que una

nota impresa.

9. Déjame que te cuente: ¡me ha pasado algo _____!

10. La dirección es _____ porque la tinta está

borroneada y la letra es desprolija.

Palabras en plural

Básicas Completa el crucigrama con la Palabra básica que corresponda a cada pista.

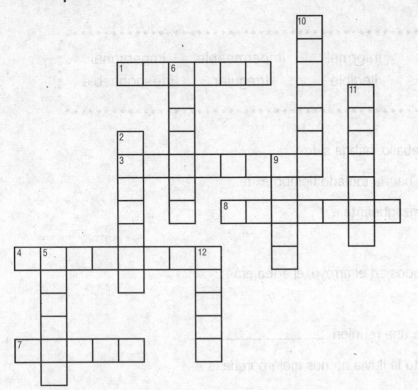

Palabras de ortografía

1. armas
2. aves
3. banderas
4. diarios
5. abuelos
6. milicianos
7. hindúes
8. ideas
9. caries
10. tambores
11. quienes
12. azules
13. canales
14. soles
15. ratones
16. tamales
17. telares
18. coces
19. luces
20. peces

Palabras avanzadas

pies
crisis
ciempiés
raíces
marroquíes

Horizontales

1. picaduras de los dientes
3. insignias
4. timbales, bombos
7. pescados
8. empanadas hechas con masa de harina de maíz y envueltas en hojas de mazorca

Verticales

2. los papás de mis papás
5. del color del cielo (plural)
6. roedores
9. armamentos
10. periódicos
11. naturales de la India
12. estrellas luminosas

Palabras avanzadas Escribe una breve entrada en un diario donde describas cómo fue tu día. Usa al menos tres de las Palabras avanzadas. Escribe en una hoja aparte.

Clasificar palabras de ortografía

Escribe las Palabras básicas junto a la descripción correcta.

		Palabras de ortografía
Terminación en *vocal*	Palabras básicas: Palabras avanzadas:	1. armas 2. aves 3. banderas 4. diarios 5. abuelos 6. milicianos
Terminación en *-s*	Palabras básicas: Palabras avanzadas:	7. hindúes 8. ideas 9. caries 10. tambores 11. quienes 12. azules
Terminación en consonantes que no son *s* y *z*	Palabras básicas: Palabras avanzadas:	13. canales 14. soles 15. ratones 16. tamales 17. telares
Terminación en *-z*	Palabras básicas: Palabras avanzadas:	18. coces 19. luces 20. peces

Palabras avanzadas

pies
crisis
ciempiés
raíces
marroquíes

Palabras avanzadas Agrega las Palabras avanzadas a tu tabla para clasificar palabras.

Conectar con la lectura Lee *Nosotros también estuvimos allí: Joseph Plumb Martin y Sybil Ludington.* Busca palabras en plural. Clasifícalas en la tabla de arriba.

Revisión de ortografía

Encuentra las palabras que están mal escritas y enciérralas en un círculo. Escríbelas correctamente en las líneas de abajo.

Palabras de ortografía

1. Los diarioes anunciaron que habrá un cese de armaes.

2. Los hindús agitaban sus vanderas.

3. Mis avuelos hacen tamals.

4. Las lucez incandescentes parecían zoles.

5. Los ratonez se metían en los tanvores en busca de comida.

6. Los peses asules ofrecían un espectáculo único.

1. armas
2. aves
3. banderas
4. diarios
5. abuelos
6. milicianos
7. hindúes
8. ideas
9. caries
10. tambores
11. quienes
12. azules
13. canales
14. soles
15. ratones
16. tamales
17. telares
18. coces
19. luces
20. peces

1. _____   7. _____

2. _____   8. _____

3. _____   9. _____

4. _____   10. _____

5. _____   11. _____

6. _____   12. _____

Palabras avanzadas

pies
crisis
ciempiés
raíces
marroquíes

Identificar las transiciones

Nombre _____ Fecha _____

Las **transiciones** son palabras o frases que se usan para conectar oraciones e ideas. Pueden mostrar el orden cronológico de los sucesos, pueden mostrar comparación y contraste, causa y efecto, u otras relaciones entre las ideas. Algunos ejemplos de transiciones son: *primero, después, sin embargo, además de, aunque, por otra parte, también*.

Pregunta para reflexionar
¿Qué palabra o frase conecta las ideas?

transición

Aprendimos el himno nacional. **Después** aprendimos sobre el protocolo de la bandera.

Encierra en un círculo las transiciones y escríbelas en la línea.

1. Llevamos con cuidado la bandera hacia afuera. Luego la amarramos al asta, primero la desplegamos. Izamos la bandera tal como nos enseñaron. Le rendimos homenaje y finalmente volvimos al aula. Después, hicimos el Juramento de Fidelidad y más tarde analizamos el tema del patriotismo.

_____

2. Como consecuencia de nuestro análisis, entiendo más sobre el motivo por el que honramos la bandera. También sé que la bandera nunca debe tocar el suelo. Asimismo, tampoco debería colocarse despreocupadamente en cualquier lugar, por ejemplo en el capó de un auto.

_____

Transiciones

Las transiciones indican diferentes tipos de relaciones entre oraciones e ideas.

orden cronológico	*primero, a continuación, más tarde, pronto, después, finalmente, luego*	**Primero** le dijo a sus abuelos. **Más tarde** empacó.
comparación/ contraste	*a diferencia de, al igual que, asimismo, además, aunque*	Tenían muchos soldados. **Además**, tenían mejores armas.
causa y efecto	*por lo tanto, como consecuencia de, por consiguiente, a menos que, si*	**Si** resultaba herido, no se enlistaría nuevamente.

Preguntas para reflexionar
¿Qué es una transición? ¿Cómo conecta las ideas?

Escribe la transición que muestra la relación indicada entre paréntesis.

1. _____ James Forten, Joseph Martin es un héroe. (comparación)

2. Era un patriota. _____ sirvió a su país. (causa y efecto)

3. _____ estaba horrorizado cuando vio por primera vez una batalla, continuó luchando. (contraste)

4. _____ hubo desorden por todos lados. (orden cronológico)

5. Los norteamericanos se recuperaron y, _____ hicieron retroceder a los británicos. (causa y efecto)

6. _____ de presenciar algunas batallas, Joseph Martin _____ tenía menos nervios. (orden cronológico)

7. _____ la vida en la tranquila granja, la guerra pareció una pesadilla. (contraste)

8. Tuvo tiempo para reflexionar sobre sus experiencias _____ (orden cronológico)

Transiciones en la escritura

Escritura de opinión: Usa transiciones que unen razones y detalles de soporte a la opinión: *por consiguiente, porque, como consecuencia, debido a, además, concretamente, primero.*

Escritura informativa: Usa transiciones que unen ejemplos y hechos a ideas principales: *por ejemplo, también, de hecho, además de, a diferencia de, asimismo, especialmente, además.*

Escritura narrativa: Usa transiciones que muestran la secuencia de sucesos: *primero, al principio, después, luego, más tarde, finalmente.*

Preguntas para reflexionar
¿Cuál es el propósito de mi escritura? ¿Qué transiciones indicarán la organización de mis ideas?

ejemplo

Texto informativo: Sybil Ludington era diferente a muchas mujeres del siglo XVIII. **Aunque** cuidaba la casa y los niños para su padre, **también** podía montar bien un caballo. **Además,** era independiente. **Por ejemplo,** no le pedía a nadie que fuera con ella cuando montaba.

Agrega transiciones para conectar las ideas de cada párrafo.

1. Voy a escribir un informe sobre Sybil Ludington. _____ volveré a leer la selección. _____ buscaré en Internet y en más libros para tener más información. _____ tomaré nota de lo que encuentre. _____ haré mi informe. _____ esté terminado, lo entregaré.

2. Sybil Ludington es un gran ejemplo para los estudiantes. _____ era inteligente. _____ pensó en tomar un palo para golpear las puertas. _____ no tuvo que perder tiempo bajando del caballo. Mostró coraje _____ con la manera en que montó el caballo sin miedo en la noche lluviosa.

Verbos irregulares

> Los **verbos irregulares** presentan cambios en su raíz o en su terminación al conjugarlos. Es una buena idea memorizar las formas irregulares y su ortografía.

Completa la conjugación que falta de cada verbo.

Verbo	Conjugación en tiempo simple	Conjugación en tiempo compuesto
ir	yo voy	yo he ido
contar	yo	yo he contado
decir	yo	yo he dicho
tener	yo	yo he tenido
caer	yo caigo	yo
ser	yo soy	yo
empezar	yo	yo

Encierra en un círculo los cuatro errores en las conjugaciones de este párrafo.

Había escribido un diario. Se lo había cuentado a su sobrino. El sobrino leió el diario. Luego escribió sobre la experiencia de su tío en la guerra. Muchas personas compraron el libro. Se sorprendieron cuando sabieron cómo fue la guerra. El libro les pareció muy interesante.

Conectar con la escritura

Los buenos escritores usan transiciones para ayudar a los lectores a comprender cómo se conectan las ideas y para crear oraciones que fluyan con más naturalidad.

El estudio de la historia es valioso. Nos da la oportunidad de aprender de los errores de los demás.	El estudio de la historia es valioso. **Por ejemplo**, nos da la oportunidad de aprender de los errores de los demás

Agrega transiciones para vincular las ideas y oraciones del párrafo.

El nuevo ejército marchó muchas millas _____ de montar el

campamento. _____ de cocinar la cena en el fogón, limpiaron sus

rifles. _____ algunos de los soldados escribían cartas a sus casas, otros

remendaban las botas. _____ se fueron a dormir. _____ el

campamento estuvo silencioso y tranquilo. _____ se

despertaron, desayunaron y se prepararon para la batalla.

Punto de enfoque: Elección de palabras. Acortar y combinar oraciones

Oraciones separadas	Oraciones combinadas
Ocho compañías formaban un regimiento. A un regimiento también se lo llamaba batallón.	Un regimiento, o batallón, estaba formado por ocho compañías.

Vuelve a escribir las oraciones para formar una oración combinada que no incluya palabras innecesarias.

1. Los continentales solían luchar en las batallas. Ellos luchaban junto con los militares.

   _____

2. Un grupo de niños lo vio llegar. Cuando los niños lo vieron, comenzaron a provocarlo.

   _____

3. Sus abuelos estaban tristes, pero lo equiparon con ropa. También le dieron un mosquete y pólvora.

   _____

   _____

4. Cientos de barcos británicos llegaron a la zona de Staten Island. En Staten Island, desembarcaron los casacas rojas.

   _____

   _____

Dinero para comer

Crear una publicidad

El propósito de una publicidad es persuadir al lector o al espectador de que compre un producto. Las publicidades a menudo tienen pocos datos sobre el producto, sin embargo, generalmente muestran solamente los más positivos. Las publicidades también utilizan elementos visuales impactantes para lograr que un producto resulte apasionante o atractivo.

El negocio de historietas de Greg tuvo un gran comienzo, pero las ventas están cayendo. Desea que lo ayudes a crear una publicidad para sus historietas.

Lee la página 484. ¿Qué información sobre Robusto-Cómics incluirías en un aviso para ellos? Recuerda que debe ser información que haga que los compradores se interesen más en ellas.

_____

_____

_____

_____

Lee las páginas 490-491. ¿Qué información sobre las _historias_ de Robusto-Cómics incluirías en una publicidad para ellos? ¿Qué información sobre estas historias haría que los compradores tengan más ganas de leerlas?

_____

_____

_____

_____

Ahora revisa la información que escribiste sobre Robusto-Cómics y sus
historias. Elige las mejores tres informaciones y vuelve a escribirlas, utilizando
un tono persuasivo. Utiliza adjetivos positivos para persuadir a tus lectores.

_____

_____

_____

Usa las tres oraciones que escribiste sobre Robusto-Cómics para crear una
publicidad. Recuerda escribir las oraciones para que generen interés en las
historietas. Atrae la atención de tus lectores con imágenes llamativas.

Dinero para comer
Estrategias de vocabulario:
Origen de las palabras

Origen de las palabras

Las siguientes oraciones describen palabras del español que vienen de
otros idiomas. Escoge las palabras del recuadro que describen
las oraciones.

récord	fiasco	pizza	almohada	guitarra
enciclopedia	villano	gol	absurdo	souvenir

1. Esta palabra significa *vil o malo*, y viene de la palabra latina *villãnus*:

   _____.

2. Esta palabra que nombra una comida viene del italiano:

   _____.

3. Del inglés tomamos esta palabra que significa *anotación*

   en un deporte: _____.

4. Esta palabra es originaria del francés y sirve para denominar *un*

   recuerdo que se compra en un viaje: _____.

5. Esta palabra viene de palabras latinas y griegas que describen *una*

   instrucción circular: _____.

6. Esta palabra significa termo en italiano, pero en español significa *un*

   completo fracaso: _____.

7. Este instrumento musical viene originalmente de la palabra griega

   kithára: _____.

8. El origen latino de esta palabra significa que *es algo nunca*

   escuchado, o contrario a la razón: _____.

9. Del árabe viene esta palabra que nombra un objeto donde

   apoyamos la cabeza: _____.

10. Esta palabra del inglés significa el mejor resultado en un deporte:

    _____.

219

Grupos consonánticos
nv, nf, mp, mb

Dinero para comer
Ortografía: Grupos consonánticos
nv, nf, mp, mb

Básicas Lee el párrafo. Escribe la Palabra básica que reemplaza mejor
los números que están subrayados en las oraciones.

Mi hermana y yo fuimos al cine a ver una película (1). Era sobre

un científico que idea el (2) más espectacular: una (3) que le da vida

a los dibujos. (4) estábamos ansiosos por ver la película. Su nombre

era "Un invento genial". Nos sentamos en una de las filas de la parte

(5) del cine y comenzamos a disfrutar de la película. Era una historia

muy (6), pero a la vez emocionante. El científico pasó muchos años de

su vida tratando de (7) su falta de imaginación hasta que se le ocurrió

una idea. El resultado fue esta máquina que le da vida a los dibujos.

En una escena, el científico dibujó una mariposa. ¡La máquina (8) el

dibujo en una mariposa de verdad! ¡Era real y (9) tenía alas de una gran

(10)! Realmente disfrutamos de la película.

Ojalá la próxima película que veamos con mi hermana sea tan

maravillosa como ésta.

1. _____ 6. _____
2. _____ 7. _____
3. _____ 8. _____
4. _____ 9. _____
5. _____ 10. _____

Palabras avanzadas 11 a 14. Escribe una carta a una estación de
televisión en la que expreses las razones por las que no deben cancelar
un programa que te gusta. Usa cuatro de las Palabras avanzadas. Escribe
en una hoja aparte.

Palabras de ortografía

1. confundir
2. infantil
3. invisible
4. amparar
5. también
6. convirtió
7. invariable
8. nombre
9. inferior
10. ambos
11. simple
12. cambiar
13. enfrentar
14. samba
15. amplitud
16. inverso
17. imposible
18. cambio
19. impresora
20. invento

Palabras avanzadas
confuso
convulsionar
ambivalente
anverso
ejemplar

Dinero para comer
Ortografía: Grupos consonánticos
nv, nf, mp, mb

Clasificar palabras de ortografía

Escribe las Palabras básicas junto a la descripción correcta.

Palabras con *nv*	Palabras básicas:
	Palabras avanzadas:
Palabras con *nf*	Palabras básicas:
	Palabras avanzadas:
Palabras con *mp*	Palabras básicas:
	Palabras avanzadas:
Palabras con *mb*	Palabras básicas:
	Palabras avanzadas:

Palabras avanzadas Agrega las Palabras avanzadas a tu tabla para clasificar palabras.

Conectar con la lectura Lee *Dinero para comer*. Busca palabras que tengan los grupos consonánticos de esta página. Clasifícalas en la tabla de arriba.

Palabras de ortografía

1. confundir
2. infantil
3. invisible
4. amparar
5. también
6. convirtió
7. invariable
8. nombre
9. inferior
10. ambos
11. simple
12. cambiar
13. enfrentar
14. samba
15. amplitud
16. inverso
17. imposible
18. cambio
19. impresora
20. invento

Palabras avanzadas
confuso
convulsionar
ambivalente
anverso
ejemplar

Nombre _____ Fecha _____

Revisión de ortografía

Dinero para comer
Ortografía: Grupos consonánticos
nv, nf, mp, mb

Encuentra las palabras que están mal escritas y enciérralas en un círculo. Escríbelas correctamente en las líneas de abajo.

Querida Tía Leonor:

Estoy revisando si mi conducta debe mejorar. Tal vez puedas ayudarme con un consejo sinple. Estas son algunas cosas buenas que hice la semana pasada: dije bien el nonbre del primer presidente del país en la clase de Historia; tanbién quité insectos de la piscina del patio; le presté mi inpresora a un amigo; le regalé a mi hermanito un libro imfantil; y puse una alfombra en la parte imferior de la perrera para que Manchita no se lastime con las astillas. ¡Creo que eso está bastante bien!

Pero algunas cosas no estuvieron tan bien. Rompí un imvento de mi papá; puse los CD de mi hermano en el orden imberso; quise emfrentar a unos niños de quinto grado; y no dejé de anparar a Manchita cuando comvirtió el jardín de la abuela en un desastre. ¡Anbos nos divertimos! ¿No es muy molesto, verdad?

Cariños,

Samuel

1. _____   7. _____
2. _____   8. _____
3. _____   9. _____
4. _____   10. _____
5. _____   11. _____
6. _____   12. _____

Palabras de ortografía

1. confundir
2. infantil
3. invisible
4. amparar
5. también
6. convirtió
7. invariable
8. nombre
9. inferior
10. ambos
11. simple
12. cambiar
13. enfrentar
14. samba
15. amplitud
16. inverso
17. imposible
18. cambio
19. impresora
20. invento

Palabras avanzadas
confuso
convulsionar
ambivalente
anverso
ejemplar

Adjetivos

Un **adjetivo** da información sobre un sustantivo, describe su cantidad y su cualidad.

cualidad   *A Emilia le gusta leer cuentos cortos.*

Los **adjetivos** concuerdan en **género** y **número** con los **sustantivos**.

Mi amigo es bueno.
Mi maestra es delicada.
Mis libros son gruesos.

Pregunta para reflexionar
¿Qué palabra describe al sustantivo?

Subraya el adjetivo de las oraciones. Escribe el sustantivo al que se refiere en la línea.

1. El héroe de la película nueva se llama Gregorio.

2. Lleva consigo una computadora diminuta.

3. ¡Su chaqueta tiene dibujos azules!

4. Gregorio vuela en una nave invisible.

Corrige los errores de concordancia de las siguientes oraciones. Vuelve a escribir las oraciones correctamente.

5. ¿Alguna vez escribiste un cuento sobre un héroe valientes?

   _____

6. Hace dos años, intenté escribir uno sobre una mujer extraordinario.

   _____

7. No pude encontrar la idea correctos para el cuento.

   _____

8. Algún día comenzaré nuevamente y encontraré una idea buenas
   y emocionantes para escribir un cuento.

   _____

   _____

Adjetivos

Un **adjetivo** es una palabra que da información acerca de un sustantivo. Si el sustantivo es el sujeto de la oración, habrá un verbo de enlace que lo una con el adjetivo. El verbo *ser* es un verbo de enlace.

Mi amigo es <u>inteligente</u>.

Las tostadas huelen <u>deliciosas</u>.

Preguntas para reflexionar
¿Cuál es el sustantivo?
¿Cuál es el adjetivo?

Agrega adjetivos a las siguientes oraciones. Vuelve a leer las oraciones para asegurarte de que tienen sentido.

1. Antes de crear una historieta _____ debes pensar una idea.

2. Los personajes deben ser _____ .

3. Quizá desees que el héroe de la historieta sea _____ .

4. El héroe vive una serie de aventuras que son _____ .

5. Cada ilustración puede mostrar una _____ cualidad que tenga el héroe.

6. Por supuesto, el héroe triunfa en todas las _____ peleas.

7. Finalmente, los _____ villanos son derrotados.

8. El final de la historieta es _____ .

Adjetivos calificativos y gentilicios

Los **adjetivos** son palabras que dan información acerca del sustantivo. Los **adjetivos calificativos** describen las cualidades de un sustantivo. Los **adjetivos gentilicios** describen el origen de una persona, lugar o cosa.

adjetivo gentilicio

Liliana es una artista mexicana.

adjetivo calificativo

El libro es colorido e interesante.

Pregunta para reflexionar
¿Qué palabra describe una cualidad? ¿Qué palabra describe el origen de la persona, lugar o cosa?

Encierra en un círculo el adjetivo gentilicio de cada oración. Subraya el sustantivo al cual describe.

1. La ilustradora de historietas japonesa se llama Sara.

2. El turista alemán dejó su historieta favorita debajo de la lluvia.

3. Ariel se sintió feliz de conseguir la última copia de la revista en la tienda china.

4. Los fideos con queso italiano eran deliciosos y me dieron energía para continuar dibujando.

5. En mi primer borrador, la batalla francesa parece aburrida.

6. Inventé un villano rumano que parece maligno.

7. La nueva habitación de Benito era pequeña, sin lugar para sus muebles suecos ni sus estantes para historietas.

8. La nueva cámara de fotos finlandesa de Mariana es muy costosa.

Subraya el adjetivo en cada oración. Escribe en la línea al final de la oración si es calificativo o gentilicio.

9. Mi hermana observa con atención las coloridas ilustraciones. _____

10. Las próximas vacaciones iremos a las playas mexicanas. _____

11. Juan tiene una pequeña colección de libros para vender. _____

Clases de pronombres

Sustantivos	Pronombres de sujeto
Jorge y Santiago van a la librería.	Ellos van a la librería.
El que quiere un libro es Jorge.	Quien quiere un libro es él.

Sustantivos	Pronombres de complemento
Jorge compró este libro.	Jorge lo compró.
Jorge regaló estos libros a Santiago y Matías.	Jorge les dio los libros.

1 a 6. Encierra en un círculo los pronombres correctos. Luego, rotula el pronombre como *sujeto* o *complemento*.

1. ¿(Tú/Ella) lees libros de historietas? _____

2. (Él/Le) es la persona que lee más libros de historietas. _____

3. Karina (lo/él) escucha hablar sobre los libros de historietas. _____

4. Cuando sale una nueva revista de historietas, David es el primero que (la/las) compra. _____

5. David (me/yo) compra un ejemplar extra. _____

6. Yo (lo/le) agradezco a David. _____

7 a 10. Encierra en un círculo cuatro errores del siguiente párrafo y escribe las correcciones en la línea. Se usan mal los pronombres de sujeto y complemento.

En mi libro favorito de historietas, los personajes tienen superpoderes impresionantes. ¡Uno de los puede controlar el estado del tiempo con la mente! Otro de los personajes puede atravesar las paredes. Le es mi personaje favorito. Algún día, cuando mí invente una revista de historietas, incluiré un personaje como él. En mi revista de historietas, todos los superhéroes podrán volar hasta los planetas del espacio en segundos. Mi hermana también tiene buenas ideas para una revista de historietas. Creo que la y yo podemos trabajar juntos, ¡pero sólo si le queda claro que mando yo!

Conectar con la escritura

Cuando escribas, usa adjetivos precisos para añadir detalles
y crear imágenes claras para tus lectores.

Adjetivo impreciso	Adjetivo preciso
Pedro vio una película **interesante** sobre unas joyas escondidas en las pirámides.	Pedro vio una película **emocionante** sobre unas joyas **doradas** escondidas en las pirámides **egipcias**.

Actividad   Usa adjetivos precisos para volver a escribir las oraciones y añadir detalles.

1. Ariel dibujó una historieta basada en una película.

_____

_____

2. El personaje principal era un arqueólogo.

_____

_____

3. El arqueólogo descifró el código para entrar a la pirámide.

_____

_____

4. Vio montones de tesoros dentro de la tumba.

_____

_____

5. Se libró de los ladrones que querían el tesoro.

_____

_____

Punto de enfoque: Voz
Usar lenguaje informal

Lenguaje formal	Lenguaje informal
Los menores habían estado comentando sobre su revista de historietas.	Los niños habían estado hablando como locos sobre su revista de historietas.

A. Lee las oraciones formales. Reemplaza las palabras o las frases formales con palabras informales. Escribe tus oraciones nuevas en el recuadro.

Lenguaje formal	Lenguaje informal
1. Mi padre es ilustrador de novelas gráficas.	
2. Tenga a bien contestar mi pedido en un tiempo breve.	

B. Lee las oraciones formales. Vuelve a escribir las oraciones con un lenguaje informal que refleje sentimientos y personalidad.

En parejas/Para compartir Trabaja con un compañero para volver a escribir las oraciones con lenguaje informal que refleje sentimientos y personalidad.

Lenguaje formal	Lenguaje informal
3. Estoy muy entusiasmado de poder ir a la muestra de arte.	
4. Mi madre no me deja dibujar hasta que mi tarea esté terminada.	

PLAF

Cambio de narrador

Cuando Ángela está contando la historia, nos cuenta exactamente lo que está viendo, sintiendo o pensando. Pero como ella es un personaje en la historia, no sabe necesariamente lo que los otros personajes ven, sienten o piensan.

Lee la página 513. Vuelve a escribir esta parte de la historia como si la contara Peter. ¿En qué se diferenciarían sus reacciones o pensamientos de los de Ángela?

Caminé detrás de Ángela y hablando con mi mejor voz de científico loco, dije: "Soy el doctor Lu Manchu, el científico loco." Cuando Ángela se dio vuelta y me miró,

_____

_____

_____

Lee la página 515. Vuelve a escribir esta parte de la historia como si la contara Peter. ¿En qué se diferenciarían sus reacciones o pensamientos de los de Ángela?

Dije: "Bueno, Ángela. ¡Te mostraré!" y entré. Puse la máquina para junio del año que viene. Unos segundos después salí de la máquina y fui al jardín, donde

_____

_____

_____

¿Qué información adicional sobre el personaje de Peter y de la trama incluiste que no estaba en la versión original?

_____

_____

**Lee la página 519. Vuelve a escribir esta parte de la historia como si la
estuviera contando la madre de Ángela. ¿En qué se diferenciarían sus
pensamientos o reacciones de los de Ángela?**

Estaba en la cocina preparando la cena y Ángela estaba arriba tomando una ducha. ¡De repente me
di vuelta y

_____

_____

_____

_____

**Ahora lee la página 520. Vuelve a escribir esta parte de la historia como si
se contara desde el punto de vista de la madre de Ángela.**

Luego Ángela volvió a bajar por la escalera ¡pero esta vez estaba usando su bata y estaba húmeda!
Le dije que no entendía lo que estaba ocurriendo. Ángela dijo:

_____

_____

_____

_____

**Piensa en qué se diferencia la estructura de la historia cuando se cuenta desde
el punto de vista de la madre. ¿Qué información falta ahora de la trama?**

_____

_____

_____

_____

230

PLAF
Estrategias de vocabulario:
Materiales de consulta

Materiales de consulta

Los diccionarios y los glosarios contienen tanto el significado de frases
como el significado de palabras. Usa un diccionario impreso o digital para
definir las frases del recuadro. Luego, completa las oraciones con la frase
que se corresponde con el significado entre paréntesis.

poco a poco	bien parecido	dar a entender	a tientas	de par en par
al pie de la letra	echar de menos	en un abrir y cerrar de ojos	echar a perder	dar en el clavo

1. Todo terminó _____. (rápidamente)

2. Mi novio, Juan, es un muchacho _____. (guapo)

3. Cuando te vayas voy a _____ (extrañar)

4. Como tenía calor, Mariela abrió las ventanas _____
(completamente)

5. Ana estudió mucho y sabía el poema del examen _____.
(literalmente)

6. La fruta se _____ fuera del refrigerador. (pudrirse)

7. ¡Así es, _____ ! Eso es justo lo que estaba buscando.
(acertar)

8. No dijo que ya no me quería, pero lo _____ con su mirada.
(comunicar indirectamente)

9. Caminó por la habitación _____, no podía ver nada. (con
incertidumbre).

10. _____ nos fuimos abriendo paso a través de la selva.
(despacio)

Raíces, prefijos y sufijos

PLAF
Ortografía: Raíces, prefijos y sufijos

Básicas Escribe la Palabra básica al lado de la definición.

1. instrumento para ver a gran distancia _____

2. instrumento para escribir _____

3. acción de dictar para que otro escriba _____

4. persona que toma fotografías _____

5. sistema para transmitir mensajes a distancia _____

6. instrumento para medir la temperatura _____

7. acción de romperse _____

8. comunicación de dos personas a distancia _____

9. tropismo provocado por la luz _____

10. control de la propia conducta _____

11. vehículo aéreo que puede mantenerse en el lugar

_____

Palabras avanzadas 12 a 14 Escribe una crítica breve de una obra de teatro escolar que recaudó dinero para una obra de beneficencia. Usa tres de las Palabras avanzadas. Escribe en una hoja aparte.

Palabras de ortografía

1. telégrafo
2. teleconferencia
3. telepatía
4. telescopio
5. televisión
6. fotógrafo
7. fototropismo
8. hélice
9. helicóptero
10. termómetro
11. metrópolis
12. dictado
13. ruptura
14. astronauta
15. astronave
16. autocontrol
17. automático
18. automotor
19. grafólogo
20. bolígrafo

Palabras avanzadas

helicoidal
hipervitaminosis
hipotrofia
automovilístico
astronomía

Clasificar palabras de ortografía

Escribe las Palabras básicas junto a la descripción correcta. Usa un diccionario para verificar el origen de las raíces de las palabras.

Palabras con raíces griegas	**Palabras básicas:** **Palabras avanzadas:**
Palabras con raíces latinas	**Palabras básicas:** **Palabras avanzadas:**

Palabras avanzadas Agrega las Palabras avanzadas a tu tabla para clasificar palabras.

Conectar con la lectura Lee *PLAF*. Busca palabras que tengan los sufijos y prefijos de esta página. Clasifícalas en la tabla de arriba.

Palabras de ortografía

1. telégrafo
2. teleconferencia
3. telepatía
4. telescopio
5. televisión
6. fotógrafo
7. fototropismo
8. hélice
9. helicóptero
10. termómetro
11. metrópolis
12. dictado
13. ruptura
14. astronauta
15. astronave
16. autocontrol
17. automático
18. automotor
19. grafólogo
20. bolígrafo

Palabras avanzadas
helicoidal
hipervitaminosis
hipotrofia
automovilístico
astronomía

Revisión de ortografía

PLAF
Ortografía: Raíces, prefijos
y sufijos

**Encuentra las palabras que están mal escritas y enciérralas en un círculo.
Escríbelas correctamente en las líneas de abajo.**

La batalla por el planeta Kylore

Recuerdo que un día frente a la television decidí ser

astronuata. Estaba viendo un programa sobre un elicóptero

intergaláctico que incluía a una enorme hélise, un telecopio

incorporado y una cámara operada por un robot fotografo. Tenía

la forma de una pequeña astronabe que se movía activando

un panel automatico con un bolígafo de plástico, o incluso sólo

usando la teleparía. Un termómero medía la temperatura cada 30

segundos para evitar la rutura de los instrumentos.

1. _____	7. _____
2. _____	8. _____
3. _____	9. _____
4. _____	10. _____
5. _____	11. _____
6. _____	12. _____

Palabras de ortografía

1. telégrafo
2. teleconferencia
3. telepatía
4. telescopio
5. televisión
6. fotógrafo
7. fototropismo
8. hélice
9. helicóptero
10. termómetro
11. metrópolis
12. dictado
13. ruptura
14. astronauta
15. astronave
16. autocontrol
17. automático
18. automotor
19. grafólogo
20. bolígrafo

Palabras avanzadas

helicoidal
hipervitaminosos
hipotrofia
automovilístico
astronomía

Ortografía

234

Grado 5, Unidad 4

Adverbios

Un **adverbio** es una palabra que describe un verbo. Los adverbios de **modo** indican *cómo*, los de **tiempo** indican *cuándo* y los de **lugar** indican *dónde* ocurre una acción. Muchos adverbios terminan en *-mente*

adverbios

modo:　La música sonaba **fuertemente**.
tiempo:　Vino **temprano**.
lugar:　Fue **adentro**.

Preguntas para reflexionar
¿Cuál es el verbo? ¿Qué palabra nos dice cómo, cuándo *o* dónde *se realiza la acción del verbo?*

Actividad　**Subraya el adverbio de las oraciones. Aclara si el adverbio es de modo, tiempo o lugar.**

1. Nora deseaba llegar lejos en su carrera de ingeniera. _____

2. Ella trabajaba arduamente en sus diseños. _____

3. Un día, permitió finalmente a su amigo que viera sus dibujos.

　_____

4. Su amiga miró apresuradamente las páginas para ver el diseño final.

　_____

5. Pensó que Nora había diseñado creativamente. _____

6. Nora cerró los ojos y pronto se imaginó a sí misma en una

　ceremonia de entrega de premios. _____

7. Pensó imaginativamente lo orgullosos que estarían sus padres.

　_____

8. Nora tomó su birome y practicó incansablemente para lograr su

　meta. _____

Adverbios

Los adverbios también pueden expresar **afirmación / negación** o **cantidad.**

Afirmación: Ciertamente, olvidé traer mi almuerzo a la escuela.

Negación: Nunca puedo terminar mis tareas a tiempo.

Cantidad: ¡Esa idea es demasiado extraña!

> **Preguntas para reflexionar**
> *¿Cuál es el verbo? ¿Qué palabra indica afirmación, negación o cantidad?*

Actividad Subraya el adverbio en las oraciones. Escribe si se trata de un adverbio que indica afirmación, negación o cantidad.

1. Carina apenas podía creer que había ganado el premio de ciencias. _____

2. Nunca había obtenido tal honor. _____

3. Pensó que ciertamente trabajar duro tiene su recompensa. _____

4. En un momento, casi abandonó su proyecto. _____

5. Ya no tenía ninguna idea. _____

6. Ariel, sin embargo, ciertamente la alentaba. _____

7. Efectivamente él quería que ella ganara el premio casi tanto como lo deseaba ella.

_____

8. Carina jamás se olvidará de lo buen amigo que él fue con ella. _____

Usar adverbios

Los **adverbios** de **modo** indican *cómo*, los adverbios de **tiempo** indican *cuándo* y los adverbios de **lugar** indican *dónde* sucede una acción. También pueden expresar **afirmación / negación** o **cantidad**.

Juan **a veces** trabaja **mucho** en el laboratorio.

Sonia trabaja **sola**.

Después, Horacio ganó la competencia.

Efectivamente, trabaja arduamente, por eso logra sus metas.

Pregunta para reflexionar
¿El adverbio describe la acción de la oración?

Actividad   Lee las oraciones y el adverbio subrayado. Decide de qué tipo de adverbio se trata.

1. Raúl se fue a dormir <u>temprano</u>.

_____

2. Soñaba con máquinas del tiempo y cápsulas espaciales cuando se despertó <u>sobresaltado</u>.

_____

3. <u>Efectivamente</u>, creyó ver una línea roja que cruzaba una luna amarilla.

_____

4. Raúl pestañeó y <u>valientemente</u> saltó de la cama.

_____

5. <u>Jamás</u> había soñado algo parecido.

_____

6. Se apoyó en la ventana y <u>allí</u> esperó que la cosa regresara.

_____

Tiempos verbales simples

Presente	Pretérito perfecto simple	Pretérito imperfecto	Futuro
El extraterreste visita la Tierra.	El extraterreste visitó la Tierra.	El extraterrestre visitaba la Tierra.	El extraterrestre visitará la Tierra.
El autor escribe sobre los extraterrestres.	El autor escribió sobre los extraterrestres.	El autor escribía sobre los extraterrestres.	El autor escribirá sobre los extraterrestres.

1 a 6. Indica qué tiempo del verbo que está entre paréntesis debes usar y completa correctamente la oración. Luego escribe el tiempo correcto del verbo.

1. El autor (usar) Plutón como escenario de su próximo libro.

_____

2. Para su último libro, el autor (escoger) Venus como escenario.

_____

3. Mi hermano (leer) un capítulo de su libro preferido de ciencias cada día.

_____

4. Ahora le (divertir) leer cuentos sobre los viajes al espacio.

_____

5. El año pasado, le (gustar) los libros sobre los dinosaurios.

_____

6. Me pregunto qué clase de libros le (gustar) más adelante.

_____

7 a 10. El siguiente párrafo tiene cuatro errores de tiempos verbales. Subraya los errores. En la línea, corrige los errores e indica el tiempo verbal correcto.

La famosa autora de ciencia ficción firmó ejemplares de su libro mañana a las 4:00 p. m. ¡No puedo esperar! Ayer, mi mamá me cuenta sobre la firma de libros. Termino de leer el libro ayer por la noche. En el libro, todos los personajes viven en la Tierra, pero la Tierra es muy diferente. Las cosas de los personajes son muy pequeñas. Tienen automóviles y computadoras muy diminutas. Los personajes pueden agrandarse o encogerse por medio de las computadoras. Cuando vea a la autora, le pregunto si de verdad piensa que en el futuro podremos cambiar nuestro propio tamaño.

_____

Conectar con la escritura

Adverbio menos preciso	Adverbio más preciso
Los tripulantes de la nave espacial gritaron <u>fuertemente</u> cuando vieron la Tierra.	Los tripulantes de la nave espacial gritaron <u>entusiasmadamente</u> cuando vieron la Tierra.

Actividad Observa los adverbios que están subrayados en las oraciones. Escribe un adverbio más preciso en la línea.

1. El científico se detuvo en la calle y miró <u>lentamente</u> a su alrededor.

   _____

2. Luego caminó <u>silenciosamente</u> hacia la esquina.

   _____

3. En la entrada de un edificio, se detuvo <u>rápidamente</u> y miró a su alrededor.

   _____

4. Mientras subía por las escaleras, el científico se limpiaba <u>suavemente</u> el abrigo.

   _____

5. Cuando finalmente tocó un timbre, lo hizo <u>firmemente</u>. _____

6. Después de esperar un rato, puso <u>suavemente</u> la palma de la mano en el

   vidrio de la puerta. _____

7. <u>Extrañamente</u>, ¡la mano pasó a través del vidrio!

   _____

8. Una mujer que observaba lo que sucedía, se escondió <u>rápidamente</u>

   en su departamento. _____

PLAF
Escritura: Escritura narrativa

Punto de enfoque:
Elección de palabras
Usar palabras precisas y detalles sensoriales

Descripción básica	Descripción con palabras precisas y detalles sensoriales
Carla tenía el pelo rubio.	El pelo largo y lacio de Carla tenía el color del trigo bajo el sol.

A. Piensa en los personajes de Peter y Ángela de *PLAF*. Lee las oraciones.
Añade palabras y detalles descriptivos para hacerlas más vívidas.

Descripción básica	Descripción con palabras precisas
1. Ángela se sintió rara cuando miró la habitación.	Ángela se sintió _____ cuando _____
2. Peter esperó para saber qué hizo Ángela.	Peter esperó _____ para saber sobre _____

B. Vuelve a escribir las descripciones para que sean más precisas e interesantes.

En parejas/Para compartir Haz una lluvia de ideas con un compañero para agregar palabras precisas y detalles sensoriales a las oraciones.

Descripción básica	Descripción con palabras precisas
3. Ángela vio algo en la cocina.	
4. Peter se rio de la cosa rara.	
5. Ángela salió corriendo.	

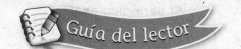

El periódico canino

Lectura independiente

El periódico canino

Escribir títulos de periódicos

Los escritores de periódicos utilizan títulos para separar las
noticias en partes. El título de cada sección generalmente es
una oración corta sobre la idea principal de esa sección o sobre lo
que trata principalmente esa sección. En general, los títulos llaman
la atención de los lectores o generan interés por la historia. No son
oraciones completas sino frases con la información más importante.

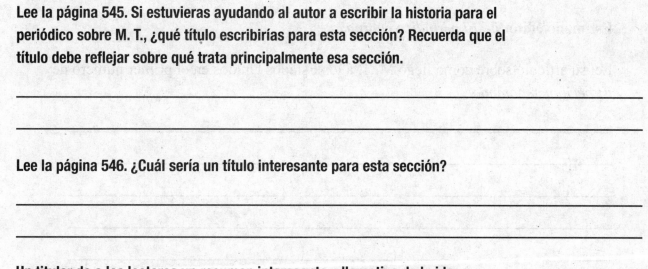

**Lee la página 545. Si estuvieras ayudando al autor a escribir la historia para el
periódico sobre M. T., ¿qué título escribirías para esta sección? Recuerda que el
título debe reflejar sobre qué trata principalmente esa sección.**

_____

_____

Lee la página 546. ¿Cuál sería un título interesante para esta sección?

_____

_____

**Un titular da a los lectores un resumen interesante y llamativo de la idea
principal de todo el artículo en vez de una sola sección. Los titulares pueden
ser más largos que los títulos pero siguen sin ser oraciones completas.
Nuevamente, utiliza las palabras más importantes. ¿Cuál sería un titular
interesante para la historia de M. T. en las páginas 545-546?**

_____

_____

Escribir una carta al editor

Los periódicos suelen publicar cartas de los lectores en donde éstos
cuentan lo que piensan sobre los artículos de ediciones anteriores.
Estas cartas suelen llamarse cartas al editor.

Escribe una breve carta al editor de *El periódico canino*, dando tu
opinión sobre la historia de M. T. de las páginas 545 y 546. Escribe tus
pensamientos y sentimientos personales sobre el artículo. Explica qué
parte de la historia crees que fue más atractiva y por qué.

Estimado editor de *El periódico canino*:

Leí su artículo sobre cómo llegó M. T. a los Estados Unidos en el primer número de
El periódico canino y

_____

_____

_____

_____

_____

_____

_____

_____

_____

_____

Nombre _____ Fecha _____

Lección 18
CUADERNO DEL LECTOR

El periódico canino
Estrategias de vocabulario:
Homófonos y homógrafos

Homófonos y homógrafos

1 a 10. Encierra en un círculo el homófono que completa correctamente cada oración.

1. Mi mamá me (coció, cosió) el vestido que se me había roto.

2. El muchacho (más, mas) alto era el que corría mejor.

3. La enorme (hola, ola) golpeaba con fuerza al frágil barco.

4. Mi tía embarazada está muy contenta porque va a tener un (varón, barón).

5. (Ola, Hola), ¿cómo estás?

6. El reciclaje incluye no generar muchos (desechos, deshechos).

7. En el museo se puede ver, (más, mas) no tocar.

8. El caballo está entrenado para saltar (vayas, vallas).

9. El conserje (abría, habría) las ventanas todas las mañanas.

10. En la escuela, a veces (hizo, izo) la bandera.

11 a 14. Lee las definiciones de cada par de homógrafos. Luego escribe una oración original que muestre el significado de cada uno.

> **llama** *sust.* mamífero similar al guanaco **llama** *sust.* fuego
> **banco** *sust.* asiento con o sin respaldo **banco** *sust.* establecimiento que se dedica a realizar transacciones monetarias

11. _____

12. _____

_____

13. _____

_____

14. _____

Palabras con sufijos *-dad, -ción, -sión, -xión*

El periódico canino
Ortografía: Palabras con sufijos
-dad, -ción, -sión, -xión

Básicas   Escribe la Palabra básica que completa mejor las analogías.

1. *Alejado* es a *apartado* como *amistad* es a _____.

2. *Alto* es a *bajo* como *dejadez* es a _____.

3. *Honesto* es a *honrado* como *alegría* es a _____.

4. *Dar* es a *otorgar* como *enunciación* es a _____.

5. *Escritor* es a *libro* como *cantante* es a _____.

6. *Pedir* es a *solicitar* como *unión* es a _____.

7. *Genial* es a *excelente* lo que *propósito* es a _____.

8. *Cerca* es a *lejos* lo que *construcción* es a _____.

9. *Inteligente* es a *tonto* lo que *desunión* es a _____.

10. *Grande* es a *chico* lo que *tristeza* es a _____.

Palabras avanzadas 11 a 14   Sugiere maneras en las que los vecinos pueden llevarse mejor. Usa cuatro de las Palabras avanzadas. Escribe en una hoja aparte.

Palabras de ortografía

1. bondad
2. canción
3. destrucción
4. felicidad
5. elección
6. conexión
7. mención
8. velocidad
9. percusión
10. sociedad
11. expresión
12. unidad
13. diversión
14. atención
15. publicación
16. expresividad
17. emoción
18. edición
19. hermandad
20. intención

Palabras avanzadas

impresión
extensión
conmoción
acción
presión

Clasificar palabras de ortografía

El periódico canino
Ortografía: Palabras con sufijos
-dad, -ción, -sión, -xión

Escribe las Palabras básicas junto a la descripción correcta.

Palabras con sufijo *-dad*	Palabras básicas: Palabras posibles de la selección:
Palabras con sufijo *-ción*	Palabras básicas: Palabras avanzadas: Palabras posibles de la selección:
Palabras con sufijo *-sión*	Palabras básicas: Palabras avanzadas:
Palabras con sufijo *-xión*	Palabras básicas:

Palabras avanzadas Agrega las Palabras avanzadas a tu tabla para clasificar palabras.

Conectar con la lectura Lee *El periódico canino*. Busca palabras que tengan los sufijos de esta página. Clasifícalas en la tabla de arriba.

Palabras de ortografía

1. bondad
2. canción
3. destrucción
4. felicidad
5. elección
6. conexión
7. mención
8. velocidad
9. percusión
10. sociedad
11. expresión
12. unidad
13. diversión
14. atención
15. publicación
16. expresividad
17. emoción
18. edición
19. hermandad
20. intención

Palabras avanzadas
impresión
extensión
conmoción
acción
presión

Revisión de ortografía

El periódico canino
Ortografía: Palabras con sufijos
-dad, -ción, -sión, -xión

Encuentra las palabras que están mal escritas y enciérralas en un círculo. Escríbelas correctamente en las líneas de abajo.

En la actualidad, mis caricaturas están en la mejor publicasión de todo el país. Hace veinte años, cuando estaba en quinto grado, aparecían en uno pequeño: la edisión de *Espía*, el periódico escolar. Sentado frente al fuego, los recuerdos de la ceremonia de premiación de ese año me hacen llenar de emosión. Les contaré ese suceso: lean con atensión. Dibujar como medio de expreción me causaba diverción. Era mi intensión escribir e ilustrar una historieta sobre el mayor monstruo que pudiera crear con mi expresivitad. Que a su paso fuera todo destrución. Quería que horrorizara a la sosiedad. Mi deseo se cumplió. Recibí el premio a la caricatura más terrorífica del año. Además me regalaron un instrumento de percución. ¡Qué felixidad! Desde ese momento siento una conección con mis dibujos, una especie de uniddad que es como la hermanda que hay entre los seres humanos.

Palabras de ortografía
1. bondad
2. canción
3. destrucción
4. felicidad
5. elección
6. conexión
7. mención
8. velocidad
9. percusión
10. sociedad
11. expresión
12. unidad
13. diversión
14. atención
15. publicación
16. expresividad
17. emoción
18. edición
19. hermandad
20. intención

Palabras avanzadas
impresión
extensión
conmoción
acción
presión

1. _____
2. _____
3. _____
4. _____
5. _____
6. _____
7. _____
8. _____
9. _____
10. _____
11. _____
12. _____
13. _____
14. _____
15. _____

Preposiciones

El periódico canino
Gramática: Preposiciones y frases
preposicionales

Una **preposición** es una palabra que muestra la conexión entre otras palabras de la oración. Algunas preposiciones se usan para indicar tiempo, ubicación y dirección. Otras preposiciones, como *con* y *sobre*, brindan detalles.

Las preposiciones **a** y **de** sufren cambios cuando van antes que el artículo *el*: de + el = **del**, y a + el = **al**.

Las preposiciones son: *a, ante, bajo, con, contra, de, desde, durante, en, entre, hacia, hasta, mediante, para, por, sin, sobre* y *tras*.

Pregunta para reflexionar
¿Qué palabras dan información acerca del tiempo, dirección o ubicación?

preposiciones

tiempo	Jugamos <u>hasta</u> la hora de dormir.
ubicación	El perro duerme <u>en</u> su propia cama.
dirección	Entró <u>a</u> la tienda de la esquina.
detalle	El perro <u>con</u> el collar rosa es el mío.

Actividad Subraya la preposición de las oraciones. Aclara si indica tiempo, ubicación, dirección o detalle.

1. Mis amigos y yo construimos una perrera en el patio trasero.

   _____

2. En la perrera pintamos un hueso blanco. _____

3. Trabajamos durante toda la tarde. _____

4. Paramos para tomar un poco de limonada. _____

5. Mi perro Oscar siempre había dormido con mi hermano.

   _____

6. Desde mi ventana, veo la perrera. _____

7. La entrada de la perrera mira hacia la casa. _____

8. El olmo le dará sombra durante el verano. _____

Preposiciones

Las **preposiciones** son palabras que indican cómo se relacionan otras palabras en una oración. Las **frases preposicionales** comienzan con una preposición e incluyen un sustantivo o un pronombre. Agregan significado y detalles a las oraciones.

frase preposicional

Olivia es la muchacha de trenzas.

Preguntas para reflexionar
¿Cuál es la frase preposicional de la oración? ¿Qué información añade?

Subraya la frase preposicional. Luego, escribe la preposición en la línea.

1. Olivia entrevistó a varias personas para saber sobre sus perros. _____

2. Caminó por el vecindario. _____

3. En las entrevistas, descubrió algunos detalles interesantes.

   _____

4. También tomó fotografías con su cámara.

   _____

5. Un perro puede saltar hasta diez pies del suelo. _____

6. Para su asombro, incluso vio sonreír a un perro. _____

7. Un gato de dientes muy blancos hace propagandas televisivas. _____

8. El martes por la tarde, Olivia ya había escrito su artículo. _____

Combinar oraciones

Una preposición se puede usar para combinar dos oraciones.

Oraciones cortas:	A mi perro le encanta comer dulces. Come uno a la mañana y uno a la noche.
Oración combinada:	A mi perro le encanta comer dulces a la mañana y a la noche.

Preguntas para reflexionar
¿Cuál es la frase preposicional de las oraciones cortas? ¿Cómo se puede usar para combinar las oraciones?

Actividad   Vuelve a escribir las dos oraciones cortas como una oración con una frase preposicional.

1. A mi perro Frido le encanta mirar por la ventana. La ventana está en el salón.

   _____

2. Mi perro se durmió al lado del cartero. El cartero está en el jardín.

   _____

3. Mi perro y yo jugamos juntos. Jugamos en el jardín.

   _____

4. A Frido le gusta jugar con la regadera. La regadera está debajo de la mesa del jardín.

   _____

5. Frido persiguió una ardilla en el parque. La ardilla corrió hasta un árbol.

   _____

6. Frido saltó hasta el lago para alcanzar un palito. ¡Saltó sobre un banco!

   _____

Transiciones

El periódico canino
Gramática: Repaso frecuente

Transiciones	Relación
antes, ahora, después, más tarde, finalmente, entonces, cuando, primero, pronto	orden cronológico
como, similarmente, también, por otra parte, pero, a diferencia de	comparación o contraste
porque, como resultado, aunque, en consecuencia	causa y efecto

Completa los espacios en blanco con una transición que conecte lógicamente las ideas del párrafo. Elije transiciones de la tabla de arriba.

_____ los soldados encontraron a B.J, se llevaron una agradable sorpresa. _____ , B.J era solo una bola de piel. _____ , creció y se convirtió en un gran perro. _____ otros perros de su edad, siempre se comportó muy bien. _____ , los soldados se lo querían llevar con ellos a todas partes. _____ , la guerra terminó. _____ , B.J necesitaba un nuevo hogar. Muchos soldados querían llevárselo a sus casas, _____ las opciones se redujeron a una. B.J abordó valientemente el avión con su amo _____ nunca antes había subido a uno. _____ su viaje había terminado. ¡Estaba en su hogar definitivo de una vez por todas!

Conectar con la escritura

El periódico canino
Gramática:
Conectar con la escritura

Puedes usar frases preposicionales para combinar oraciones.

Dos oraciones	Oración más larga y más fluida
El cuaderno verde está sobre la mesa. El bolígrafo negro está encima del cuaderno.	El bolígrafo negro está sobre el cuaderno verde encima de la mesa.
Las llaves del auto están en la bolsa. La bolsa está en el escritorio.	Las llaves del auto están en la bolsa, en el escritorio.

**Actividad   Usa preposiciones para combinar las dos oraciones. Escribe
la oración nueva en la línea.**

1. El perro se sentó debajo del roble. El roble está detrás de nuestra casa.

_____

2. Bañamos a los perros con agua caliente. Los bañamos dentro de la tina.

_____

3. Nicolás compró un periódico en el puesto. Lo compró para su madre.

_____

4. Durante el verano, se ejercitan con los perros depués de cenar. Corren con los perros en la playa.

_____

5. La foto de Fido está en el estante. El estante está sobre la cama..

_____

El periódico canino
Escritura: Escritura narrativa

Punto de enfoque: Voz
Añadir palabras concretas y detalles sensoriales

Voz débil	Voz fuerte
Le prestaba mucha atención a Manchita.	Cepillaba el pelo de Manchita, le compré un collar rojo, jugaba con él.

A. Lee las oraciones débiles. Incluye palabras concretas y detalles sensoriales que describen y expresan sentimientos.

Voz débil	Descripción con palabras precisas
1. Manchita salió en el periódico.	Manchita _____ del _____
2. A los vecinos les gustó el reportaje. Me gustó recibir sus felicitaciones porque Manchita salió genial en la foto.	Los vecinos _____ del reportaje. Nunca _____ _____ porque _____ _____ _____

B. Lee las oraciones débiles. Luego, vuelve a escribirlas usando palabras y detalles que añadan voz o personalidad a la escritura.

En parejas/Para compartir   Haz una lluvia de ideas con un compañero para tus oraciones.

Voz débil	Voz fuerte
3. Los perros son buenas mascotas.	
4. Me gustaba hablar de mi mascota.	
5. Disfrutaba de llevar a mi cachorro a la playa.	

Guía del lector

Darnell Rock informa

Escribir un correo electrónico persuasivo

Las palabras de una persona dicen mucho acerca de su carácter.
Podemos conocer el carácter de Darnell y su propósito por medio de
las cosas que dice y cómo las dice.

**Lee el artículo de Darnell en la página 570. Escribe dos detalles que les dice a
sus lectores para persuadirlos de que construyan la huerta.**

_____

_____

_____

_____

**Lee el discurso de Darnell en las páginas 576-577. Da dos detalles de otras
razones que da para persuadir a los oyentes sobre la huerta.**

_____

_____

_____

_____

_____

_____

Paul Rossini, el dueño de un negocio local, ha ofrecido donar dos lotes de la ciudad para construir la huerta si Darnell puede convencerlo de que es una buena idea. Ayuda a Darnell a escribir un correo electrónico al señor Rossini. Utiliza las razones más persuasivas de Darnell para convencer al señor Rossini de que done los lotes.

Nuevo mensaje	
Para:	**Paul Rossini; P_Rossini@RossinisPizza.com**
de:	**Darnell Rock; D.Rock@PS157.edu**
Asunto:	**Propuesta para la huerta comunitaria**

Estimado señor Rossini:

Recibí su correo de un periodista del *Oakdale Journal*. Me dijo que posiblemente estaría dispuesto a donar dos de sus lotes para nuestro proyecto de la huerta. Creo que una huerta comunitaria...

_____

_____

_____

_____

_____

_____

_____

Gracias por su apoyo.

Atentamente,

Darnell Rock

254

Sufijos griegos y latinos

Darnell Rock informa
Estrategias de vocabulario:
Sufijos griegos y latinos

Los **sufijos** nos dan pistas acerca del significado de una palabra.

Los sufijos *-ante* y *-ente* pueden significar "sujeto que ejecuta una acción".

Y los sufijos *-able* e *-ible* significan "susceptible de ser" o "que puede".

confiable	visible	resistente	militante	flexible
convertible	comestibles	asistentes	reversible	cantante
caminante	navegante	posible	incontables	apacible

Elige una palabra de la lista para completar las siguientes oraciones.

1. El incansable _____ recorrió incontables millas.

2. Si un alambre se puede doblar es _____.

3. María tiene un carácter _____.

4. Un amigo que siempre está contigo puede ser una persona

   _____.

5. En un auto _____ se puede viajar con el techo bajo.

6. El _____ cumplió su sueño de zarpar a alta mar.

7. Pedro es _____ en asuntos ecológicos.

8. La única respuesta _____ es la primera.

9. Algo que es _____ puede verse con los ojos.

10. Los frutos de esa planta no son _____.

11. La reunión fue todo un éxito; hubo muchos _____.

12. El _____ conmovió a una multitud con

    sus canciones.

13. Un abrigo _____ puede usarse del revés.

14. El acero es un material muy _____.

15. Mi niñez estuvo llena de _____ recuerdos.

Nombre _____ Fecha _____

Sufijos *-able, -ible, -ancia, -mente* y *-miento*

Básicas Resuelve el crucigrama escribiendo la Palabra básica para cada pista.

Palabras de ortografía

1. constancia
2. probablemente
3. estacionamiento
4. importancia
5. eficazmente
6. lucimiento
7. probable
8. ignorancia
9. agradable
10. creíble
11. informativamente
12. crecimiento
13. incontables
14. posible
15. pensamiento
16. impensable
17. sentimiento
18. comestible
19. vagancia
20. apacible

Palabras avanzadas

inaudible
exportable
inconmensurable
adormecimiento
prestancia

Horizontales

1. De manera informada
5. Absurdo
8. Que puede suceder o se puede realizar
9. Que no puede contarse
10. Perseverancia, voluntad

Verticales

2. Manso, tranquilo
3. Capacidad de pensar
4. Que puede comerse
6. Pereza
7. Que puede ser creído

Palabras avanzadas 11 a 14. En una hoja aparte escribe cuatro oraciones originales. Usa cuatro de las Palabras avanzadas.

Clasificar palabras de ortografía

Escribe las Palabras básicas junto al sufijo correcto.

-able	Palabras básicas: Palabras avanzadas:
-ible	Palabras básicas: Palabras avanzadas:
-ancia	Palabras básicas: Palabras avanzadas:
-mente	Palabras básicas: Palabras avanzadas:
-miento	Palabras básicas: Palabras avanzadas:

Palabras avanzadas Agrega las Palabras avanzadas a tu tabla para clasificar palabras.

Palabras de ortografía

1. constancia
2. probablemente
3. estacionamiento
4. importancia
5. eficazmente
6. lucimiento
7. probable
8. ignorancia
9. agradable
10. creíble
11. informativamente
12. crecimiento
13. incontables
14. posible
15. pensamiento
16. impensable
17. sentimiento
18. comestible
19. vagancia
20. apacible

Palabras avanzadas
inaudible
exportable
inconmensurable
adormecimiento
prestancia

Revisión de ortografía

**Encuentra las palabras que están mal escritas y enciérralas en un círculo.
Escríbelas correctamente en las líneas de abajo.**

La constansia es lo contrario de la vagansia. Las personas que son constantes, creibles, que tienen un carácter apasible y un penzamiento crítico pueden alcanzar cosas que son impensavles. Son incontavles los logros que podrás alcanzar si te esfuerzas y actúas eficasmente. ¡No es tan difícil como crees! Siempre es pocible experimentar un nuevo cresimiento.

1. _____
2. _____
3. _____
4. _____
5. _____

6. _____
7. _____
8. _____
9. _____
10. _____

Palabras de ortografía

1. constancia
2. probablemente
3. estacionamiento
4. importancia
5. eficazmente
6. lucimiento
7. probable
8. ignorancia
9. agradable
10. creíble
11. informativamente
12. crecimiento
13. incontables
14. posible
15. pensamiento
16. impensable
17. sentimiento
18. comestible
19. vagancia
20. apacible

**Palabras
avanzadas**
inaudible
exportable
inconmensurable
adormecimiento
prestancia

Pronombres indefinidos

Un **pronombre indefinido** reemplaza a un sustantivo.
Puede representar una persona, un lugar o una cosa.
El sustantivo al que reemplaza no está del todo
claro o bien identificado.

pronombre indefinido

(Alguien) escribió una carta al Consejo Municipal.

**Pregunta
para reflexionar**
*¿Qué pronombre se refiere a
una pesona o una cosa que
no se ha identificado en la
oración?*

Actividad   Encierra en un círculo el pronombre correcto para cada
oración.

1. (Todos, Cada) nosotros queríamos practicar natación este verano.

2. Sin embargo, (alguien, ninguno) decidió cerrar la piscina municipal.

3. Preguntamos si había (alguien, cualquiera) en el Consejo Municipal que pudiera reabrir
la piscina.

4. Los miembros del Consejo dijeron que no había (nadie, muchos) que pudiera hacerlo.

5. Les preguntamos si alguno de los que estaban allí sabía de (varias, alguna).

6. (Todos, nadie) buscamos ilusionados por la ciudad y sus alrededores.

7. Sin embargo, no había (algo, ninguna).

8. Por lo tanto, ya que no podíamos nadar, decidimos buscar (algo, alguien) con que divertirnos.

Pronombres posesivos

Un **pronombre posesivo** indica quién posee algo.
Los pronombres posesivos como *mío*, *tuyo* y *suyo*
pueden reemplazar al sustantivo.

pronombres posesivos

El discurso es <u>mío</u> y no <u>tuyo</u>.

Pregunta para reflexionar
¿Cuál es el pronombre de la oración que indica quién posee algo?

Actividad   Subraya los pronombres posesivos.

1. La donación que ayudó a construir el refugio fue mía.

2. La tarta de manzana es nuestra.

3. Esos platos y vasos son nuestros.

4. Este asiento es tuyo si quieres unirte al grupo.

5. José preparó su comida y la tuya.

6. Alicia llevó a su hermana esa noche y yo a la mía.

7. Sé que esta cartera es mía porque el cierre está roto.

8. Esa persona me mira porque piensa que este asiento es suyo.

Pronombres interrogativos

Un **pronombre interrogativo** reemplaza a una persona, lugar o cosa en una pregunta. Algunos pronombres interrogativos son *quién*, *qué* y *cuál*.

pronombre interrogativo

¿<u>Quién</u> comenzó a sembrar la huerta?

Pregunta para reflexionar
¿Cuál es el pronombre que indica el comienzo de la pregunta?

Actividad **Escribe un pronombre interrogativo para completar cada pregunta.**

1. ¿_____ plantó las flores en el jardín?

2. ¿_____ está sembrando María allí?

3. ¿_____ la ayudó a quitar toda la maleza?

4. ¿_____ es la mejor época del año para sembrar las semillas?

5. ¿_____ es la planta más alta que has cultivado hasta ahora?

6. ¿_____ tipo de flor le gusta más a María?

7. ¿_____ piensa sembrar después?

8. ¿_____ personas estarán dispuestas a ayudarme a hacer una huerta?

La coma y el punto y coma

Compara cómo se usan la coma y el punto y coma.

Comas en una serie o lista	La ciudad necesita personas para plantar árboles, juntar hojas y recoger residuos.
Comas que separan palabras y frases introductorias	Bueno, nadie le dijo que no podía escribirle una carta al editor.
Comas que separan las palabras *sí* y *no* o en el trato directo	Sí, creo que todos tenemos que ayudar a limpiar la ciudad.
Comas para separar una pregunta al final de la oración	Estás de acuerdo con ayudar a limpiar la ciudad, ¿verdad?
Punto y coma para separar los elementos de una serie que ya contiene comas	Las siguientes personas dieron discursos: tres constructores, quienes hablaron sobre violaciones a la ley; el Sr. Sánchez, el bibliotecario, quien habló sobre el financiamiento de la biblioteca; el Sr. Ramírez, un jardinero, quien habló de cómo mejorar el jardín comunitario.

1 a 7. Lee las oraciones. Agrega una coma o punto y coma donde sea necesario.

1. Lara Juan Ramón y María llegaron puntuales a la reunión.

2. La niña pidió al consejo que hiciera lo siguiente: que apoye a los estudiantes, quienes necesitan una buena educación; que apoye a los maestros, quienes necesitan un nuevo estacionamiento que apoye a los directores, quienes necesitan un nuevo salón de reuniones y que apoye a la comunidad en general.

3. Sí todos deberíamos cuidar a los ancianos de la comunidad.

4. Sinceramente creo que Mónica sería una estupenda concejal.

5. El Sr. Díaz el Sr. Cardozo, su mujer y la mitad de la ciudad habían asistido a la reunión.

6. Bueno no todos son hábiles para hablar en público.

7. No el Sr. Gómez no renunciará a su trabajo en el refugio de animales.

Conectar con la escritura

Sustantivos que se repiten	Reemplazar los sustantivos con pronombres
El <u>libro</u> que estás leyendo es mi <u>libro</u>.	El <u>libro</u> que estás leyendo es <u>mío</u>.
Fuimos en tu <u>carro</u> hasta la reunión en el ayuntamiento y volvimos en su <u>carro</u>.	Fuimos en tu <u>carro</u> hasta la reunión en el ayuntamiento y volvimos en el <u>suyo</u>.

Actividad   Vuelve a escribir las oraciones. Usa pronombres posesivos para no repetir los sustantivos.

1. El artículo sobre las personas sin hogar era mi artículo.

   _____

2. ¿Este periódico es tu periódico?

   _____

3. Los miembros del ayuntamiento escucharon mi discurso y después su discurso.

   _____

4. La maestra calificó mi cuento pero no calificó tu cuento.

   _____

5. Hoy es mi turno de ayudar a la Sra. López y mañana es tu turno de ayudarla.

   _____

Punto de enfoque: Ideas
Agregar pensamientos y sentimientos

Agregar pensamientos y sentimientos puede hacer que tu escritura sea
más convincente.

Escritura débil	Escritura fuerte
Subí al podio y me preparé para pronunciar mi discurso.	Subí al podio nerviosa, con miedo de que nadie quisiera escuchar mi discurso.

Lee las oraciones débiles. Reescribe la primera oración débil agregando
detalles que muestren sentimientos. Reescribe la segunda oración débil
agregando detalles que desarrollen un pensamiento.

Escritura débil	Escritura fuerte
1. Miré al público antes de hablar.	
2. Antes de que comenzara mi discurso, muchas personas del público estaban hablando.	

En parejas/Para compartir Trabaja con un compañero para revisar
la escritura débil y hacerla más interesante. Agrega pensamientos o
sentimientos. Escribe las nuevas oraciones en el recuadro de la derecha.

Escritura débil	Escritura fuerte
3. Según comencé a hablar, me empecé a sentir mejor.	
4. Los miembros del consejo coincidieron con la idea de mi discurso.	

264

El corcel negro

Crear el guión gráfico de una película

Un cuadro de la trama sirve para visualizar los acontecimientos más importantes de la estructura de un cuento. Al crear un cuadro de la trama de *El corcel negro*, puedes ver la estructura del cuento. Vuelve a leer las páginas 608–613 y escribe una oración que describa cada parte de la trama.

Climax
_____
_____

Acción creciente
_____
_____

Acción decreciente
_____
_____

Problema
_____
_____

Desenlace
_____
_____

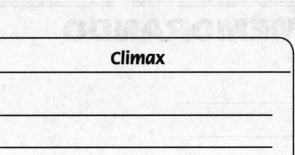

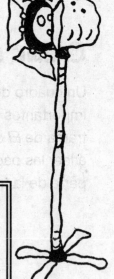

Una productora cinematográfica está haciendo una película basada en *El corcel negro*. Eres responsable de diseñar el cartel de la película, pero primero deben aprobar tu idea. Escribe un memorando a los ejecutivos de la película que describa tu idea para el cartel. Concéntrate en el clímax de la historia porque eso generará emoción en el público. Incluye algunas oraciones que hagan que el público se interese más en la película.

MEMORANDO

De: _____

Para: _____

Fecha: _____

Asunto: El cartel de la película *El corcel negro*

_____

_____

_____

_____

_____

_____

_____

_____

Lenguaje figurado

El corcel negro
Estrategias de vocabulario:
Lenguaje figurado

Lee cada oración y el lenguaje figurado que aparece entre paréntesis. Luego vuelve a escribir la oración usando el lenguaje figurado. La oración nueva debe tener el mismo sentido que la original.

Ejemplo: El pelaje del caballo era brillante. (relucía como el oro)
Nueva oración: El pelaje del caballo relucía como el oro.

1. Gotas de transpiración caían por la frente del niño. (como si fuera lluvia)

_____

2. Tenía la cara pálida y sudorosa. (como la panza de un pez)

_____

3. De repente, una voz fuerte llamó a su número. (voz de trueno)

_____

4. Tembloroso, se dirigió hacia su caballo, Chestnut. (temblando como una hoja)

_____

5. Se subió a la montura tenso. (como un robot)

_____

6. Sus miedos desaparecieron. (se hicieron humo)

_____

7. Con confianza, dirigió a Chestnut hacia el corral. (fresco como la lechuga)

_____

8. Sintió que podía ganar. (el cielo era el límite)

_____

Palabras con los sufijos *-ico, -ero, -dor, -ista, -ismo, -ología, -fobia*

El corcel negro

Ortografía: Palabras con los sufijos *-ico, -ero, -dor, -ista, -ismo, -ología, -fobia*

Básicas Escribe la Palabra básica que completa mejor cada oración.

1. Esa mañana, el _____ se levantó temprano para comenzar la siembra.

2. Mi tío disfruta de estar al aire libre porque sufre de _____.

3. La Tierra es redonda, por eso decimos que es un cuerpo _____.

4. El _____ del vecindario ha estado en la misma esquina por años.

5. El limón es un _____ como la naranja y la toronja.

6. El _____ salió del castillo en su hermoso caballo blanco.

7. El estudio de la música se llama _____.

8. José es un gran _____ , ¡pintó unos cuadros maravillosos.

9. Marcos es una persona muy _____.

10. La _____ es la ciencia que se dedica a estudiar los animales.

11. Mediante la _____ se puede conocer la personalidad de alguien.

Palabras de ortografía

1. esférico
2. caballero
3. optimista
4. atletismo
5. grafología
6. cítrico
7. único
8. optimismo
9. cosmología
10. magnífico
11. zoología
12. leñador
13. trasera
14. tranquilizadora
15. claustrofobia
16. musicología
17. florista
18. labrador
19. escudero
20. artista

Palabras avanzadas

aracnofobia
filología
salicílico
heliotropismo
clasicismo

Palabras avanzadas 12 a 14 En una hoja aparte, escribe un artículo de viaje para el periódico escolar sobre las cosas que se pueden ver o hacer durante las vacaciones. Utiliza tres de las Palabras avanzadas.

Clasificar palabras de ortografía

Escribe las Palabras básicas junto a la descripción correcta.

Palabras con los sufijos -ico, -ero, -dor, -dora	Palabras básicas: Palabras avanzadas:
Palabras con los sufijos -ista, -ismo	Palabras básicas: Palabras avanzadas:
Palabras con los sufijos -ología, -fobia	Palabras básicas: Palabras avanzadas:

Palabras avanzadas Agrega las Palabras avanzadas a tu tabla para clasificar palabras.

Palabras de ortografía

1. esférico
2. caballero
3. optimista
4. atletismo
5. grafología
6. cítrico
7. único
8. optimismo
9. cosmología
10. magnífico
11. zoología
12. leñador
13. trasera
14. tranquilizadora
15. claustrofobia
16. musicología
17. florista
18. labrador
19. escudero
20. artista

Palabras avanzadas
aracnofobia
filología
salicílico
heliotropismo
clasicismo

Revisión de ortografía

Encuentra las palabras que están mal escritas y enciérralas en un círculo. Escríbelas correctamente en las líneas de abajo.

Querido Juan:

A pesar del frío, ya me siento mejor. El médico me recomendó que comiera citricos ; dice que son magnificos para aliviar los síntomas de la gripe.

En respuesta a tu pregunta, te cuento que sigo estudiando zoologia a pesar de no haber superado por completo la aranofobia. También, en mis ratos libres, leo libros de musicologia, grafolojía y cosmolojia, ¡ya sabes cuánto me gustan esas ciencias!

No es fácil trabajar como florrista y estudiar a la vez, pero ya sabes que soy una persona muy optimizta y que ¡con optimizmo todo es más fácil! También me ayuda Rocco, mi perro lavrador. Su compañía es muy tranqilizadora. ¡Aunque parezca poco creíble, a veces hasta me hago tiempo para ver una de esas películas de cabayeros y escuderros que tanto me gustan!

Cariños.

Dulcy

Palabras de ortografía

1. esférico
2. caballero
3. optimista
4. atletismo
5. grafología
6. cítrico
7. único
8. optimismo
9. cosmología
10. magnífico
11. zoología
12. leñador
13. trasera
14. tranquilizadora
15. claustrofobia
16. musicología
17. florista
18. labrador
19. escudero
20. artista

Palabras avanzadas
aracnofobia
filología
salicílico
heliotropismo
clasicismo

1. _____
2. _____
3. _____
4. _____
5. _____
6. _____
7. _____
8. _____
9. _____
10. _____
11. _____
12. _____
13. _____
14. _____

Normas para escribir los títulos

El corcel negro
Gramática: Normas para escribir
los títulos

Un **título** es el nombre de una obra. Hay formas específicas de indicar que algo es un título. En los textos escritos a mano, debes subrayar los títulos de las obras más largas, como libros, películas, obras de teatro, nombres de periódicos y revistas. Cuando usas un procesador de texto, este tipo de títulos debe escribirse en cursiva.

Título de un libro

La niña que montaba como el viento

Pregunta para reflexionar
Cuando escribes a mano, ¿cómo demuestras que La niña que montaba como el viento *es el título de un libro?*

1 a 8. Identifica los títulos en los siguientes ejemplos y escríbelos en los espacios en blanco. .

1. Nuestro periódico *El nacional* publicó una historia sobre un niño que adiestraba caballos.

_____

2. Allen Verman escribió un libro sobre su mascota de la infancia titulado Mi mejor amigo.

_____

3. La película sobre cinco náufragos se llamaba *Atrapados en la isla*.

_____

4. Aprendí mucho sobre animales con la película Amigos, sirvientes y salvadores.

_____

5. La película *Mi bello poni* contaba la historia de una joven mujer y su caballo.

_____

6. Leí un libro fascinante llamado *Mi vida en una isla desierta*.

_____

7. Mi primo actuó en la obra llamada *El niño que amaba montar*.

_____

8. *Graneros y establos* es mi revista favorita. _____

Escribir títulos

Un **título** es el nombre de una obra. Los escritores tienen formas específicas para mostrar que algo es un título. Escribe entre comillas los títulos de las obras más cortas, como los cuentos, poemas, artículos, programas de televisión y canciones, tanto en los textos escritos a mano como en los creados con un procesador de texto.

Título de un programa de televisión
"Los animales de la granja"

Pregunta para reflexionar
¿Cómo demostrarías que Los animales de la granja *es el nombre de un programa de televisión?*

1 a 5. Identifica los títulos en los siguientes ejemplos y escríbelos correctamente en los espacios en blanco.

1. El artículo de la revista se llamaba Las grandes aventuras del camino.

_____

2. Hernán escribió una canción sobre su caballo llamada Negro como el carbón. _____

3. El náufrago ocupaba el tiempo escribiendo un poema llamado En esta isla.

_____

4. Su programa favorito, Aventuras de animales, está los sábados a la noche.

_____

5. El animal que me salvó se publicó en una colección de historias sobre animales.

_____

6 a 8. Decide si los siguientes títulos deben ir subrayados o entre comillas.

6. La clase leyó un libro fascinante llamado Lo que saben los animales.

_____

7. Rosa recitó el poema El niño que amaba montar.

_____

8. El artículo se publicó en la revista Relatos de aventuras.

_____

Nombre _____ Fecha _____

Escribir títulos

Un **título** es el nombre de una obra. Los escritores siguen normas especiales para el uso de mayúsculas en los títulos. Solo debes escribir con letra mayúscula la primera palabra del título de cualquier obra; las demás palabras deben escribirse con letra minúscula, excepto que sean nombres propios.

El niño que iba en busca de oro y gloria

Pregunta para reflexionar
¿Cómo usarías las mayúsculas en el título el niño que iba en busca de oro y gloria?

1 a 5. Escribe las mayúsculas según corresponda en los siguientes ejemplos de títulos.

1. vivir en una isla desierta _____

2. la niña que amaba montar en las colinas _____

3. mi caballo se llama rayo _____

4. caballos campeones _____

5. el poni de Tomás _____

6 a 8. Identifica los títulos en las siguientes oraciones y escríbelos con las mayúsculas y la puntuación correctas.

6. Después de leer el libro compañeros de aventuras, quise comprarme un caballo.

_____

7. El poema cuando golpea un trueno me dio escalofríos.

_____

8. Leí un cuento corto sobre caballos del libro cuentos del lejano oeste de los estados unidos.

_____

Preposiciones y frases preposicionales

Una **preposición** es una palabra que indica cómo
se relacionan otras palabras de la oración. Algunas
preposiciones se usan para indicar ubicación, tiempo o
dirección. Otras preposiciones, como *con* y *sobre*,
brindan detalles.

1 a 5. Elige una preposición para completar cada una de las siguientes oraciones.

1. Me gustaría vivir ___ una granja.

2. Miró hacia arriba y vio los pájaros volando _____ su cabeza.

3. La niña montó el caballo _____ su casa.

4. El náufrago construyó un refugio _____ dos rocas.

5. El entrenador trabajó ___ el caballo.

Una frase preposicional comienza con una preposición e incluye un sustantivo o un pronombre.

6 a 10. Identifica la frase preposicional en las siguientes oraciones.

6. Quería montar el caballo en el campo.

_____

7. Alicia soñaba con los animales que cuidaría en el verano.

_____

8. Walter sabía que la vida de su gato cambiaría con el accidente.

_____

9. El caballo saltó sobre la barrera.

_____

10. En el otoño, él y su perro juegan felices.

_____

Conectar con la escritura

Cuando escribimos, suelen aparecer los títulos de libros, artículos y otras obras. Las normas especiales para escribir títulos les permiten a los lectores saber cuándo un ensayo o una investigación hacen referencia a otro trabajo.

El corcel negro es una novela emocionante e inspiradora.

Actividad **Si la oración es incorrecta, vuelve a escribirla. Si es correcta, escribe correcta en la línea.**

1. El libro *El niño y su caballo* es una impactante historia de aventuras. _____

2. Cuando Tina canta Vete a dormir, bebé, el caballo se calma.

_____

3. El artículo "Consejos para adiestrar caballos" explica el

comportamiento de los caballos. _____

4. Elsa Ramírez actuó en la obra de teatro Atrapados en el mar.

_____

5. En la película "El largo camino por las montañas" se muestra una

carrera de caballos estupenda.

_____

_____

6. Un artículo que se publicó en el periódico local *Noticias diarias*

contó su historia. _____

7. En *galopar por la galaxia*, el poeta expresa el sentimiento de libertad

que siente cuando anda en su caballo.

_____

_____

Punto de enfoque: Voz
Fortalecer la voz

Voz débil	Voz fuerte con palabras concretas, detalles sensoriales y diálogo
Tenía miedo, pero algo me atraía hacia el caballo.	El gran tamaño de la reluciente bestia me emocionaba, pero me asustaba. "Puede ser lo último que haga", pensé mientras me acercaba al animal. "Pero será también lo más emocionante que haga".

Lee las siguientes oraciones débiles. Vuelve a escribirlas para desarrollar una voz más fuerte. Incluye pensamientos, sentimientos y diálogo.

1. El caballo no quería que yo lo montara. Me tiró.

   _____

   _____

   _____

2. Fue divertido montar a caballo. Corría muy rápido.

   _____

   _____

   _____

3. El caballo parecía contento de que yo estuviera al mando. Estaba calmado.

   _____

   _____

   _____

Nombre _____ Fecha _____

Unidad 4
CUADERNO DEL LECTOR

Siete reporteros y un
periódico
Sección 1
Lectura independiente

Guía del lector

Siete reporteros y un periódico

Escribir un cartel

Alejandro decidió crear un periódico y para ello escribió un cartel para convocar periodistas. Cuando sus padres lo leyeron, le sugirieron que lo escribiera de otra manera porque no les parecía muy atractivo. Imagina que eres Alejandro y que vas a escribir un nuevo cartel que convoque a periodistas para tu periódico.

Lee las páginas 7 a 9. ¿Cuál es la idea principal que incluirías en tu cartel?

_____

¿Qué características deben tener los periodistas que buscas para tu periódico?

_____

_____

_____

_____

Escribe un cartel para buscar colaboradores a los que solamente les interese participar en el periódico para hacer amigos.

_____

_____

_____

Nombre _____ Fecha _____

Unidad 4
CUADERNO DEL LECTOR

Siete reporteros y un periódico
Sección 1
Lectura independiente

Escribe otro cartel para buscar colaboradores a los que les interese participar en el periódico solo para divulgar información.

_____

_____

_____

Ahora escribe un nuevo cartel más formal. El cartel debe reflejar claramente qué tipo de colaboradores buscas.

_____

_____

_____

¿Cuál de los tres carteles te parece más apropiado para pegar en el patio del colegio? ¿Por qué?

_____

_____

_____

_____

Unidad 4
CUADERNO DEL LECTOR

**Siete reporteros y un
periódico**
Sección 1
Lectura independiente

Describir a los reporteros

Lee las páginas 12 a 14. En la siguiente tabla, describe las
características y personalidades de cada uno de los personajes
que se presentaron como reporteros del periódico de Alejandro. El
primero está hecho como ejemplo.

Características y personalidad de los colaboradores
María Es una gordita que se pasa el día comiendo golosinas.
Ricardo
Abdul
Pablo
Shyam
Yolanda

Alejandro estaba desanimado. Sentía que su periódico había nacido desprestigiado y que no sería posible llevarlo adelante. Lee las páginas 7 a 16. Explica cómo influyeron sus padres y sus compañeros para que Alejandro pensara de esta manera.

Sus padres: _____

_____

_____

_____

_____

Sus compañeros: _____

_____

_____

_____

_____

Nombre _____ Fecha _____

Unidad 4
CUADERNO DEL LECTOR

**Siete reporteros y un
periódico**
Sección 1
Lectura independiente

Analizar la trama

**Alejandro tropieza con varias dificultades que debe enfrentar.
Completa las oraciones con esos problemas.**

Lo primero que Alejandro tuvo que enfrentar fue

_____

_____

Luego tuvo que soportar

_____

Por último, supo que con esos colaboradores sería difícil

_____

Vuelve a leer el Capítulo 1. Resume en una oración la idea principal de este capítulo.

_____

_____

Vuelve a leer el Capítulo 2. Resume en una oración la idea principal de este capítulo.

_____

_____

_____

Problemas y soluciones

Lee las páginas 7 a 16. En el primer capítulo, se presenta un problema que Alejandro consigue resolver. En el segundo capítulo, surge otro problema que debe resolver. Analiza y resume cada caso siguiendo el orden de los sucesos y ofrece una solución para los problemas no resueltos.

Nombre _____ Fecha _____

Unidad 4
CUADERNO DEL LECTOR

Siete reporteros y un periódico
Sección 2
Lectura independiente

Guía del lector

Siete reporteros y un periódico

Similitudes y diferencias

Cuando los niños se reúnen en la casa de Alejandro, hacen distintas propuestas. Lee las páginas 27 a 31 y completa la tabla. El primero está hecho como ejemplo.

Colaborador	Propuesta para el periódico	¿Se aceptó la propuesta?
Alejandro	Crear una sección de deportes	No

Imagina que eres uno de los colaboradores que forma parte del periódico.
¿Qué secciones o ideas crees que tendrían que incluirse?

_____

Piensa en un nombre para el periódico escolar que refleje de alguna manera su contenido. ¿Qué nombre sugerirías?

_____

_____

Si no hubiera ninguna noticia importante para escribir, ¿qué noticias inventarías?

_____

_____

283

Nombre _____ Fecha _____

Unidad 4
CUADERNO DEL LECTOR

Siete reporteros y un periódico
Sección 2
Lectura independiente

Recaudar dinero

En el Capítulo 6 se plantea el problema de cómo conseguir dinero
para editar el periódico. Responde las siguientes preguntas y luego
piensa en qué habrías hecho tú para conseguir el dinero.

¿Cuál fue la primera idea de Alejandro para juntar el dinero que necesitaban para el periódico?

_____

_____

¿Fue aceptada la idea que propuso Alejandro? ¿Por qué? ¿Qué ideas sugirieron los otros
niños?

_____

_____

_____

Después de hablar con su padre, ¿qué idea llevó Alejandro al grupo sobre cómo conseguir
dinero? ¿Pudo llevarse a la práctica esa idea?

_____

_____

_____

¿De qué manera consigue Alejandro algo de dinero?

_____

_____

¿Qué ideas hubieras aportado tú para conseguir el dinero necesario para financiar el
periódico?

_____

_____

_____

Nombre _____ Fecha _____

Unidad 4
CUADERNO DEL LECTOR

Siete reporteros y un periódico
Sección 2
Lectura independiente

Imagina que creas un audio para hacérselo escuchar a las personas a las que quieres convencer de que hagan publicidad en tu periódico escolar. El audio intenta explicar por qué conviene anunciarse en el periódico que leerán los estudiantes. Escribe un guión sobre las ventajas de publicitarse en tu periódico.

Nombre _____ Fecha _____

Unidad 4
CUADERNO DEL LECTOR

Siete reporteros y un periódico
Sección 2
Lectura independiente

Hacer una lista

Hacer una lista puede resultar, en muchos casos, una actividad útil y una manera interesante de analizar una situación. Cada elemento de la lista debe ser importante dentro de su categoría. Las listas pueden ayudar a organizar un tema, servir como recordatorio, ordenar datos según distintos criterios, indicar los pasos que se deben seguir, etc. La siguiente lista se basa en información de las páginas 45 a 50.

Alejandro y sus colaboradores hicieron esta lista de las personas a las que ofrecerían hacer publicidad en el periódico.

- **Director del colegio**
- **Jefe de estudios**
- **Cocinero**
- **Doña Rosa del quiosco de golosinas**

¿Qué otras personas podrían incluir en la lista?

_____

_____

_____

Nombre _____ Fecha _____

Unidad 4
CUADERNO DEL LECTOR

Siete reporteros y un periódico
Sección 2
Lectura independiente

Cuando haces una lista, es importante que ordenes los datos por categorías o siguiendo un determinado orden.

Lee las páginas 51 a 53. Luego observa la siguiente lista. Completa la lista con los datos que faltan.

¿Por qué la mayoría de los niños no podía concurrir a la siguiente reunión?

- **María cuidaba a su abuela y a su hermana y preparaba la cena.**
- **Abdul cuidaba a sus hermanos y hacía muchos recados.**
- _____
- _____
- _____

¿Qué siente Alejandro cuando se entera de que todos los niños tenían actividades menos él?

_____

_____

_____

Nombre _____ Fecha _____

Unidad 4
CUADERNO DEL LECTOR

Siete reporteros y un periódico
Sección 2
Lectura independiente

Cuando haces una lista, no debes mezclar elementos que no estén relacionados o no correspondan a una determinada clase. Piensa si tu lista está formada por hechos en orden cronológico, datos de una clase determinada o pasos que deben seguirse.

Lee el Capítulo 12 y observa la siguiente lista. Escribe una pregunta o un enunciado que describa lo que se enumera en ella.

_____

_____

- Vino de Nepal, un país de Asia.
- Vivía en una casa con un huerto y animales.
- Sus padres murieron cuando él era muy pequeño.
- Una familia española lo adoptó en un orfanato.

Ahora escribe una pregunta relacionada con los Capítulos 13 y 14. Luego, haz una lista para esa pregunta.

Pregunta

_____

_____

- _____

- _____
  _____

- _____

- _____

Guía del lector

Siete reporteros y un periódico

Organizar ideas

Cuando los periodistas se enteran de la venta del colegio, quieren escribir la noticia en el periódico, pero no saben cómo hacerlo. Lee las páginas 98 y 99. Completa la siguiente tabla con las preguntas que sugirió el padre de Alejandro para redactar el primer párrafo. El primero está hecho como ejemplo.

Preguntas	Respuestas
¿Qué?	El colegio corre peligro.
¿Quién?	
¿Por qué?	
¿Cuándo?	
¿Cómo?	
¿Dónde?	

Según el padre de Alejandro, ¿dónde se debe explicar lo más importante?

_____

¿Qué otras cosas deben tenerse en cuenta a la hora de redactar una noticia?

_____

_____

¿Qué es imperdonable para el padre de Alejandro al escribir una noticia?

_____

Nombre _____ Fecha _____

Unidad 4
CUADERNO DEL LECTOR

Siete reporteros y un periódico
Sección 3
Lectura independiente

Causas y efectos

A veces, un suceso hace que ocurra otro. El primer suceso es la causa y el segundo es el efecto. Si piensas en una causa, puedes pensar en la razón por la que ocurre algo y puedes identificar algunas palabras conectoras que la indican, como *porque* o *ya que*. Cuando piensas en un efecto, puedes pensar en el resultado de una acción e identificar algunas palabras conectoras, como *por tanto*, *por eso*, *como resultado, en consecuencia* o *debido a*.

Lee el Capítulo 15 y saca conclusiones. ¿Por qué el conserje decide contar que quieren vender el colegio?

Causa:

_____

_____

_____

Efecto:

El conserje cuenta a los periodistas que los dueños del colegio quieren venderlo.

Lee el Capítulo 16 y saca conclusiones. ¿Por qué hay una fila de estudiantes que quieren suscribirse al periódico?

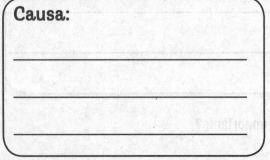

Causa:

_____

_____

_____

Efecto:

Muchos alumnos quieren suscribirse al periódico.

Lee el Capítulo 17 y saca conclusiones. ¿Por qué los señores Alonso y Fernández felicitan a los reporteros por el periódico?

Causa:

_____

_____

_____

Efecto:

Los señores Alonso y Fernández felicitan a los reporteros por el periódico.

Los periodistas enfrentan algunos problemas y tú debes ayudarlos a identificar cuál es la causa de esos problemas. Lee las páginas 95 a 114 y completa la siguiente tabla.

Problema	Causa
El conserje hace borrar todas las fotografías que los periodistas habían tomado.	
Los periodistas no saben cómo redactar la noticia que les dio el conserje.	
Los miembros del Patronato amenazan con expulsar a los periodistas.	

Nombre _____ Fecha _____

Unidad 4
CUADERNO DEL LECTOR

Siete reporteros y un periódico
Sección 3
Lectura independiente

Escribir una carta

Lee el Capítulo 17. Los señores Fernández y Alonso del Patronato exigen a los periodistas una rectificación por lo escrito en el primer número del periódico sobre la venta del terreno del colegio. Redacta una carta para publicar en el segundo número en la que se rectifique lo expuesto en el primer número.

Estimados lectores:

Como estamos al servicio de la verdad, tenemos que hacer una corrección respecto de una noticia que publicamos en nuestro número anterior.

_____

_____

_____

_____

_____

_____

_____

_____

_____

_____

_____

Sucesos en orden cronológico

Lee las páginas 95 a 114 y busca los cuatro sucesos más importantes que se producen. Anótalos a continuación siguiendo un orden cronológico.

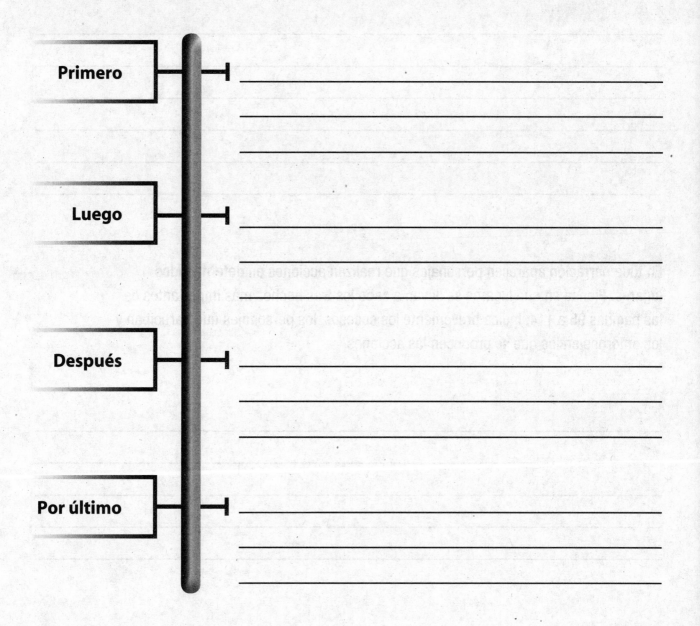

Primero _____

_____

_____

Luego _____

_____

Después _____

_____

_____

Por último _____

_____

_____

Nombre _____ Fecha _____

Unidad 4
CUADERNO DEL LECTOR

Siete reporteros y un periódico
Sección 3
Lectura independiente

Lee las páginas 95 a 114. En estas páginas aparecen nuevos personajes que darán un giro al argumento. ¿Qué personajes nuevos aparecen en estas páginas y qué papel importante cumple cada uno de ellos en esta parte del cuento?

_____

_____

_____

_____

_____

En toda narración aparecen personajes que realizan acciones en determinados lugares. Piensa en qué lugares se llevan a cabo los tres hechos más importantes de las páginas 95 a 114. Indica brevemente los sucesos, los personajes que participan y los entornos en los que se producen las acciones.

_____

_____

_____

_____

Nombre _____ Fecha _____

Unidad 4
CUADERNO DEL LECTOR

Siete reporteros y un periódico
Sección 4
Lectura independiente

Siete reporteros y un periódico

Buscar figuras retóricas

Recuerda que en una metáfora se comparan dos cosas sin usar la palabra *como*. En la metáfora se dice implícitamente que una cosa es como otra, es decir, describe algo mencionando lo parecido que es a otra cosa que en realidad es muy diferente. Las metáforas se usan para crear imágenes que ayudan al lector a visualizar mejor lo que sucede. Lee el Capítulo 18, busca una metáfora y explica brevemente qué significa.

_____

_____

Recuerda que un símil compara dos cosas usando la palabra *como*. Los símiles se usan para crear una idea concreta sobre algo en la mente del lector por medio de otras cosas que le resulten familiares. Lee el Capítulo 18, busca un símil y explica brevemente qué cosas compara.

_____

_____

Recuerda que una hipérbole consiste en exagerar algún aspecto de una situación, característica o de una actitud que sirve para crear un efecto dramático. A veces se usa para que algo parezca mejor o peor de lo que realmente es y también para dar mayor expresividad. Lee el Capítulo 18, busca una hipérbole y explica brevemente qué es lo que se exagera.

_____

_____

Nombre _____ Fecha _____

Unidad 4
CUADERNO DEL LECTOR

Siete reporteros y un
periódico
Sección 4
Lectura independiente

Redactar un artículo periodístico

Lee la página 125. Observa el texto que los periodistas imprimieron
en el reverso del mensaje de rectificación.

¿Cómo redactarías el artículo periodístico de la página 125 si tus
lectores fueran solamente los niños de tu colegio? Al final del
texto, pídeles ayuda para evitar que se venda el colegio.

_____

_____

_____

_____

_____

¿Cómo redactarías el artículo periodístico de la página 125 si
tus lectores fueran solamente adultos? Al final del texto, pídeles
ayuda para evitar que se venda el colegio.

_____

_____

_____

_____

_____

_____

_____

Nombre _____ Fecha _____

Unidad 4
CUADERNO DEL LECTOR

Siete reporteros y un periódico
Sección 4
Lectura independiente

Escribir un anuncio publicitario

Un anuncio publicitario se escribe para convencer a los lectores de que deben comprar un producto, conocer una idea o defender una situación. La escuela es una institución que pertenece a la comunidad y debes convencer a los padres de los estudiantes de que deben acercarse al colegio y participar para que el colegio no se venda y asegurar la continuidad de la institución. Escribe un anuncio para un periódico que informe, despierte el interés y capte la atención del lector. Usa lenguaje vívido y persuasivo para convencer a los padres. Incluye una ilustración para que tu anuncio sea más convincente y emocionante

Nombre _____ Fecha _____

Unidad 4
CUADERNO DEL LECTOR

Siete reporteros y un periódico
Sección 4
Lectura independiente

Ordenar y clasificar

En los últimos días, los redactores de *El Trueno Informativo* recibieron todo tipo de correspondencia. Responde las preguntas para ordenar y clasificar la correspondencia.

¿De qué manera clasificaron la correspondencia que recibieron?

_____

_____

¿De qué manera clasificaron las cartas que recibieron?

_____

_____

_____

¿Cómo clasificaron el montón de cartas de diversos temas?

_____

_____

_____

Observa la ilustración de la página 133. ¿Qué parte del texto representa este dibujo y qué leyenda redactarías para esa ilustración?

_____

_____

_____

Nombre _____ Fecha _____

Unidad 4
CUADERNO DEL LECTOR

Siete reporteros y un periódico
Sección 4
Lectura independiente

Un grupo numeroso de padres acudió a la puerta del colegio para pedir que no se vendiera e impidió que entraran los integrantes del Patronato. Otro grupo de padres consiguió que le firmaran un papel con el compromiso de no vender el colegio. Por todo esto, se realizó una fiesta. Esta fue la invitación que el director repartió a los padres.

El director del colegio tiene el orgullo de invitar a los señores padres a la fiesta que se realizará como agradecimiento a su apoyo incondicional al colegio y para agasajar a los periodistas de *El Trueno Informativo*. Se agradecerá contar con el honor de su presencia.

Horario: 4:30 p. m.

Lugar: Avenida Alameda esquina Independencia

Entrada: Libre y gratuita

Motivo: Continuidad de la institución escolar

Se servirán bocadillos.

¿Cómo se habrán sentido los padres cuando consiguieron que no se vendiera el colegio?

_____

Esta fue la invitación que algunos alumnos repartieron a los demás alumnos

Te esperamos en la fiesta del colegio en la que festejaremos que no se va a vender gracias a los padres y a los periodistas de *El Trueno Informativo*. No faltes, ven a compartir esta alegría con nosotros. Te esperamos.

Horario: Hoy por la tarde

Lugar: En el colegio

Motivo: ¡No se vende el cole!

Entrada: Libre y gratuita. Si deseas, puedes hacer algún aporte para *El Trueno Informativo*.

Habrá una merienda.

¿Por qué Alejandro sintió vergüenza cuando el director hablaba del *El Trueno Informativo* en la fiesta?

_____

_____

Nombre _____ Fecha _____

Unidad 4
CUADERNO DEL LECTOR

Siete reporteros y un periódico
Sección 4
Lectura independiente

Hacer un resumen

Un buen resumen debe incluir solamente las ideas más importantes
de la introducción, el desarrollo y el desenlace. Debe ser breve, claro y
estar bien redactado. También es importante que sigas correctamente
la secuencia de los sucesos. Haz un breve resumen de todo el cuento.
Usa oraciones cortas y escribe con tus propias palabras.

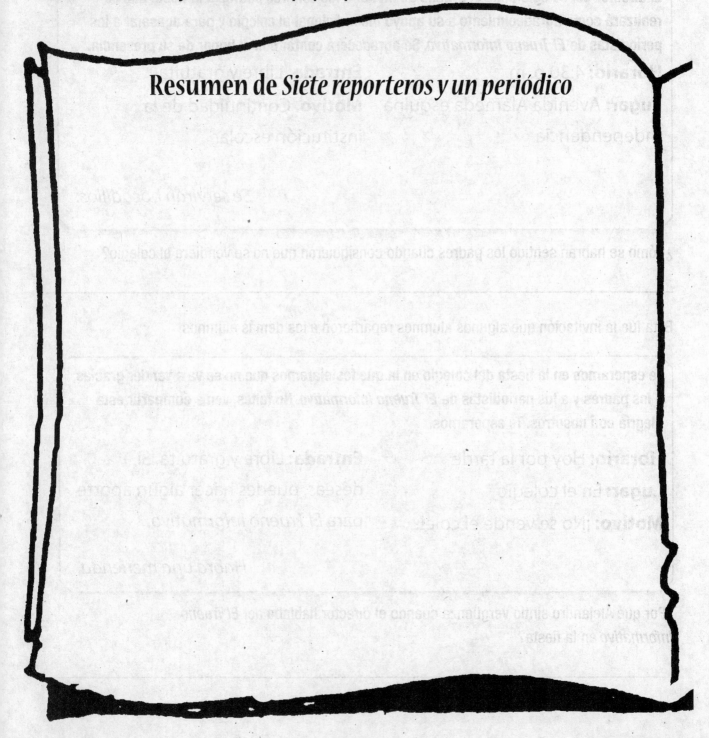

Resumen de *Siete reporteros y un periódico*

Los viajes de Tucket

Hacer una línea cronológica de los viajes

Las retrospectivas son descripciones de sucesos que ocurrieron antes de los sucesos que se narran en el cuento. Al contar lo que ocurrió antes, las retrospectivas ayudan al lector a comprender el cuento.

Vuelve a leer la página 636. Resume los sucesos en el orden en que aparecen en la página.

_____

_____

_____

_____

_____

Ahora utiliza lo que entiendes sobre el uso que hace el autor de las retrospectivas. Vuelve a escribir los mismos sucesos en el orden en que en verdad ocurrieron.

_____

_____

_____

_____

_____

Como este cuento incluye retrospectivas, puede resultar difícil recordar la
secuencia real de los sucesos tal como ocurrieron. Una línea cronológica puede
ayudarte a visualizar exactamente cuándo ocurrieron todos estos sucesos.
Completa las oraciones en cada punto de la línea cronológica para mostrar la
secuencia real de los sucesos.

Los pawnee secuestraron ... _____

_____

Jason Grimes rescató ... _____

_____

Francis encontró ... _____

_____

Grimes ayudó ... _____

_____

Lottie vio ... _____

_____

Los niños llegaron ... _____

_____

Finalmente, ... _____

_____

Matices de significado

Los viajes de Tucket
Estrategias de vocabulario:
Matices de significado

Encierra en un círculo la palabra entre paréntesis que se corresponda con precisión con el significado de la palabra subrayada.

1. En el suelo <u>árido</u>, no crecía ni un solo árbol. (estéril, abandonado)

2. La tarea de acomodar los papeles era tan <u>tediosa</u> que se durmió. (aburrida, repetitiva)

3. Sentía una gran <u>pena</u> por la muerte de su padre. (tristeza, amargura)

4. <u>Vagamos</u> por aquellas calles, sin apuro. (Vagabundeamos, Merodeamos)

5. Prefirió no tomar una decisión <u>apresurada</u> para poder pensar en el asunto. (veloz, intempestiva)

6. La fiesta fue muy <u>divertida</u>. (ocurrente, entretenida)

7. Los precios de los automóviles <u>bajaron</u> abruptamente. (descendieron, se devaluaron)

8. Juan creía que trabajar en el campo era <u>denigrante</u>. (humillante, injurioso)

Nombre _____ Fecha _____

Aumentativos y diminutivos

Los viajes de Tucket
Ortografía:
Aumentativos y diminutivos

En español, las **sílabas abiertas** terminan en vocal y las **sílabas cerradas**, en consonante.

Sílaba abierta: *gatito*

Sílaba cerrada: *cabezón*

Los aumentativos y diminutivos de palabras que terminan con sílabas abiertas forman el plural agregando -*s*. Las palabras que terminan con sílabas cerradas, forman el plural agregando -*es*.

manotas, cordelitos

manotones, pisotones

Palabras de ortografía

1. grandota
2. solitos
3. manotas
4. nubecilla
5. portazo
6. manotón
7. nopalito
8. bosquecillo
9. zorrito
10. pajarillo
11. florecillas
12. matica
13. gatico
14. cordelito
15. pisotón
16. grupito
17. perrazo
18. casilla
19. gatote
20. orejillas

Básicas   Indica cuál es la palabra base de las siguientes palabras.

1. manotón _____
2. casilla _____
3. pajarillo _____
4. orejillas _____
5. gatote _____

6. bosquecillo _____
7. grandota _____
8. cordelito _____
9. florecillas _____
10. nopalito _____

11 a 12.   Escribe en la línea el diminutivo y el aumentativo de las palabras subrayadas, respectivamente.

11. Ayer en la excursión vi un <u>zorro</u>. _____

12. El <u>perro</u> de mi vecino mordió a mi hermano. _____

Palabras avanzadas
arrocito
pececillo
pececito
portazo
borrico

Palabras avanzadas   En una hoja aparte, escribe un pequeño párrafo sobre una excursión que tu clase haya hecho en el pasado. Usa tres de las Palabras avanzadas.

Nombre _____ Fecha _____

Clasificar palabras de ortografía

Los viajes de Tucket
Ortografía:
Aumentativos y diminutivos

Escribe las Palabras básicas junto a la descripción correcta.

Palabras que terminan con las sílabas *-ota/-ote, -aza/-azo, -ona/-ón*	Palabras básicas: Palabras avanzadas:
Palabras que terminan con las sílabas *-ita/-ito, -illa/-illo, -ica/-ico*	Palabras básicas: Palabras avanzadas:

Palabras avanzadas   Agrega las Palabras avanzadas a tu tabla para clasificar palabras.

Palabras de ortografía

1. grandota
2. solitos
3. manotas
4. nubecilla
5. portazo
6. manotón
7. nopalito
8. bosquecillo
9. zorrito
10. pajarillo
11. florecillas
12. matica
13. gatico
14. cordelito
15. pisotón
16. grupito
17. perrazo
18. casilla
19. gatote
20. orejillas

Palabras avanzadas
arrocito
pececillo
pececito
portazo
borrico

Revisión de ortografía

Los viajes de Tucket
Ortografía:
Aumentativos y diminutivos

Encuentra las palabras que están mal escritas y enciérralas en un círculo. Escríbelas correctamente en los espacios en blanco.

Lili parecía un insecto en comparación con los animales que había en este lugar tan extraño. Una vaca grandita la perseguía por la pradera, aplastando florecilas y ahuyentando pajarilos que estaban posados soltos sobre las hierbas. Delante de ella, Lili, con un zorito en brazos, corría asustada a toda velocidad. Momentos antes había tenido problemas con un gatino y con un perraso porque se había negado a darles su nopallito. Por fin, a lo lejos, pudo ver una casila detrás de un grupino de árboles. Y en el momento justo en que dio un manoton para abrir la puerta, Lili despertó y vio que su gatillo movía las oregillas alegremente mientras jugaba con un cordilito.

1. _____	8. _____
2. _____	9. _____
3. _____	10. _____
4. _____	11. _____
5. _____	12. _____
6. _____	13. _____
7. _____	14. _____

Palabras de ortografía

1. grandota
2. solitos
3. manotas
4. nubecilla
5. portazo
6. manotón
7. nopalito
8. bosquecillo
9. zorrito
10. pajarillo
11. florecillas
12. matica
13. gatico
14. cordelito
15. pisotón
16. grupito
17. perrazo
18. casilla
19. gatote
20. orejillas

Palabras avanzadas

arrocito
pececillo
pececito
portazo
borrico

Los viajes de Tucket
Gramática:
Los verbos *estar* y *haber*

Verbos *estar* y *haber*

Los verbos *estar* y *haber* se pueden usar como verbos principales o **verbos auxiliares**. Deben concordar en persona y número con el sujeto. *Estar* y *haber* son verbos irregulares y sus formas cambian de maneras especiales para lograr la concordancia del sujeto y el verbo.

sujeto singular y verbo en presente

Ella está mirando por la ventana.

El pronóstico del tiempo ha anticipado lluvias.

sujeto plural y verbo en pasado

Ellos estaban usando pilotos de lluvia.

Gabi y yo habíamos llevado paraguas.

Preguntas para reflexionar
¿En qué tiempo está el verbo? ¿El sujeto es singular o plural?

Actividad   Subraya el verbo auxiliar correcto entre paréntesis en cada oración.

1. Mi mamá y yo (he/hemos) ido al parque a caminar.

2. El sol (está/están) brillando en el cielo azul.

3. Las nubes espesas (está/están) moviéndose rápidamente.

4. Nunca (ha/han) caído gotas de lluvia tan grandes.

5. Todos (estaba/estábamos) corriendo para refugiarnos cuando paró de llover.

6. Afuera, el viento (estaba/estaban) soplando fuerte.

7. Mi padre (ha/han) dicho que nos quedemos adentro.

8. El gato (ha/has) vuelto a la casa empapado.

9. El gato y el perro (ha/han) jugado en la lluvia.

10. Yo (ha/he) buscado una toalla para secarlos.

Los viajes de Tucket
Gramática:
Los verbos *estar* y *haber*

Frases verbales con *estar* y *haber*

Una **frase verbal** contiene más de un verbo. Los verbos auxiliares *estar* y *haber* se usan junto con el gerundio o el infinitivo de otros verbos para formar una frase verbal.

estar + gerundio
<u>Estuve estudiando</u> toda la tarde.

estar + por + infinitivo
Juan <u>está por salir</u>.

haber + que + infinitivo
<u>Hay que prestar</u> atención cuando no entendemos bien un tema.

Pregunta para reflexionar
¿Cómo está formada la frase verbal?

1 a 4. **Lee las oraciones. Escribe la forma correcta del verbo *estar* o *haber* sobre la línea para completar la frase verbal.**

1. _____ buscando un lugar con sombra en el desierto cuando llegaron los exploradores.

2. Nos dijeron que _____ que llevar agua suficiente.

3. Martín sintió que se _____ por desmayar por el calor.

4. No te olvides de que _____ que usar sombrero para protegerse del sol.

5 a 8. **Lee las oraciones. Elige el verbo correcto entre paréntesis que mejor complete el significado de la oración. Escribe el verbo en la línea.**

5. (han/están) Los niños _____ por regresar de la caminata.

6. (Hubo/Hay) _____ que volver antes de que se desatara la tormenta.

7. (Estaremos/Habremos) _____ esperando el pronóstico del tiempo para mañana.

8. (Estamos/Hemos) _____ esperando que deje de llover para salir.

Concordancia en los tiempos verbales

Los viajes de Tucket
Gramática:
Los verbos *estar* y *haber*

Cuando escribes, recuerda usar las formas correctas de los verbos auxiliares *estar* o *haber* de forma coherente. Usar los tiempos verbales de manera coherente hará que tus párrafos tengan sentido.

Pregunta para reflexionar
¿En qué tiempo verbal se debe escribir la oración?

Incorrecto

Cuando había parado de llover, los niños ya se fueron.

Correcto

Cuando había parado de llover, los niños ya se habían ido.

Actividad   Vuelve a escribir cada oración para que los verbos estén en el mismo tiempo que la frase verbal subrayada.

1. Un venado estaba pastando en el parque y un perro ha empezado a ladrar.

   _____

2. Había caído mucha agua y estuvo empezando a inundar las calles.

   _____

3. La Sra. Tomasa estaba buscando un árbol con sombra porque todos estuvieron con calor.

   _____

4. Ella había llevado bocadillos para todos y los estudiantes han preparado limonada.

   _____

   _____

5. Todos estaban cantando canciones y antes había jugado a un juego.

   _____

6. El autobús ha llegado, pero los estudiantes no estaban listos para partir.

   _____

Citas textuales e interjecciones

1 a 6. Identifica la cita textual o el diálogo en las siguientes oraciones.

1. El guía turístico dijo: "Partiremos hacia la caverna en poco tiempo".

   _____

2. —No puedo esperar a ver el glaciar —dijo Miranda.

   _____

3. Marco habló mucho sobre su viaje y dijo: "He visto muchísimos paisajes increíbles".

   _____

4. A Karen le costó explicar lo que había visto: "La belleza del bosque tropical es difícil de explicar".

   _____

5. Juana esperaba ansiosa el viaje, y dijo: "Siempre quise ver pingüinos".

   _____

6. —No existen palabras para describirlo —dijo Erica, cuando le contaba a sus amigos sobre las plantas y animales del desierto.

   _____

7 a 12. Identifica la interjección en cada cita textual o diálogo.

7. —¡Ay! —gritó Natacha—, ¡esas rocas son filosas! _____

8. Alejo estaba impresionado por el paisaje: ¡Guau! ¡Es increíble! _____

9. —¡Madre mía! —gritó Tariq—, ¡es espectacular! _____

10. —¡Oh! ¡Ese elefante es enorme! —dijo Nora. _____

11. —¡Por lo que más quieras! —dijo sonriendo Martín—, ¡me encantaría acompañarte!

    _____

12. —¡Qué vista espectacular! —afirmó Samanta—. ¡Genial!

    _____

Conectar con la escritura

Los viajes de Tucket
Gramática:
Conectar con la escritura

Oraciones sin verbo auxiliar	Oraciones con el verbo auxiliar *estar* o *haber*
El relámpago iluminó el cielo nocturno.	El relámpago **ha iluminado** el cielo nocturno. El relámpago **había iluminado** el cielo nocturno. El relámpago **está iluminando** el cielo nocturno. El relámpago **estaba iluminando** el cielo nocturno.

1 a 3.   Vuelve a escribir cada oración usando una forma del verbo *haber*.

1. Escuchamos el ruido de un trueno.

_____

2. Compramos linternas en caso de que se corte la electricidad.

_____

3. Mi familia se quedó sin pilas durante la última tormenta.

_____

4 a 6.   Vuelve a escribir cada oración usando una forma del verbo *estar*.

4. El trueno ponía nervioso a mi perro.

_____

5. Le doy un bocadillo para tranquilizarlo.

_____

6. Silvia espera que la lluvia mejore el jardín.

_____

Punto de enfoque: Voz
Escribir con sentimientos y personalidad

Los escritores de ficción y de no ficción buscan transmitir su voz a los lectores. La voz está formada por las palabras y las ideas que transmiten claramente la personalidad del escritor o del personaje.

Sin voz	Con voz
Tengo una opinión sobre la aventura al aire libre. Mi opinión es que la gente tiene que estar preparada para poder disfrutar de una aventura al aire libre.	Disfrutar del aire libre puede resultar divertido, pero si uno está preparado como corresponde. Sin la preparación adecuada, los planes para tener una gran aventura pueden terminar en un desastre.

Revisa estas oraciones. Agrega tu voz para que cada oración resulte más interesante.

1. Andar por el bosque es divertido.

   _____

   _____

2. La vida al aire libre es un poco riesgosa.

   _____

   _____

3. La naturaleza puede ser muy dura y desagradable.

   _____

   _____

4. Las personas deben tener cuidado cuando están al aire libre.

   _____

   _____

La casa de corteza de abedul

Escribir un poema temático

Uno de los temas importantes en *La casa de corteza de abedul* es honrar las tradiciones de los ancestros. Omakayas se refiere a estas tradiciones a lo largo del cuento. El mapa conceptual de abajo mostrará cómo sus palabras y acciones se relacionan con este tema.

Lee la página 672. ¿Cómo muestra su respeto por las tradiciones la forma en que Omakayas saluda a los oseznos? Escribe tu respuesta en uno de los óvalos vacíos del mapa conceptual.

Lee la página 674. ¿Qué tradición sigue Omakayas si lleva a los oseznos a casa? Escribe este detalle en un óvalo vacío.

Lee la página 677. ¿Cómo usa Omakayas una tradición para evitar que la mamá osa la lastime? Escríbelo en el último óvalo del mapa.

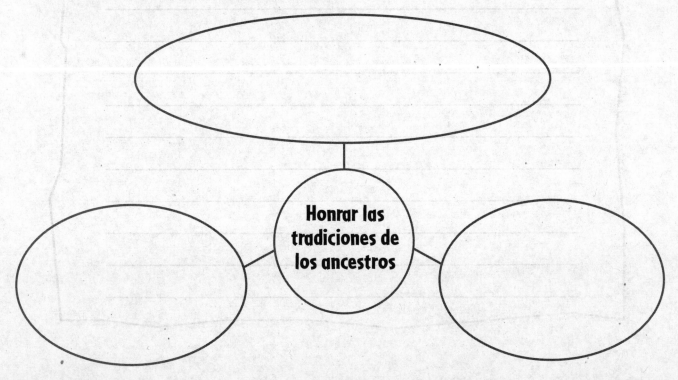

Honrar las tradiciones de los ancestros

Escribe un poema sobre la experiencia de Omakayas con la mamá osa y sus oseznos. Usa la información del mapa conceptual para escribir el poema. No es necesario que rime. Usa palabras que expresen imágenes vívidas de lo que Omakayas escucha y ve y que muestren su respeto por las tradiciones de su pueblo.

_____

_____

_____

_____

_____

_____

_____

_____

_____

_____

_____

_____

_____

_____

_____

_____

_____

_____

Materiales de consulta

La casa de corteza de abedul
Estrategias de vocabulario:
Materiales de consulta

1 a 8. Lee atentamente cada oración. Encierra en un círculo la opción que sea el sinónimo más preciso para la palabra subrayada. Usa un diccionario y un diccionario de sinónimos.

1. Omakayas se mantuvo en calma durante su encuentro con el oso.

   (se sostuvo, permaneció, anduvo)

2. El sonido del granizo sobre el techo era fuerte. (griterío, repiqueteo, zumbido)

3. Lo pude distinguir por su forma de andar. (caminar, pisar, merodear)

4. Los osos se ocultaron en el bosque. (escondieron, socorrieron, ayudaron)

5. Hizo una reverencia ante su abuela en señal de respeto. (venia, inclinación, saludo)

6. La mamá osa no descuidó a sus cachorros. (recompensó, desatendió, usó)

7. Los ositos estaban muy contentos de jugar con Omakayas. (contenidos, alegres, apenados)

8. El león mostró sus colmillos relucientes. (exhibió, advirtió, presentó)

9 y 10. Escribe una oración nueva para cada significado de la siguiente palabra.

9. **banco** *sust.* entidad crediticia

   _____

10. **banco** *sust.* asiento

    _____

Palabras con hiato

La casa de corteza
de abedul
Ortografía: Palabras con hiato

Básicas Completa el crucigrama con la Palabra básica que corresponda a cada pista.

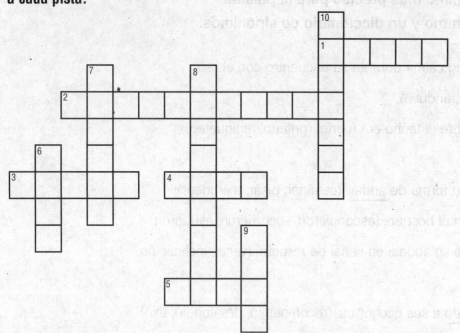

Palabras de ortografía

1. aleación
2. aéreo
3. maestro
4. coordenadas
5. golpeó
6. loas
7. koala
8. geoda
9. maleable
10. geometría
11. oído
12. toalla
13. reído
14. tomaría
15. laúd
16. quería
17. líos
18. maíz
19. mercancía
20. maníes

Palabras avanzadas

eólico
aeronáutica
reír
sanear
aleación

Horizontales

1. que está en el aire o va por el aire
2. líneas que determinan la posición de un punto
3. osito australiano
4. cereal originario de América, se usa para hacer tortillas
5. instrumento de cuerda

Verticales

6. elogios
7. tela absorbente que sirve para secar
8. bien, producto
9. sentido auditivo
10. profesor, enseñante

Palabras avanzadas Jimena todavía no decidió qué quiere ser cuando sea grande. Escribe un párrafo sobre alguna profesión en el que menciones por qué le gustaría dedicarse a eso. Usa dos de las Palabras avanzadas. Escribe en una hoja aparte.

Clasificar palabras de ortografía

Escribe las Palabras básicas junto a la descripción correcta.

Hiatos que incluyen /o/	Palabras básicas:
	Palabras avanzadas:
	Palabras posibles de la selección:
Hiatos que incluyen /i/	Palabras básicas:
	Palabras avanzadas:
	Palabras posibles de la selección:
Hiatos que no incluyen /o/ ni /i/	Palabras básicas:
	Palabras avanzadas:
	Palabras posibles de la selección:

Palabras avanzadas   Agrega las Palabras avanzadas a tu tabla para clasificar palabras.

Conectar con la lectura   Lee *La casa de corteza de abedul.* Busca palabras que tengan hiatos. Clasifícalas en la tabla de arriba.

Palabras de ortografía

1. aleación
2. aéreo
3. maestro
4. coordenadas
5. golpeó
6. loas
7. koala
8. geoda
9. maleable
10. geometría
11. oído
12. toalla
13. reído
14. tomaría
15. laúd
16. quería
17. líos
18. maíz
19. mercancía
20. maníes

Palabras avanzadas
eólico
aeronáutica
reír
sanear
aleación

Nombre _____ Fecha _____

Revisión de ortografía

Nombre _____ Fecha _____

Tiempos compuestos

En los **tiempos compuestos**, todos los verbos incluyen la forma conjugada del verbo auxiliar *haber*, seguida del participio pasado del verbo principal, que termina en *-ado* o *-ido*. El **pretérito perfecto compuesto** se usa para expresar una acción pasada vinculada con el presente.

pretérito perfecto compuesto

Ella ha vivido en este pueblo desde que nació.

Los niños han caminado por esta calle miles de veces.

Pregunta para reflexionar
¿Está el verbo haber conjugado en presente y seguido de otro verbo terminado en -ado o -ido?

Actividad Escribe los verbos entre paréntesis en pretérito perfecto compuesto sobre la línea.

1. Ángel y yo nos (conocer) _____ desde hace mucho tiempo.

2. El ajedrez (ser) _____ parte de nuestra cultura por mucho tiempo.

3. Nosotros (jugar) _____ muchas partidas de ajedrez juntos.

4. Jusef también (aprender) _____ a jugar al ajedrez.

5. Una nueva familia se (mudar) _____ a la ciudad.

6. La muchacha nueva (contar) _____ sobre las tradiciones de su cultura.

7. (estar) _____ ocupados desempacando sus pertenencias.

8. (terminar) _____ todas mis tareas adicionales.

Tiempos compuestos

El **pretérito pluscuamperfecto** se usa para expresar una acción pasada anterior a otra acción también pasada.

pretérito pluscuamperfecto

El <u>había querido</u> visitar a su amiga para su cumpleaños.

Le <u>habíamos regalado</u> flores y un pastel de cumpleaños anteriormente.

Pregunta para reflexionar
¿Está el verbo haber *conjugado en pasado y seguido de otro verbo terminado en -ado o -ido?*

Actividad Escribe los verbos entre paréntesis en pretérito pluscuamperfecto sobre la línea.

1. (terminar) _____ de pescar cuando el lago se

   congeló.

2. Yo ya (comer) _____ cuando llegaron los

   invitados.

3. Antes de darnos cuenta, ellos ya (salir) _____

   del edificio para asistir a la ceremonia.

4. Ella (ayudar) _____ a recoger frutas y nueces.

5. Él ya (leer) _____ el viejo libro que pertenecía

   a su abuela.

6. Raúl nunca antes (enfrentar) _____ a un oso.

7. Ella (tejer) _____ una manta especialmente

   para el bebé.

8. Me (prometer) _____ que caminarías por el

   bosque conmigo.

Tiempos compuestos

El **futuro perfecto** indica una acción que estará terminada en el futuro. Para formar este tiempo, usa el verbo *haber* conjugado en futuro y agrega el participio pasado terminado en *-ado* e *-ido*.

futuro perfecto

<u>Habré jugado</u> diez partidos al terminar la temporada.

<u>Habrán conducido</u> a través del país para la semana próxima.

> **Pregunta para reflexionar**
> ¿Está el verbo *haber* conjugado en futuro y seguido de otro verbo terminado en -ado o -ido?

Actividad Escribe el futuro perfecto de los verbos entre paréntesis sobre la línea.

1. (terminar) _____ el desayuno mucho antes de las nueve.

2. Cuando llegues a casa, ya (terminar) _____ de limpiar.

3. Tania (tener) _____ el tiempo suficiente para preparar un pastel para el día del festival.

4. Para junio próximo, Jorge (completar) _____ sus clases de danza tradicional.

5. Si lee todos los libros de su lista, Carmen (leer) _____ diez libros sobre las culturas antiguas.

6. Este caballo (ser) _____ preparado para el desfile para el mediodía.

7. La semana que viene, nuestra clase (juntar) _____ dinero suficiente para el viaje.

8. Ella les (contar) _____ la noticia sobre el festival antes de que la lean.

La coma y el punto y coma

La **coma** y el **punto y coma** son signos de puntuación que se usan en la oración. La coma se usa para separar elementos de una serie o lista, separar palabras o frases introductorias, separar las palabras *sí* y *no*, separar el nombre cuando se habla directamente a alguien o separar una pregunta al final de una oración. El punto y coma se usa para separar elementos de una serie que contiene comas.

Coma: Hugo, *La isla del tesoro* es el mejor libro que has leído, ¿verdad?

Punto y coma: Hemos leído libros sobre Nueva York, Nueva York; San Francisco, California; y la ciudad de Kansas, Missouri.

1 a 8.   Vuelve a escribir las oraciones con la puntuación correcta.

1. María ¿podrías encender la fogata cuando esté anocheciendo?

_____

2. Hemos sido mejores amigos durante tres años tres meses y tres días.

_____

3. Como no se celebra ninguna fiesta Andrés habrá venido por nada.

_____

4. En nuestra cultura se bautiza a los niños después de que cumplen el año.

_____

5. Descubrió que sus tías abuelas habían nacido en Roma Italia París Francia y Londres

Inglaterra.

_____

_____

6. Sí los caballos han comido hierba con tranquilidad toda la mañana.

_____

7. Hacia el atardecer todos se habían reunido para contar cuentos y escuchar música.

_____

8. Trae más madera por favor el fuego se está apagando.

_____

Nombre _____ Fecha _____

Lección 22
CUADERNO DEL LECTOR

La casa de corteza
de abedul
Gramática:
Conectar con la escritura

Conectar con la escritura

Los verbos en tiempo compuesto describen acciones pasadas y acciones
que continúan.

Pretérito perfecto compuesto	Pretérito pluscuamperfecto	Futuro perfecto
He adoptado un perro.	Había pensado en ir a la tienda de mascotas.	Mañana, mi perro habrá recibido todas sus vacunas.

Actividad Lee y vuelve a escribir cada oración usando el tiempo compuesto
adecuado del verbo subrayado.

1. (futuro perfecto compuesto) Terminé mi siesta a tiempo para cenar.

   _____

2. (pretérito pluscuamperfecto) Ya fijamos la hora para el picnic.

   _____

3. (pretérito perfecto compuesto) Jonás hace muchos amigos en la escuela.

   _____

4. (futuro perfecto) Alicia leerá el último de los libros la semana
   próxima.

   _____

5. (pretérito perfecto compuesto) Acordaron encontrarse en el parque
   y usar disfraces.

   _____

6. (pretérito pluscuamperfecto) ¡Recuerda, dijiste que traerías el postre!

   _____

Punto de enfoque: Organización
Presentar evidencia en un orden lógico

Los buenos escritores apoyan sus opiniones con evidencias, como hechos y detalles. Utilizan palabras y frases de transición, como *por ejemplo* y *a continuación* para conectar las razones con sus opiniones.

> **Opinión:** Omakayas es una persona amable.
>
> **Razones:** Omakayas es amable con los ositos y les habla con dulzura. Por ejemplo, los llama "pequeños hermanos" y les ofrece fresas.

Lee la opinión y las razones de apoyo. Vuelve a escribir las razones como un conjunto lógicamente ordenado de hechos y detalles. Utiliza palabras de transición para conectar las ideas. Encierra en un círculo las palabras y las frases de transición que uses.

Opinión: Omakayas es buena con los animales.

Razones: Juega con los ositos. Conoce a los animales. Les

ofrece fresas.

_____

_____

Razones: La mamá osa aprieta a Omakayas contra el piso. Omakayas

corta un trozo de la piel de la osa por error. Omakayas

habla con la mamá osa. Omakayas se mantiene tranquila

cuando la osa la aprieta. Omakayas es inteligente.

_____

_____

_____

_____

Guía del lector

Vaqueros: Los primeros cowboys

Escribir pies de foto para los gráficos

En un texto informativo, los elementos gráficos como mapas e ilustraciones ayudan al lector a comprender el texto. En general, el texto y las imágenes que aparecen en la página están muy relacionados.

Lee la página 698. Luego observa con detalle la imagen que hay en la página. ¿Cómo te ayuda esta ilustración a comprender los descubrimientos de Colón?

_____

_____

Lee la página 700. Luego observa con detalle el mapa que hay en la página. ¿Cómo te ayuda este mapa a comprender la información del texto sobre Nueva España?

_____

_____

Lee la página 701. Luego observa con detalle la imagen del vaquero que hay en la página. ¿Cómo te ayuda esta imagen a comprender el trabajo del vaquero?

_____

_____

Un pie de foto es un breve enunciado que acompaña a una imagen. El pie de foto relaciona la imagen con el texto de la página.

El autor de *Vaqueros: Los primeros cowboys* te ha pedido que escribas nuevos pies de foto para algunos de los elementos gráficos en la historia.

Lee la página 703. Escribe un nuevo pie de foto para la imagen de esa página. Brinda información que ayude al lector a relacionar la imagen con el texto.

_____

_____

_____

Lee la página 704. Escribe un pie de foto para la imagen del cowboy en la parte superior de la página. Brinda información que ayude al lector a relacionar la imagen con el texto.

_____

_____

_____

Adagios y proverbios

Vaqueros: Los primeros cowboys
Estrategias de vocabulario:
Adagios y proverbios

No todo lo que reluce es oro.
Pedir peras al olmo.
Al que quiere celeste que le cueste.
Lo cortés no quita lo valiente.
Al mal tiempo, buena cara.
No hay mal que por bien no venga.
A camino largo, paso corto.
No hay rosa sin espinas.
No dejes para mañana lo que puedas hacer hoy.

Lee las siguientes oraciones. Escribe la expresión del recuadro que tiene el mismo sentido o casi el mismo.

1. Es importante no ser perezosos y hacer el trabajo pendiente.

_____

2. Aunque algo resulte atractivo, no significa que sea valioso.

_____

3. Siempre se puede sacar algo bueno de una situación difícil.

_____

4. No es bueno ser ansiosos ni apurarse para conseguir lo que uno quiere.

_____

5. La felicidad a veces no es total, sino que puede haber contratiempos.

_____

6. Hay que estar dispuestos a esforzarnos por lo que queremos.

_____

7. Esperar de una persona o de una situación más de lo que puede dar.

_____

8. Se puede ser respetuoso y de todas formas expresar nuestra opinión.

_____

9. No hay que mostrarse decepcionados o desanimados frente a los problemas.

_____

**Vaqueros: Los
primeros cowboys**

Ortografía: Palabras con
diptongos y triptongos

Palabras con diptongos y triptongos

Básicas   Escribe la Palabra básica que completa mejor cada analogía.

Palabras de ortografía

1. El *guitarrista* es a la *guitarra* como el *pianista* es al _____.

2. El *trigo* es al *trigal* como el *maíz* es al _____.

3. El *uno* es al *diez* como el *dos* es al _____.

4. La *aspereza* es a lo *áspero* como la *suavidad* es a lo

_____.

5. El *futuro* es a *mañana* como el *presente* es a _____.

6. El *gobierno* es al *gobernador* como el *reino* es al

_____.

7. *Antigüedad* es a *antigua* como *novedad* es a _____.

8. La *vaca* es a la *leche* como la *abeja* es a la _____.

9. La *nevada* es a la *nieve* como la *lluvia* es al _____.

10. *Generalidad* es a *género* como *especialidad* es a

_____.

Palabras avanzadas 11 a 14   **Estás muy lejos de la ciudad. Escribe un
párrafo sobre la vida rural describiendo las actividades que se realizan
allí. Usa cuatro de las Palabras avanzadas.**

_____

_____

_____

_____

_____

_____

_____

1. piano
2. maizal
3. veinte
4. duende
5. Maui
6. eucalipto
7. suave
8. hoy
9. rey
10. envidia
11. nueva
12. miel
13. vainilla
14. agua
15. especie
16. miente
17. siente
18. reina
19. avión
20. nuestro

**Palabras
avanzadas**
coeficiente
maguey
simiente
buey
renacuajo

Clasificar palabras de ortografía

Escribe cada Palabra básica junto a la descripción correcta.

Palabras con un diptongo que comience con vocal abierta	**Palabras básicas:** **Palabras avanzadas:** **Palabras posibles de la selección:**	
Palabras con un diptongo que comience con vocal cerrada	**Palabras básicas:** **Palabras avanzadas:** **Palabras posibles de la selección:**	
Palabras con triptongo	**Palabras básicas:** **Palabras avanzadas:** **Palabras posibles de la selección:**	

Palabras de ortografía

1. piano
2. maizal
3. veinte
4. duende
5. Maui
6. eucalipto
7. suave
8. hoy
9. rey
10. envidia
11. nueva
12. miel
13. vainilla
14. agua
15. especie
16. miente
17. siente
18. reina
19. avión
20. nuestro

Palabras avanzadas
coeficiente
maguey
simiente
buey
renacuajo

Palabras avanzadas Agrega las Palabras avanzadas a tu tabla para clasificar palabras.

Conectar con la lectura Lee *Vaqueros: Los primeros cowboys*. Busca palabras que tengan diptongo o triptongo en la página. Clasifícalas en la tabla de arriba.

Revisión de ortografía

Vaqueros: Los primeros cowboys
Ortografía:
Palabras con diptongos y triptongos

**Encuentra las palabras que están mal escritas y enciérralas en un círculo.
Escríbelas correctamente en las líneas de abajo.**

Cuenta la historia que la menor de las hijas del rei tocaba el violín

de manera süave y armoniosa. Su hermana mayor, a quien le gustaba

tocar el píano, sentía envidea del talento musical de su hermana.

Un día, encargó a un duende que vivía en el maisal que convirtiera

a su hermana menor en un renacuájo a cambio de veinte frascos de

míel, una botella de vainiya y tres anillos de una nueba mezcla de

oro y plata. Sin embargo la menor de las hermanas llevaba siempre

consigo un par de hojas de eucalípto para defenderse de los males. Y

así, una vez el duhende y su hermana hubieron celebrado su maldad,

derramando agwa sobre la tierra, la hermana mayor quedó convertida

en buei hasta el día de hoi.

1. _____
2. _____
3. _____
4. _____
5. _____
6. _____
7. _____
8. _____
9. _____
10. _____
11. _____
12. _____
13. _____
14. _____

Palabras de ortografía

1. piano
2. maizal
3. veinte
4. duende
5. Maui
6. eucalipto
7. suave
8. hoy
9. rey
10. envidia
11. nueva
12. miel
13. vainilla
14. agua
15. especie
16. miente
17. siente
18. reina
19. avión
20. nuestro

Palabras avanzadas

coeficiente
maguey
simiente
buey
renacuajo

Verbos que se confunden fácilmente

Algunos verbos tienen una ortografía y un significado diferentes y pueden confundirse fácilmente porque se pronuncian igual. Estudia el significado del par de verbos que se confunden para evitar usarlos de manera incorrecta en la escritura.

Pregunta para reflexionar
¿Qué definición corresponde a esta oración?

haya exista
halla encuentra

habría existiría
abría descubría algo que estaba cerrado u oculto

hablando diciendo algo
ablando pongo blanda una cosa

El vaquero no **halla** su sombrero.
El vaquero desea que **haya** buen tiempo mañana para el rodeo.

1 a 6. Subraya el verbo correcto en las siguientes oraciones.

1. Natalia nunca (haya/halla) su disfraz de vaquero cuando lo necesita.

2. Este rancho (abría/habría) pertenecido a un famoso alguacil del Oeste.

3. Estaba (hablando/ablando) de la nueva película de vaqueros cuando entró
   la maestra.

4. Me gustó tanto la película que deseo que (halla/haya) una segunda parte.

5. El vaquero (abría/habría) la puerta de su casa todas las mañanas bien
   temprano.

6. Nadie duda de que (halla/haya) existido un forajido.

Verbos que se confunden fácilmente

Estudia el significado de cada una de estas palabras para evitar usarlas incorrectamente.

echo hago a alguien salir de un lugar
hecho participio del verbo hacer

ojear mirar algo
hojear pasar las hojas de un libro

Siempre **echo** a mi perro de la cama cuando voy a dormir.
Ya ha **hecho** la tarea de matemáticas de mañana.

> **Pregunta para reflexionar**
> *¿Qué definición corresponde a esta oración?*

Actividad   **Escribe la palabra entre paréntesis que completa mejor cada oración.**

1. Nunca antes he (echo/hecho) una investigación sobre coyotes.

   _____

2. Desde la altura, él (ojeaba/hojeaba) a sus caballos que pastaban en el

   valle. _____

3. El vaquero había (echo, hecho) un lazo nuevo. _____

4. El alguacil (hojeó/ojeó) el horizonte y vio el humo. _____

5. Nadie sabía quién lo había (hecho/echo), pero todos sospechaban del

   forastero. _____

6. Hemos (hojeado/ojeado) el libro sobre la Guerra de Independencia de

   México. _____

Cómo elegir la palabra correcta

Para elegir la palabra correcta para una situación determinada, intenta decir la oración en voz alta. Aprende de memoria los significados de aquellos verbos que se confunden fácilmente porque se pronuncian igual. También puedes buscar la definición en el diccionario.

cocer hervir algo

coser remendar tela

hierba planta

hierva que ponga a hervir

tuvo poseyó

tubo elemento por donde pasa líquido

revelar descubrir a los demás algo

rebelar levantarse contra una autoridad

La **hierba** crece fuerte en esta época del año.

Hierva tres huevos durante 15 minutos.

Pregunta para reflexionar
¿Qué definición corresponde a esta oración?

Actividad   Escribe la palabra entre paréntesis que completa mejor cada oración.

1. Tienes que (coser, cocer) ese sombrero antes de que se siga rompiendo.

_____

2. Debía (coser, cocer) bien la comida para que no quede cruda.

_____

3. El pueblo (tubo, tuvo) miedo de enfrentar a los forajidos.

_____

4. El vaquero logró desviar agua del arroyo a través de un (tubo, tuvo).

_____

5. La muchacha no (reveló, rebeló) la identidad del vaquero misterioso.

_____

6. El pueblo se (reveló, rebeló) contra la tiranía del alcalde del pueblo.

_____

Preposiciones y frases preposicionales

> Las **preposiciones** son palabras que indican cómo se relacionan otras palabras de la oración. Las **frases preposicionales** comienzan con una preposición e incluyen un sustantivo o un pronombre.
>
> *El libro estaba bajo la mesa.*
>
> *El caballo de Camila llegó tras dos de los otros caballos competidores.*

Actividad   Subraya todas las preposiciones en cada oración. Encierra en un círculo las frases preposicionales.

1. Luego cabalgamos hacia la pradera, queríamos ver con nuestros ojos lo que ocurría.

2. El clima es hermoso en Nuevo México durante esta estación.

3. Cabalgué sobre la silla de montar con Felipe y papá.

4. Se quedó mudo ante la extraña figura.

5. Para salvarse, el vaquero tuvo que nadar contra la corriente.

6. Paula estudió el lejano Oeste desde la mañana hasta la tarde.

7. Luis llegó a la fogata sin su poncho.

8. La serpiente cascabel esperó pacientemente a su presa sobre el pasto.

Conectar con la escritura

Verbo incorrecto	Verbo correcto
Abría que sujetar el equipaje en la carreta para que no se caiga.	**Habría** que sujetar el equipaje en la carreta para que no se caiga.

Actividad Lee el siguiente párrafo. Encierra en un círculo la palabra entre paréntesis que complete mejor cada oración.

El otro día al (ojear, hojear) un libro encontré una historia interesante sobre el Oeste. Era una leyenda sobre un vaquero que (tubo, tuvo) que enfrentarse a unos peligrosos forajidos. El pueblo estaba asustado y no se quería (rebelar, revelar) contra ellos. Los forajidos incendiaron su casa, pero igualmente dijo (¡basta!, ¡vasta!) y los derrotó. El relato cuenta que el pueblo (abría, habría) (echo, hecho) una fiesta de agradecimiento en su honor.

Punto de enfoque: Organización
Usar detalles de apoyo

Los escritories eficientes usan detalles específicos para apoyar sus afirmaciones. Además, presentan esos detalles de manera fácil.

Sin detalles o correcciones	Con detalles y correcciones
Los aztecas fueron conquistados por Cortez. Francisco estaba estudiando a los aztecas. Leyó acerca de esa cultura. Los aztecas vivían en México y eran poderosos.	Francisco comenzó a estudiar la cultura azteca, de México, porque el tema le pareció interesante. Primero, leyó sobre su arquitectura y astronomía. Luego, investigó sobre su conquista por el español Cortez en el siglo.

A. Responde las siguientes preguntas basadas en el pasaje anterior.

1. ¿Qué detalles de apoyo se dan en el párrafo 2 y no se dan el párrafo 1?

_____

_____

2. ¿Qué cambio importante se hizo en el comienzo del pasaje? _____

_____

B. Vuelve a escribir las siguientes oraciones para agregar detalles.

En parejas/Para compartir Trabaja con un compañero para hacer una lluvia de ideas de detalles.

3. Andrea había tocado la trompeta cuatro años. A ella no le gustó. Olivia había tocado la tuba por dos años. A ella le encantó.

_____

_____

_____

4. El tiempo ha estado extraño. Ha estado frío pero no se dañaron los cultivos.

_____

_____

_____

Nombre _____ Fecha _____

Lección 24
CUADERNO DEL LECTOR

El diario de Rachel: La
historia de una niña
pionera
Lectura independiente

El diario de Rachel: La historia de una niña pionera

Escribir un *diario de viajes*

Algunas historias se escriben como una cadena de causas y efectos, como un viaje en el que se recorren los sucesos. Un suceso es la causa del siguiente, y así hasta el final del recorrido.

Lee la página 728. Después de que Rachel y los niños finalmente encontraran el campamento, ¿cuál es el efecto de que su madre los regañara?

_____

_____

Lee la página 729. ¿Cuál fue el efecto de tomar un atajo este día? ¿Qué aprendieron de esta experiencia?

_____

_____

Lee la página 731. ¿Qué causó que el río Platte estuviera crecido?

_____

¿Cuál fue el efecto del río crecido en las carretas?

_____

_____

Lee la página 734. ¿Qué causó que las familias juntaran las carretas?

_____

A continuación hay una página del diario de Rachel. Ayúdala a terminar su entrada de ese día en el diario. Escribe sobre el efecto que tuvo la rueda rota de la carreta sobre la familia de Rachel.

25 de Junio de 1850

Hoy fue otro día caluroso en el camino irregular y polvoriento. Mientras caminaba detrás de nuestra carreta, noté que una de las ruedas traseras comenzaba a tambalearse. De repente, la rueda chocó contra una piedra y se salió de su eje con un fuerte estruendo. La carreta dio tumbos hasta detenerse y...

_____

_____

_____

_____

_____

_____

_____

Nombre _____ Fecha _____

Lección 24
CUADERNO DEL LECTOR

**El diario de Rachel:
La historia de una
niña pionera**
Estrategias de vocabulario:
Usar el contexto

Usar el contexto

Cada uno de los siguientes ejercicios contiene dos oraciones. Elige una palabra del recuadro para completar el espacio en blanco de manera que la segunda oración reitere la idea de la primera oración. Puedes usar un diccionario.

> faro   percance   crujido   sermoneó
> reserva   estremecían   desafío   pionero

1. Los historiadores iluminan la vida del pasado. Su obra es como un

   _____.

2. Nora accidentalmente derramó comida en su camisa. Ella tuvo un

   _____.

3. Escuchamos un ruido extraño entre los árboles. La rama de un pino

   se quebró haciendo un _____.

4. Él nos explicó por qué estábamos equivocados. Él nos

   _____ sobre una vida apropiada.

5. Tuvieron que tolerar el polvo y el calor. El clima árido fue un

   _____ para ellos.

6. Un médico llamado Jenner hizo importantes descubrimientos sobre

   las vacunas. Fue un _____ en ese campo.

7. La tormenta era muy fuerte. Los árboles se _____

   por el viento.

8. Encontraron un manantial. Aprovecharon para cargar una

   _____ de agua.

**El diario de Rachel:
La historia de una
niña pionera**
Ortografía: Acento diacrítico

Nombre _____ Fecha _____

Acento diacrítico

Básicas Escribe la Palabra básica que completa mejor cada oración.

1. Mi abuela nos invitó a todos a tomar el _____.

2. El profesor me dijo que mi comentario estaba de _____.

3. El huerto de papas lo cultiva mi _____.

4. El director de la escuela es muy amable; me ha dicho: "Hola, ¿cómo _____ va?".

5. Como Juan me cae simpático, le convido _____ frita.

6. El perro de mi tía es más grande que _____ .

7. ¿Cómo está hoy _____ mamá? ¿Se ha sentido mejor?

8. Tus lentes están ahí mismo _____ los dejaste.

9. Nadie sabe _____ jugarán los niños.

10. He desarrollado mis habilidades en matemáticas _____ no en español.

Palabras avanzadas Escribe un correo electrónico a un amigo relatándole una situación embarazosa. Usa las Palabras avanzadas.

_____

_____

_____

_____

_____

_____

_____

Palabras de ortografía

1. té
2. te
3. cómo
4. como
5. tú
6. tu
7. donde
8. dónde
9. papá
10. papa
11. más
12. mas
13. él
14. el
15. cuanto
16. cuánto
17. si
18. sí
19. cántaros
20. cantaros

Palabras avanzadas
mi
mí
cuando
cuándo

**El diario de Rachel:
La historia de una
niña pionera**
Ortografía: Acento diacrítico

Clasificar palabras de ortografía

Escribe cada Palabra básica junto a la descripción correcta.

palabras agudas	**Palabras básicas:**
palabras graves	**Palabras básicas:** **Palabras avanzadas:**
monosílabos	**Palabras básicas:** **Palabras avanzadas:**
palabras esdrújulas	**Palabras básicas:**

Palabras avanzadas   **Agrega las Palabras avanzadas a tu tabla para
clasificar palabras.**

Palabras de ortografía

1. té
2. te
3. cómo
4. como
5. tú
6. tu
7. donde
8. dónde
9. papá
10. papa
11. más
12. mas
13. él
14. el
15. cuanto
16. cuánto
17. si
18. sí
19. cántaros
20. cantaros

**Palabras
avanzadas**
mi
mí
cuando
cuándo

Revisión de ortografía

**El diario de Rachel:
La historia de una
niña pionera**
Ortografía: Acento diacrítico

**Encuentra las palabras que están mal escritas y enciérralas en un círculo.
Escríbelas correctamente en las líneas de abajo.**

Palabras de ortografía

—Un día dejarás tú cabeza en casa —me dijo la profesora—. Tu

dejas mucho que desear. Té anotaré en él registro de conducta.

Además tendrás que ver al director, el decidirá tu castigo. ¿Sabes acaso

donde estás?

El director habló con mi papa y le dijo que yo no podía volver

mas a la escuela con cajas de papás fritas en vez de libros de estudio.

Yo le dije a mi papá que no quería ir a la escuela, más él no me

escuchó.

—¿Como puedes decir eso? —me dijo—, puedes estar tan seguro

de que irás a la escuela cómo que mañana saldrá el sol.

Y así discutimos al tomar el te, en la sala dónde siempre se reúne

la familia.

1. té
2. te
3. cómo
4. como
5. tú
6. tu
7. donde
8. dónde
9. papá
10. papa
11. más
12. mas
13. él
14. el
15. cuanto
16. cuánto
17. si
18. sí
19. cántaros
20. cantaros

Palabras avanzadas
mi
mí
cuando
cuándo

1. _____   8. _____

2. _____   9. _____

3. _____   10. _____

4. _____   11. _____

5. _____   12. _____

6. _____   13. _____

7. _____   14. _____

Formas comparativa y superlativa de los adjetivos

Usa la **forma comparativa** del adjetivo (*más/menos* + adjetivo + *que*) para comparar dos cosas. Usa la **forma superlativa** del adjetivo (*el/la* + *más/menos* + adjetivo, la palabra *muy* delante del adjetivo o el sufijo *-ísimo* al final del adjetivo) para comparar más de dos cosas.

Pregunta para reflexionar
¿Cuántas cosas se comparan en la oración?

forma comparativa	forma superlativa

Juán es <u>más fuerte que</u> Miguel, pero Ana es <u>la más fuerte de los</u> tres.

Pedro es <u>más alto que</u> Jaime, pero Andrés es <u>altísimo</u>.

Lee las oraciones. Escribe la forma correcta del adjetivo que está entre paréntesis en la línea.

1. (rápido) A veces, dar la vuelta a una montaña era _____ que intentar cabalgar a través de ella.

2. (responsable) El hijo mayor era _____ que sus hermanos menores.

3. (oscuro) De noche, las tierras salvajes eran _____ que los pueblos que se abandonaban.

4. (hermoso) Las montañas Rocallosas eran _____ de todas las que había visto durante el viaje.

5. (nevado) En el invierno, los caminos están _____ y es difícil andar sobre ellos.

6. (caluroso) En verano, el tiempo está _____, por lo que debes beber mucha más agua.

Nombre _____ Fecha _____

Lección 24
CUADERNO DEL LECTOR

**El diario de Rachel:
La historia de una
niña pionera**
Gramática: Formas comparativa y
superlativa

Adjetivos especiales

Algunos adjetivos como *bueno*, *malo*, *grande* y *pequeño*
tienen formas comparativas y superlativas especiales.

adjetivo	comparativo	superlativo
bueno	mejor que	el mejor
malo	peor que	el peor
grande	mayor que	el mayor
pequeño	menor que	el menor

Las fresas salvajes son <u>buenas</u>, pero las moras son <u>mejores</u>
que las fresas, ¡y las frambuesas son <u>las mejores</u>!

**Pregunta para
reflexionar**
*¿Cuántas cosas están
siendo comparadas
en la oración?*

**1 a 4. Observa la palabra subrayada en cada oración. Si es correcta, escribe C en
la línea. Si es incorrecta, escribe la forma correcta para el adjetivo especial.**

1. Muchas personas viajan porque piensan que tendrán una vida <u>la mejor
que</u> en su ciudad anterior. _____

2. El granjero quiere tener una producción <u>más mayor que</u> la de su vecino.
_____

3. Un pionero necesita ser <u>bueno</u> en la caza y en la granja. _____

4. Algunas personas tienen <u>más mejores</u> razones que otras para trasladarse.
_____

5 a 8. Encierra en un círculo la palabra que completa la oración correctamente.

5. Los niños de la escuela intentaban obtener (buenas, mejores que)
calificaciones en sus exámenes.

6. La (grande, mayor) pesadilla de un granjero eran las sequías.

7. La sequía es (mala, peor) que la langosta.

8. Ana toca el banjo mucho (mejor, bueno) que José.

Cómo comparar con adverbios

Se puede comparar también el modo en que se realizan las acciones. Para la **forma comparativa** de los adverbios, se usa <u>más que</u> o <u>menos que</u>. Para la **forma superlativa,** se usa *muy* adelante del adverbio o el sufijo *-ísimo* al final del adverbio. Algunos adverbios, como *bien* y *mal*, tienen formas especiales.

El caballo de Karina corrió <u>más elegantemente que</u> el de Rosa.
De todos los caballos que hoy corrieron, el caballo de Andrés corrió <u>elegantísimo</u>.

Pregunta para reflexionar
¿Cuántas cosas se comparan en la oración?

---

1 a 4. **Encierra en un círculo el adverbio en cada una de las oraciones. Escribe una C en la línea si es una forma comparativa. Escribe una S si es una forma superlativa.**

1. Las personas, cuando viajan por caminos sinuosos, lo hacen más lentamente que cuando lo hacen por planicies. _____

2. Los pioneros buscan agua muy desesperadamente cuando están cerca del desierto. _____

3. El cruce del río es el momento en que los pioneros viajan lentísimo. _____

4. En las planicies, el trueno retumba más poderosamente que en las montañas. _____

5 a 8. **Escribe la forma correcta del adverbio entre paréntesis.**

5. (superlativo, *alegre*) Sin duda, si comparamos, los niños juegan _____ .

6. (comparativo, *tranquilo*) Los adultos, cuando están en sus camas, duermen _____ cuando están de viaje.

7. (comparativo, *rápido*) Cuando llueve, el río corre _____ cuando hay sequía.

8. (comparativo, *lento*) El ganado más viejo se mueve _____ los nuevos terneros.

Cómo escribir títulos

1 a 6. **Identifica los títulos en los siguientes ejemplos e indica cómo deben escribirse.**

1. Cuando era niño, mi programa de televisión favorito era La casa en la pradera.

   _____

2. El autor escribió un libro sobre los primeros fundadores llamado Gente cordial.

   _____

3. Enrique escribió un poema llamado El puerto de montaña.

   _____

4. El artículo de la revista se titulaba Cuentos del camino.

   _____

5. En la película En busca de la frontera, la muchacha aprendía a juntar bayas salvajes.

   _____

6. Las antiguas copias del Corresponsal territorial tiene muchas noticias acerca de los tiempos

   de los pioneros _____

7 a 12. **Usa letras mayúsculas en los títulos de ejemplo dados cuando corresponda.**

7. mi vida en la naturaleza _____

8. la vida y obra de un montañés _____

9. de la alta montaña y el ancho río _____

10. vida, libertad y la búsqueda de la felicidad

    _____

11. el elefante que intentaba nadar en el océano

    _____

12. si al principio no tienes éxito, intenta una y otra vez

    _____

Nombre _____ Fecha _____

Lección 24
CUADERNO DEL LECTOR

**El diario de Rachel:
La historia de una
niña pionera**
Gramática:
Conectar con la escritura

Conectar con la escritura

Puedes usar las formas comparativa y superlativa de los adjetivos
y adverbios para añadir detalles a tu redacción.

Sin comparaciones	Con comparaciones
Para la mayoría de los pioneros, trasladarse a tierras nuevas o inexploradas tenía que ser una aventura.	Para la mayoría de los pioneros, trasladarse a nuevas o inexploradas tierras tenía que ser la aventura más grande de toda su vida.

**Lee cada oración y el adjetivo o adverbio entre paréntesis. Escribe nuevamente la
oración usando el adjetivo o adverbio en su forma comparativa o superlativa.**

1. Los granjeros sabían cómo cuidar los animales y los campos. (exitosos)

_____

_____

2. El arado es uno de los artículos de una granja. (caro)

_____

_____

3. Las madres solían usar azúcar durante los malos tiempos.

(escasamente)

_____

_____

4. A los niños se les solía enseñar a leer en la casa. (joven)

_____

_____

5. Una vez que se asentaba el pueblo, la comunidad construía una

escuela. (pequeña)

_____

_____

Punto de enfoque: Organización
Ideas principales y detalles de apoyo

El diario de Rachel:
La historia de una
niña pionera
Escritura: Escritura de opinión

En un ensayo de respuesta, cada párrafo tiene una idea principal que se relaciona con el tema del ensayo. Las otras oraciones ofrecen detalles de apoyo.

A. Lee las ideas principales y los detalles de apoyo que aparecen a continuación. Decide cuál de los detalles de apoyo pertenece a cada una de las ideas principales. Escribe A o B para cada detalle.

Ideas principales

A. Viajar por el Camino de Oregón era una prueba exigente.

B. El Camino de Oregón se hizo menos popular cuando los trenes pudieron cruzar el país.

Detalles de apoyo

_____El viaje que antes demoraba seis meses sólo tardaba unos días en tren.

_____El viaje habitual tardaba entre cinco y seis meses.

_____El tren no sólo era más rápido, sino también más seguro.

_____El primer ferrocarril transcontinental estuvo terminado en 1869.

_____Los viajeros enfrentaban muchos peligros, incluido el calor y el frío extremos.

_____Los insumos disponibles a lo largo del camino eran escasos.

_____El polvo del camino era a menudo enceguecedor.

_____Pronto, el ferrocarril reemplazó al Camino de Oregón para los viajes de larga

distancia.

B. Lee los detalles de apoyo. Escribe una oración que exprese la idea principal.

Detalles de apoyo

El Camino de Oregón comienza cerca del río Missouri. Luego va a lo largo del río Platte. Cruza a través del valle de Green River y el área del río Snake. Finalmente, baja por el río Columbia para terminar en el valle de Willamette.

Idea principal _____

Lewis y Clark

Crear el mapa de un museo

Los museos suelen usar mapas para ayudar a los visitantes a comprender mejor un momento y un lugar de la historia. Estos mapas muestran un breve resumen, o la idea principal, de lo que sucedía en cada lugar.

Para cada lugar de la historia de Lewis y Clark, escribe dos detalles importantes que respalden la idea principal del párrafo.

Las cataratas Great Falls

Lee el segundo párrafo de la página 755.

Dos detalles: _____

_____

La aldea de Cameahwait

Lee el primer párrafo de la página 758.

Dos detalles: _____

El valle del río Clearwater

Lee el segundo párrafo de la página 759.

Dos detalles: _____

_____

La desembocadura del río Columbia

Lee el segundo párrafo de la página 760.

Dos detalles: _____

_____

Un museo de historia de Oregón presenta una exposición sobre la expedición de Lewis y Clark. Tú estás ayudándolos a hacer un mapa que muestre los sucesos importantes que ocurrieron en el camino. Cuenta qué sucedió en cada punto del mapa. Escribe la idea principal. La idea principal debe basarse en datos del texto.

❶ Cataratas Great Falls

_____

_____

_____

_____

❷ Aldea de Cameahwait

_____

_____

_____

_____

❸ Valle de Clearwater

_____

_____

_____

_____

❹ Desembocadura del río Columbia

_____

_____

_____

_____

Nombre _____ Fecha _____

Lección 25
CUADERNO DEL LECTOR

Lewis y Clark
Estrategias de vocabulario:
Analogías

Analogías

Cada oración contiene una analogía que incluye dos pares de palabras.
Las palabras de cada par pueden estar relacionadas como sinónimos,
antónimos, por grado o como parte de un todo. Para cada oración, elige
una palabra del recuadro para rellenar los espacios en blanco y completar
la analogía. Luego escribe cómo se relacionan las palabras de cada par.

---

aguacero	canoa	acercamiento	congelar
educado	ancho	abundancia	documento

---

1. La *roca* es a la *piedra* como la *lluvia* es al _____ .

Relación: _____

2. *Calor* es a derretir lo que *frío* es a _____ .

Relación: _____

3. El *pedal* es a la *bicicleta* como el *remo* es a la _____ .

Relación: _____

4. *Llegada* es a *partida* como _____ es a *alejamiento*.

Relación: _____

5. La *camiseta* es a la *tela* como el _____ es al *papel*.

Relación: _____

6. *Brusco* es a *maleducado* como _____ es a *gentil*.

Relación: _____

7. La *luz* es a la *oscuridad* como la *escasez* es a la _____

Relación: _____

8. *Pesado* es al *peso* como *amplio* es al _____ .

Relación: _____

Palabras que se confunden fácilmente

Básicas Lee el párrafo. Escribe la Palabra básica que mejor reemplace a las palabras subrayadas en la oración.

Querida Mamá:

(1) <u>Lamento</u> no haberte escrito antes pero tengo (2) <u>decenas</u> de cosas para hacer diariamente. No sé (3) <u>por cuál</u> motivo siempre dejo todo para última hora. Quisiera en este momento estar contigo en (4) <u>familia</u>, así te podría (5) <u>dar cariño</u>. Pero sé que esto no es posible. Mañana papá y yo saldremos a participar de la (6) <u>cacería</u>; me ha dicho que ya tengo suficiente edad y que podía acompañarlo. Llevaremos algo de carne seca para comer y (7) <u>además</u> algo de agua en las botellas que nos diste. Sabes perfectamente qué (8) <u>pienso</u> de la comida tan rica que preparas, y extraño mucho los guisos que solías cocinarme por las noches.

No sabemos hasta cuándo estaremos en esta situación, ni (9) <u>para</u> dónde tendremos que movernos la próxima semana. En cualquier (10) <u>circunstancia</u>, no volveremos hasta haber cazado algo para ti.

Espero verte pronto.

Tu hijo,

Pablo

1. _____   6. _____

2. _____   7. _____

3. _____   8. _____

4. _____   9. _____

5. _____   10. _____

Palabras avanzadas 11 a 14 Escribe un párrafo acerca de una ciudad que te gustaría visitar. Usa cuatro de las Palabras avanzadas. Escribe en una hoja aparte.

Palabras de ortografía
1. siento
2. ciento
3. porque
4. por qué
5. porqué
6. casa
7. caza
8. abrasar
9. abrazar
10. losa
11. loza
12. hacia
13. Asia
14. asía
15. también
16. tan bien
17. caso
18. cazo
19. coses
20. coces

Palabras avanzadas

haz
has
tez
tés
azar
azahar
asar

Clasificar palabras de ortografía

Escribe cada Palabra básica junto a la descripción correcta.

Palabras con variación en /s/ /c/ /z/	**Palabras básicas:** **Palabras avanzadas:**
Variación de estructuras	**Palabras básicas:** **Palabras avanzadas:**

Palabras avanzadas Agrega las Palabras avanzadas a tu tabla para clasificar palabras.

Palabras de ortografía

1. siento
2. ciento
3. porque
4. por qué
5. porqué
6. casa
7. caza
8. abrasar
9. abrazar
10. losa
11. loza
12. hacia
13. Asia
14. asía
15. también
16. tan bien
17. caso
18. cazo
19. coses
20. coces

Palabras avanzadas
haz
has
tez
tés
azar
azahar
asar

Revisión de ortografía

Encuentra las palabras que están mal escritas y enciérralas en un círculo. Luego escríbelas correctamente en las líneas de abajo.

Lewis y Clark
Ortografía: Palabras que se confunden fácilmente

Nos dirigimos hasia el nacimiento del río Mississippi. Ciento mucha emoción, ya que recuerdo mi caza y quiero abrasar a la familia. No sé porqué tan bien extraño la losa de mi hogar, será por qué tenemos platos de madera. Todas las mañanas, tenemos que obtener una présa de casa, después de comer, debemos ordenar sientos de maderos para la fogata. Espero que llegue el verano, ya que me cazo con Anne y por fin estaremos tanbién en nuestro hogar.

1. _____	7. _____
2. _____	8. _____
3. _____	9. _____
4. _____	10. _____
5. _____	11. _____
6. _____	12. _____

Palabras de ortografía

1. siento
2. ciento
3. porque
4. por qué
5. porqué
6. casa
7. caza
8. abrasar
9. abrazar
10. losa
11. loza
12. hacia
13. Asia
14. asía
15. también
16. tan bien
17. caso
18. cazo
19. coses
20. coces

Palabras avanzadas
haz
has
tez
tés
azar
azahar
asar

Preposiciones

Las **preposiciones** (a, bajo, sobre, de, desde, en, hacia, hasta, con, sin, para, etc.) son palabras que indican cómo se relacionan otras palabras en una oración.

Juan salta **sobre** la cama **para** divertirse.
Marina fue **a** la casa **de** su amiga Luisa el viernes.

Pregunta para reflexionar
¿Qué palabra indica cómo se relacionan otras palabras en la oración?

1 a 5. **En la línea, escribe una preposición que relacione las dos palabras.**

1. Esperamos que no se pierdan _____ el parque nacional mientras realizan la caminata.

2. Nasser sabe que hay muchos caminos que pueden tomar _____ el lugar de destino.

3. Paula no cree que necesiten un mapa para llegar _____ su destino,

4. Después de todo, Lewis y Clark no contaban _____ uno.

5. ¿Habrían tenido éxito Lewis y Clark _____ la ayuda de un guía?

6 a 8. **Vuelve a escribir las oraciones con la preposición correcta entre paréntesis.**

6. Los exploradores caminaron (en, sin) parar durante muchos meses.

   _____

7. No podían esperar para explorar las tierras que había (contra, en) el oeste de las montañas Rocosas.

   _____

   _____

8. Sin caballos, no habrían podido llegar (hasta, de) ese lugar tan lejano.

   _____

Frases preposicionales

Las **frases preposicionales** comienzan con una preposición e
incluyen un sustantivo o un pronombre.

Juan salta **sobre** la cama para divertirse.
Marina fue **a** la casa de su amiga Luisa el viernes.

Pregunta para reflexionar
¿Hay alguna frase que incluya una preposición y un sustantivo o un pronombre?

1 a 4. Subraya la preposición y escribe la frase preposicional de cada oración en la línea.

1. Te gustará el artículo sobre el Gran Cañón. _____

2. Él planea venir con nosotros. _____

3. Ella dijo que jamás llegaría hasta ese lugar. _____

4. Hemos estado en las montañas Rocosas. _____

5 a 8. Vuelve a escribir las oraciones con la preposición correcta entre paréntesis.

5. Estoy leyendo un libro (ante, sobre) Lewis y Clark.

   _____

6. Thomas Jefferson sabía que expandiría el territorio de Estados
   Unidos (según, hacia) muchas partes.

   _____

   _____

7. Halló un mapa que mostraba el territorio (con, de) Luisiana.

   _____

8. Deberías escuchar este relato (con, sobre) el camino de Oregón.

   _____

Nombre _____ Fecha _____

Lección 25
CUADERNO DEL LECTOR

Lewis y Clark
Gramática: Preposiciones: frases
preposicionales y contracciones

Las contracciones

Cuando a las preposiciones *a* y *de* les sigue el artículo *el*,
se forman las contracciones *al* y *del*. Una **contracción** es la
palabra que se forma cuando se unen dos palabras: *al* es la
contracción de *a* y *el*, y *del* es la contracción de *de* y *el*. Usa *al* y
del en lugar de *a el* y *de el*, excepto que el artículo forme parte
de un nombre propio.

Juana y Luis van **al** cine juntos.

Nadie sabía nada acerca **del** problema.

Actividad   Encierra en un círculo las contracciones que aparecen en el
cuento.

—¿Quién está listo para ver el Gran Cañón? —preguntó el papá de
Rosa.

Yo no —refunfuñó Rosa desde el asiento trasero del auto. "No es
justo", pensó, "que me hagan venir a este viaje. Aun así, es mejor que
quedarme en casa".

El padre de Rosa detuvo el auto al mediodía y la familia se bajó.
Rosa se cubrió los ojos de la luz del sol mientras la familia se dirigía al
Gran Cañón.

—Tienen suerte —dijo el guía—. Solo aceptaremos un grupo más el
día de hoy.

El guía turístico los condujo por una caminata alrededor del borde
sur del cañón. Les habló de la geología de la zona y de las plantas y
animales del lugar. Pero Rosa no podía dejar de mirar al cañón y sus
franjas coloridas.

Cuando se estaban acercando al final de la caminata, el papá de
Rosa le susurró:
—¿Qué te parece el Gran Cañón ahora?
—Increíble —le susurró como respuesta.

Tiempos compuestos

Los tiempos compuestos son tiempos verbales que incluyen la forma conjugada del verbo auxiliar *haber*, seguida del participio pasado del verbo principal, que termina en –*ado* o –*ido*. *Haber* es un verbo irregular. Sus terminaciones cambian de manera especial, según la persona que realiza la acción y el tiempo en que se realiza la acción.

Constanza <u>ha ido</u> al museo.

Marco <u>ha encontrado</u> el camino al que otros no llegaron.

Actividad   Vuelve a escribir las oraciones con tiempos compuestos de los verbos subrayados.

1. John Muir <u>quería</u> proteger algunos de los tesoros naturales de América.

   _____

   _____

2. El Congreso <u>creó</u> el Parque Nacional Yellowstone y el de Yosemite.

   _____

3. Ella <u>irá</u> a un viaje de campamento a fines del año próximo.

   _____

4. Él <u>exploró</u> nuevos caminos que otros no habían hallado antes.

   _____

Conectar con la escritura

Los buenos escritores usan preposiciones y frases preposicionales y se aseguran de usar las contracciones correctamente. Usan *al* y *del* en lugar de *a el* y *de el*, excepto que el artículo forme parte de un nombre propio.

Mañana iré <u>al</u> parque.
El fin de semana iremos <u>a El</u> siciliano, un restaurante italiano.

Actividad Si la oración no es correcta, vuelve a escribirla correctamente.
Si lo es, escribe *correcta* en la línea.

1. Sacagawea nunca podría haber sabido del la fama que tendría.

   _____

2. No se conoce ninguna información sobre su niñez.

   _____

3. Pero no hay dudas de el secuestro de Sacagawea a sus 12 años.

   _____

4. ¿Nunca escuchaste que fue vendida a el comerciante de pieles?

   _____

5. Cuando Lewis y Clark conocieron a Sacagawea, no la querían como guía.

   _____

6. Los indígenas hablaban entre sí de el explorador.

   _____

7. No había nadie más que cuidara a el bebé de Sacagawea.

   _____

Punto de enfoque: Elección de palabras

Usar lenguaje descriptivo

A. Usar verbos y adjetivos más precisos para expresar opiniones puede hacer que la escritura sea más convincente.

Escritura imprecisa	Escritura precisa
Navegar en canoa río arriba fue difícil.	Luchamos contra la poderosa corriente del río usando los remos para llevar nuestra canoa río arriba.

B. Lee las oraciones imprecisas. Vuelve a escribirlas añadiendo palabras y frases descriptivas.

Escritura imprecisa	Escritura precisa
1. Las montañas Rocosas son hermosas.	
2. La caminata a través del bosque fue cansadora.	
3. Hacer una fogata es difícil.	
4. El agua del lago estaba muy fría para nadar.	

¿Por qué es azul el cielo?

Ilustrar un libro de ciencias

Los libros de ciencias por lo general incluyen características gráficas como diagramas para ayudar al lector a comprender lo que describe el texto. Los diagramas muestran partes y detalles de un objeto.

Lee la página 5. ¿De qué color es la luz del Sol? ¿Dónde puedes verla? Explícalo con tus propias palabras.

_____

_____

_____

Dibuja un diagrama del arco iris. Recuerda incluir todos sus colores y ubicarlos en el orden correcto. Usa flechas y etiquetas para identificar los colores del arco iris. Escribe un pie de foto que resuma lo que muestra el diagrama.

_____

Pie de foto: _____

En el recuadro de arriba, dibuja la Tierra vista desde el espacio. En el recuadro de abajo, dibuja la capa de ozono alrededor de la Tierra. Usa flechas y etiquetas para identificar las partes de tus diagramas. Escribe un pie de foto para cada diagrama.

Pie de foto: _____

Pie de foto: _____

Palabras con *bl, cl, fl, gl, pl*

Básicas Escribe la Palabra básica que pertenece a cada grupo en los espacios en blanco.

1. gritaban, voceaban
2. brillo, refracción
3. célebre, prestigioso
4. temblequeaban, tiritaban
5. frágil, débil
6. palmas, ovación
7. base, soporte
8. imborrable, indeleble
9. bolígrafo, lapicero
10. búsqueda, investigación
11. sano, fuerte
12. amigable, simpático

1. _____
2. _____
3. _____
4. _____
5. _____
6. _____
7. _____
8. _____
9. _____
10. _____
11. _____
12. _____

Palabras avanzadas 13 a 15 Lee el título. Escribe sobre este tema en las líneas de abajo usando tres de las Palabras avanzadas.

"Un día en el parque"

_____
_____
_____
_____

Palabras de ortografía

1. sociable
2. lavaplatos
3. exploración
4. desplegaron
5. exclamaban
6. publicaron
7. temblaban
8. reflejo
9. aplausos
10. glorioso
11. flecha
12. claro
13. explanada
14. bloque
15. inolvidable
16. plataforma
17. saludable
18. pluma
19. plaza
20. rompible

Palabras avanzadas
placita
responsables
templo
niebla
inflables
plaga

Clasificar palabras de ortografía

¿Por qué es azul el cielo?
Ortografía: Palabras con
bl, cl, fl, gl, pl

Escribe cada Palabra básica junto a la descripción correcta.

Palabras con *bl*	Palabras básicas:
	Palabras avanzadas:
Palabras con *cl*	Palabras básicas:
Palabras con *fl*	Palabras básicas:
Palabras con *gl*	Palabras básicas:
Palabras con *pl*	Palabras básicas:
	Palabras avanzadas:

Palabras avanzadas Agrega las Palabras avanzadas a tu tabla para clasificar palabras.

Palabras de ortografía

1. sociable
2. lavaplatos
3. exploración
4. desplegaron
5. exclamaban
6. publicaron
7. temblaban
8. reflejo
9. aplausos
10. glorioso
11. flecha
12. claro
13. explanada
14. bloque
15. inolvidable
16. plataforma
17. saludable
18. pluma
19. plaza
20. rompible

Palabras avanzadas
placita
responsables
templo
niebla
inflables
plaga

Revisión de ortografía

¿Por qué es azul el cielo?
Ortografía: Palabras con
bl, cl, fl, gl, pl

Encuentra las palabras que están mal escritas y enciérralas en un círculo. Escríbelas correctamente en las líneas de abajo.

> El fin de semana pasado asistimos a un desfile en el que participaron pilotos de aviones, que luego hicieron demostraciones con sus enormes naves. Fue un día muy blorioso. Los pilotos saludaron desde una plataforrma y logré que uno de ellos me firmara un autógrafo con mi plumma de la suerte. La primera demostración fue asombrosa e imolvidable. Los pilotos despelgaron toda su habilidad en el cielo y cada vez que hacían una pirueta en el aire las personas temblavan por la sorpresa y luego exclanaban gritos de admiración. Los fuertes aplauzos fueron un fiel reflego de cuánto nos gustó el espectáculo. Al día siguiente publikaron fotos en el periódico y revivimos la emoción de ver volar esos aviones.

Palabras de ortografía

1. sociable
2. lavaplatos
3. exploración
4. desplegaron
5. exclamaban
6. publicaron
7. temblaban
8. reflejo
9. aplausos
10. glorioso
11. flecha
12. claro
13. explanada
14. bloque
15. inolvidable
16. plataforma
17. saludable
18. pluma
19. plaza
20. rompible

Palabras avanzadas

placita
responsables
templo
niebla
inflables
plaga

1. _____
2. _____
3. _____
4. _____
5. _____
6. _____
7. _____
8. _____
9. _____
10. _____

Verbos en pasado y en futuro

- Además del presente, los verbos pueden expresar acciones del **pasado** o del **futuro**.

    Mis amigos y yo visitamos un museo ayer por la tarde. Mañana iremos al zoológico.

- La palabra *ayer* ayuda a identificar que se trata de una acción del pasado.

- *visitamos* es el verbo *visitar* en pasado.

- La palabra *mañana* ayuda a identificar que se trata de una acción del futuro.

- *iremos* es el verbo *ir* en futuro.

Pregunta para reflexionar
¿Hay pistas en la oración que ayuden a identificar si la acción es pasada o futura?

Identifica el verbo en cada oración, escríbelo en el espacio en blanco y luego escribe si está en pasado o en futuro.

¿Usaste alguna vez un telescopio para ver las estrellas?
usaste, pasado

1. Pedro miró las estrellas a través de un telescopio.

   _____

2. Con esfuerzo y cuidado, ayudaremos a conservar el planeta.

   _____

3. ¿Cuándo viste un arco iris por última vez?

   _____

4. La semana próxima, el profesor leerá un texto sobre la capa de ozono. _____

5. Muchos científicos investigaron el tema de las ondas de luz.

   _____

Verbos irregulares en pasado y en futuro

- Hay **verbos irregulares en pasado y en futuro**.
- En algunos casos cambian las terminaciones y en otros cambia la raíz del verbo.

La semana pasada <u>hubo</u> una exposición de ciencias.

El mes próximo <u>habrá</u> una conferencia sobre astronomía.

Pregunta para reflexionar
¿Qué palabras ayudan a identificar si la acción es pasada o futura?

Vuelve a escribir cada oración con la forma correcta del verbo entre paréntesis en pasado o en futuro.

¿Cuántas personas _____ a ver la exposición sobre el sistema solar la semana pasada? (venir)

¿Cuántas personas <u>vinieron</u> a ver la exposición sobre el sistema solar la semana pasada?

1. El año pasado los estudiantes _____ un libro sobre los planetas. (leer)

_____

2. Después de esta clase, nosotros _____ saber más acerca del cielo. (querer)

_____

3. ¿ _____ algún día los científicos descifrar todos los misterios? (poder)

_____

4. Ayer por la tarde, mis padres y yo _____ ver un programa educativo. (querer)

_____

5. El fin de semana pasado, la gente _____ ver un arco iris durante la lluvia. (poder)

_____

Verbos en pasado y en futuro

- Los verbos pueden expresar acciones del **pasado** o del **futuro**. Ciertas palabras ayudan a identificar que se trata de una acción del pasado o del futuro.

- Hay **verbos irregulares en pasado y en futuro**. En algunos casos cambian las terminaciones y en otros cambian la raíz del verbo.

Ayer mis amigos y yo recorrimos una feria de artesanías. Mañana podremos ir de nuevo.

Pregunta para reflexionar
¿Los verbos son regulares o irregulares? ¿Qué palabras ayudan a identificar si la acción es pasada o futura?

Vuelve a escribir cada oración con la forma correcta del verbo entre paréntesis en pasado o en futuro.

1. El próximo sábado _____ una feria de ciencias. (haber)

_____

2. Hace mucho tiempo Aristóteles _____ sobre la luz y los colores. (escribir)

_____

3. Anteayer _____ posible ver un arco iris entre la lluvia. (ser)

_____

4. Ayer mis amigos _____ ver colores en la oscuridad. (poder)

_____

5. Mañana mi hermana _____ el museo de ciencias. (visitar)

_____

Los verbos *ser* y *estar* en pasado

El recuadro muestra las formas de los verbos *ser* y *estar* en pasado.
Estos verbos son irregulares.

	Ser	**Estar**
Yo	*fui*	*estuve*
Tú	*fuiste*	*estuviste*
Él, Ella, Usted	*fue*	*estuvo*
Nosotros	*fuimos*	*estuvimos*
Ustedes, Ellos	*fueron*	*estuvieron*

**Escribe la forma de *ser* y *estar* entre paréntesis que mejor complete
cada oración.**

El Sol (fui, fue) considerado de color blanco durante
mucho tiempo.
fue
_____

1. Los objetos (fuiste, fueron) relacionados con diferentes colores.

   _____

2. Muchas personas (estuvo, estuvieron) investigando este tema

   durante mucho tiempo. _____

3. La pregunta (fue, fui) respondida según la opinión de los

   científicos. _____

4. Algunos opinan que el océano (estuvo, estuvieron)

   proyectando el color azul hacia el cielo. _____

5. Los rayos UV (fue, fueron) absorbidos por la capa de ozono.

   _____

6. Los niños (estuvieron, estuvimos) viendo el arco iris durante la

   lluvia. _____

Fluidez de las oraciones:
Verbos en pasado y en futuro

En lugar de mezclar los tiempos de los verbos, cuando escribes debes presentar los sucesos en el orden en que ocurrieron para que tu escritura sea más clara. Los indicadores de tiempo en cada oración te dan pistas para saber si una acción ocurrió antes u ocurrirá después.

Oraciones confusas	Oraciones ordenadas
Mañana veremos un documental sobre los cometas. Anoche vimos una película sobre naves espaciales.	Anoche vimos una película sobre naves espaciales. Mañana veremos un documental sobre los cometas.

Ordena cada par de oraciones, en el espacio en blanco, según el orden de las acciones.

1. A las 5 verá una película de astronautas. Ahora puede mirar televisión. Pablo ya terminó su tarea.

_____

_____

2. Los estudiantes comprobarán la teoría. Hace mucho tiempo Aristóteles sospechó que el color no estaba en el aire sino en la luz.

_____

_____

3. El profesor explicará cómo es en verdad. Muchos pensaron que el color estaba en los objetos.

_____

_____

Punto de enfoque:
Elección de palabras

> Un texto bien escrito permite a los lectores comprender el tema sobre el que leen.
> Los buenos escritores incluyen definiciones de palabras que no son habituales en sus
> escritos. Las definiciones brindan explicaciones simples del significado de los términos
> poco habituales.

**Lee cada una de las oraciones. Identifica las palabras que pueden
requerir una definición.**

En parejas/Compartir Trabaja con un compañero para volver a
escribir las oraciones de tal forma que den al lector una definición.

Oración poco clara	Oración que incluye una definición
1. Leímos sobre la capa de ozono	
2. Un gran avance en la historia de la ciencia fue el telescopio	
3. Debemos cuidarnos de los rayos UV.	
4. Newton hizo un gran descubrimiento usando un prisma	

Guía del lector

El rescate de Mujer del Cielo

Escribir el programa de una obra de teatro

Una compañía teatral está preparando una puesta de "El rescate de Mujer del Cielo" y te encarga que escribas el contenido del programa. Debes incluir el reparto, o la lista de personajes, y una sinopsis, o un resumen, de la trama para orientar y atraer a los espectadores.

Antes de empezar a escribir el contenido del programa, responde las siguientes preguntas:

¿Dónde transcurre la obra?

_____

¿Cuántos son los personajes que intervienen en la trama? ¿Quiénes son?

_____

_____

¿Qué sucesos incluiría la sinopsis de la obra? Enuméralos.

_____

_____

_____

_____

_____

Nombre _____ Fecha _____

Lección 27
CUADERNO DEL LECTOR

**El rescate de
Mujer del Cielo**
Lectura independiente

Con la información que reuniste en la página anterior, escribe el programa para la
obra de teatro. Recuerda que no debes revelar el final.

El rescate de Mujer del Cielo

Programa

Reparto

Sinopsis

_____

_____

_____

_____

_____

_____

_____

_____

El rescate de
Mujer del Cielo
Ortografía: Palabras con sufijos
-ción, -sión, -xión, -able, -mente,
-miento

Palabras con sufijos -ción, -sión, -xión, -able, -mente, -miento

Básicas Lee el párrafo. Escribe las Palabras básicas que mejor completen cada oración.

Mi deporte preferido es el baloncesto, aunque siempre me da un poco de miedo, porque los jugadores no usan ningún tipo de (1) _____. La manera en que saltan y se elevan para anotar es (2) _____, especialmente para mí porque no soy muy alto. A veces tengo la (3) _____ de que los jugadores... ¡pueden volar! Creo que a gran parte de la (4) _____ le encanta este deporte, como a mí, y mira con (5) _____ los partidos avanzados. Es divertido ver las caras del público cuando quedan segundos para terminar el partido y nuestro equipo está por hacer un (6) _____ decisivo. Seguramente, si viera mi propio rostro en esos momentos... ¡me echaría a reír inmediatamente!

Palabras avanzadas 7 a 10 Escribe un párrafo corto sobre el título a continuación. Usa cuatro de las Palabras avanzadas.

"¡Comienza el juego!"

_____

_____

_____

_____

Palabras de ortografía

1. insolación
2. habitación
3. desesperación
4. sensación
5. exploración
6. articulación
7. preparación
8. población
9. lanzamiento
10. protección
11. inspección
12. acontecimiento
13. comportamiento
14. amablemente
15. cuidadosamente
16. envidiable
17. masticable
18. precisión
19. interconexión
20. reflexión

Palabras avanzadas
tensión
aprensión
tranquilamente
responsable
aplazamiento

Clasificar palabras de ortografía

El rescate de Mujer del Cielo

Ortografía: Palabras con sufijos -ción, -sión, -xión, -able, -mente, -miento

Escribe, en las líneas de abajo, la Palabra básica que pertenece a cada grupo.

1. casa, cuarto
2. ciudad, habitante
3. suceso, hecho
4. detalle, exactitud
5. presentimiento, emoción
6. suave, consideradamente
7. angustia, pesimismo
8. razonamiento, juicio
9. bebible, comestible
10. defensa, seguridad
11. investigación, control
12. actitud, costumbres

1. _____
2. _____
3. _____
4. _____
5. _____
6. _____

7. _____
8. _____
9. _____
10. _____
11. _____
12. _____

Palabras avanzadas Escribe en los espacios en blanco acerca de cómo preparar un informe importante para la escuela. Usa tres de las Palabras avanzadas.

_____

_____

_____

Palabras de ortografía

1. insolación
2. habitación
3. desesperación
4. sensación
5. exploración
6. articulación
7. preparación
8. población
9. lanzamiento
10. protección
11. inspección
12. acontecimiento
13. comportamiento
14. amablemente
15. cuidadosamente
16. envidiable
17. masticable
18. precisión
19. interconexión
20. reflexión

Palabras avanzadas
tensión
aprensión
tranquilamente
responsable
aplazamiento

Revisión de ortografía

Encuentra las palabras que están mal escritas y enciérralas en un círculo. Escríbelas correctamente en las líneas de abajo.

Palabras de ortografía

La semana pasada la escuela organizó una excursión al campo. Visitamos una granja para estudiar cuidadozamente el conportamiento de los animales. El sol era muy fuerte durante el día y uno de los estudiantes olvidó usar protexión. ¡Casi se desmaya de la insolasión! Un granjero le explicó amabelmente que ellos siempre usan sombrero por esa razón, para protegerse mejor del sol. Más tarde, otro estudiante se asustó al ver un enorme toro y gritó con dereseración. El animal, sin embargo, no reaccionó y siguió comiendo. Parecía como si tuviera en su boca un caramelo mastikable.. A mí la vida en el campo me pareció realmente embidiable: muy tranquila y en contacto con la naturaleza. La poblacion rural es menor a la de las ciudades, pero no entiendo por qué. Cuando vuelva a mi casa, quiero pintar las paredes de mi abitación de color verde, como el pasto de la granja que visitamos.

1. insolación
2. habitación
3. desesperación
4. sensación
5. exploración
6. articulación
7. preparación
8. población
9. lanzamiento
10. protección
11. inspección
12. acontecimiento
13. comportamiento
14. amablemente
15. cuidadosamente
16. envidiable
17. masticable
18. precisión
19. interconexión
20. reflexión

Palabras avanzadas
tensión
aprensión
tranquilamente
responsable
aplazamiento

1. _____   6. _____

2. _____   7. _____

3. _____   8. _____

4. _____   9. _____

5. _____   10. _____

Escribir títulos

Cómo escribir títulos:

- La primera letra de la primera palabra debe ir en mayúscula.
- Las otras palabras no llevan mayúsculas, excepto cuando son nombres propios.
- Los títulos de obras largas como los libros, periódicos, revistas, películas, obras de arte importantes y obras musicales largas van subrayados o en letra cursiva.

  Tengo muchas ganas de leer el libro *El vendedor de agujeros*.

- Los títulos de obras cortas como las canciones, los artículos, los capítulos y los poemas van entre comillas.

  Recité un poema llamado "Amanecer".

Preguntas para reflexionar
¿Se trata de una obra corta o larga? ¿Hay nombres propios en el título?

Escribe correctamente, en el espacio en blanco, el título en cada oración.

    la rosa de rosalía tiene un ritmo encantador. (canción)
    "La rosa de Rosalía" tiene un ritmo encantador.

1. pedro y pablo en busca de la sonrisa, de Felicitas Contenta (libro)

_____

2. cómo corregir tu escrito, de Marcos Rojas (artículo)

_____

3. acentos, comas y puntos, de Régula Grama Tica (canción)

_____

4. el diario textil, editado por Blu Jeans (periódico)

_____

Abreviaturas

El rescate de
Mujer del Cielo
Gramática: Títulos y abreviaturas

Una **abreviatura** es una forma más corta de una palabra. Muchas abreviaturas comienzan con mayúscula y terminan en un punto.

- Los títulos de las personas, como señor, señora, señorita y doctor generalmente se abrevian.
- En las direcciones de los Estados Unidos, las abreviaturas de los estados son dos letras mayúsculas sin punto.

*La **Sra**. Zepeda vive en Westfield, **CT** con sus dos hijas.*

Pregunta para reflexionar
¿Cuál es la forma corta de una palabra en la oración?

Abreviaturas comunes:

Señor – Sr.	centímetro – cm
Señora – Sra.	milímetro – mm
Doctor – Dr.	página – pág.
Doctora – Dra.	avenida – Av.
metro – m	millas por hora – mph

Escribe la abreviatura correcta en cada oración.

1. El guepardo puede correr a 70 _____ en distancias cortas. (millas por hora)

2. Es increíble que una pulga pueda saltar 35 _____, si tenemos en cuenta su pequeño tamaño. (centímetros)

3. Creo que esa información está en las _____ 38 y 39 del libro. (páginas)

4. El _____ Thomas es un veterinario muy famoso por sus investigaciones. (doctor)

Nombre _____ Fecha _____

Títulos y abreviaturas

**El rescate de
Mujer del Cielo**
Gramática: Títulos y abreviaturas

- En los **títulos**, solo la primera letra de la primera palabra debe ir en mayúscula, excepto cuando son nombres propios. Los títulos de obras largas van subrayados o en letra cursiva, y los de obras cortas van entre comillas.

Ayer leí un cuento llamado "Noche de luna".

- Una **abreviatura** es una forma más corta de una palabra. Muchas comienzan con mayúscula y terminan en un punto.

El Sr. Zepeda me dijo que debo leer la pág. 10.

> **Pregunta para reflexionar**
> *¿Se trata de una obra corta o larga? ¿Cuál es la forma corta de una palabra?*

Vuelve a escribir cada oración en el espacio en blanco.

1. El próximo sábado presentarán el poema la aventura de daniel.

_____

2. El Señ. y la Seña. González nos han invitado a una fiesta.

_____

3. La madera debe medir 35 mil. para que el mueble sea adecuado.

_____

4. La canción Aquí es muy alegre.

_____

5. El doct. Fernández es nuestro médico desde hace dos años.

_____

Verbos en pasado

> Hay **verbos irregulares** que tienen formas especiales
> en pasado. Algunos verbos cambian las terminaciones,
> otros cambian la raíz y hay verbos que cambian tanto la
> raíz como la terminación.

**Vuelve a escribir cada oración en el espacio en blanco. Cambia el
verbo subrayado a la forma en pasado..**

Las ranas croan durante la noche.
Las ranas croaron durante la noche.

1. Los hermanos mellizos tienen formas de comunicarse entre ellos.

_____

_____

2. Los estudiantes quieren saber por qué croan las ranas por
la noche.

_____

_____

3. Hay sonidos extraños provenientes del jardín.

_____

4. Algunos no duermen a causa de los fuertes sonidos de las
ranas.

_____

_____

5. Los niños pueden tocar las ranas para saber cómo es su piel.

_____

_____

Normas

Corregir

En los **títulos**, la primera letra de la primera palabra va en mayúscula. Las otras palabras no llevan mayúsculas, excepto los nombres propios. Las obras largas van subrayadas o en letra cursiva. Las obras cortas van entre comillas.

Charlie y la fábrica de chocolate (libro)
"Cabeza, hombros, rodillas y pies" (canción)

Una **abreviatura** es una forma corta de una palabra. Una abreviatura generalmente comienza con mayúsculas y termina con un punto.

señor Sr. avenida Av. doctor Dr.

Usa el espacio en blanco para corregir los errores en la siguiente carta y escríbela correctamente.

Ave. Rosales 1883
Omaha, NEB
16 de noviembre de 2024

Querida Sra Sánchez:

Muchas gracias por los maravillosos libros. Mi favorito fue "El Viento sobre los andes", pero también disfruté Un largo camino a casa. Su sugerencia de que leyera el artículo El canto de los pájaros, de la revista Naturaleza al día también fue de mucha ayuda.

Cordialmente,
Thomas Roger

Rosales 1883
_____

Omaha,
_____

16 de noviembre de 2024
_____

Querida _____ Sánchez: _____

Muchas gracias por los maravillosos libros. Mi favorito fue _____

_____ pero también disfruté. _____

Su sugerencia de que leyera el artículo _____

de la revista _____ también fue de mucha ayuda.

Cordialmente,
Thomas Roger

Punto de enfoque:

Voz

Escribir comienzos más claros y específicos

Comienzo impreciso	Comienzo claro y específico
A mucha gente le gustan las ranas.	Las ranas tienen grandes simpatizantes que coleccionan adornos que las representan.

Lee cada comienzo impreciso correspondiente a un párrafo de problema y solución. Agrega detalles para hacerlo más claro y específico.

Comienzo impreciso	Comienzo claro y específico
Quizá no sepas cómo se produce el canto de las ranas.	
No sabemos si las ranas eligen al mejor cantor o simplemente a la pareja que más les gusta.	

Guía del lector

3,000 días de colegio

Analizar las opiniones de los personajes

Cuando leemos un texto de ficción, es importante detectar y analizar las opiniones de los personajes para saber más acerca de su personalidad y entender cómo se relacionan con el resto de los personajes que intervienen en la trama.

Vuelve a leer la página 29. ¿Qué opina el profesor de matemáticas de Daniel? ¿Cómo influye su opinión en la actitud de Daniel?

_____

_____

Vuelve a leer la página 32. ¿Por qué cree Daniel que Matías no les cae bien a muchos chicos?

_____

_____

Vuelve a leer la página 33. ¿Qué opinan el profesor y las autoridades del colegio con respecto a la desaparición del balón? ¿Qué consecuencia tuvo esa opinión en los chicos?

_____

_____

Imagínate que en las clases de recuperación de matemáticas, el profesor les pide a los estudiantes que hagan carteles con datos sobre maneras en que se usan las matemáticas fuera de las tareas escolares. Busca ejemplos en la selección y completa los carteles.

<table>
<tr><td>

Años que se pasan en la escuela

Detalles:

_____

_____

_____

_____

</td><td>

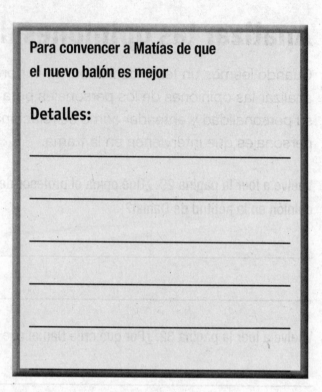

Para convencer a Matías de que el nuevo balón es mejor

Detalles:

_____

_____

_____

_____

_____

</td></tr>
</table>

Completa el siguiente cartel con una anécdota personal en la que hayas usado las matemáticas en tu vida diaria.

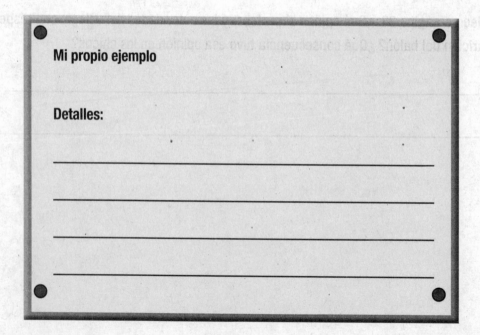

Mi propio ejemplo

Detalles:

_____

_____

_____

_____

Diminutivos con *-ito, -ita, -illo, -illa*

Básicas Relaciona cada palabra de la primera columna con una de la segunda columna.

Palabras de ortografía

1. animalitos _____   **1.** discurso

2. nidito _____   **2.** zoológico

3. pescadito _____   **3.** océano

4. palabrillas _____   **4.** aeropuerto

5. manitas _____   **5.** pichones

6. jaulita _____   **6.** dedos

7. avioncito _____   **7.** bosque

8. ratito _____   **8.** canario

9. arbolillos _____   **9.** dedos

10. barquillos _____   **10.** tiempo

Palabras avanzadas 11 a 14 Escribe un párrafo corto sobre el título a continuación. Usa cuatro de las Palabras avanzadas.

¡Nuevo libro de famoso escritor!

_____

_____

_____

_____

_____

_____

Palabras de ortografía

1. animalitos
2. halconcito
3. manchitas
4. manitas
5. nidito
6. pajarito
7. patita
8. ratito
9. jaulita
10. palillo
11. avioncito
12. pequeñito
13. poquito
14. pescadito
15. maquinilla
16. palabrillas
17. arbolillos
18. barquillos
19. piecito
20. tibiecito

Palabras avanzadas
amiguito
amorcito
finquita
laguito
ratillo

Clasificar palabras de ortografía

3,000 días de colegio
Ortografía: Diminutivos con
-ito, -ita, -illo, -illa

Escribe cada Palabra básica junto a la descripción correcta.

Palabras con -*ito*	**Palabras básicas:** **Palabras avanzadas:**
Palabras con -*ita*	**Palabras básicas:** **Palabras avanzadas:**
Palabras con -*illo*	**Palabras básicas:** **Palabras avanzadas:**
Palabras con -*illa*	**Palabras básicas:**

Palabras avanzadas Agrega las Palabras avanzadas a tu tabla para clasificar palabras.

Palabras de ortografía

1. animalitos
2. halconcito
3. manchitas
4. manitas
5. nidito
6. pajarito
7. patita
8. ratito
9. jaulita
10. palillo
11. avioncito
12. pequeñito
13. poquito
14. pescadito
15. maquinilla
16. palabrillas
17. arbolillos
18. barquillos
19. piecito
20. tibiecito

Palabras avanzadas
amiguito
amorcito
finquita
laguito
ratillo

Revisión de ortografía

3,000 días de colegio
Ortografía: Diminutivos con -ito, -ita, -illo, -illa

Encuentra las palabras que están mal escritas y enciérralas en un círculo. Escríbelas correctamente en las líneas de abajo.

> Cuando era maestro, me gustaba llevar a mis estudiantes al zoológico para ver los animales. A ellos les encantaba ver los neditos de los alconcitos entre las rocas y los arvolillos, porque pensaban que el halcón era el pagarito más lindo de todos. Sin embargo, no les gustaba que estuvieran en una jaullita, aunque sabían que era la única forma de poder observarlos tan de cerca. Otro de sus animalítos preferidos era un pezcadito con mamchitas al que ellos alimentaban en el estanque. Era muy pequenito, casi del tamaño de un piesito. Todos los niños le tomaban fotografías, al igual que a todos los animales del zoológico. Creo que los estudiantes disfrutaban viendo que había otras criaturas más pequeñitas que ellos.

1. _____   6. _____

2. _____   7. _____

3. _____   8. _____

4. _____   9. _____

5. _____   10. _____

Palabras de ortografía

1. animalitos
2. halconcito
3. manchitas
4. manitas
5. nidito
6. pajarito
7. patita
8. ratito
9. jaulita
10. palillo
11. avioncito
12. pequeñito
13. poquito
14. pescadito
15. maquinilla
16. palabrillas
17. arbolillos
18. barquillos
19. piecito
20. tibiecito

Palabras avanzadas

amiguito
amorcito
finquita
laguito
ratillo

Palabras introductorias

- Una **palabra introductoria**, tal como *bueno, sí, no*, que comienza una oración, va seguida de una coma.
- Una **frase introductoria**, un grupo de palabras que comienza una oración, va también seguida de una coma.

Después de resolver un problema matemático, Juan no pudo evitar pensar en qué otros misterios podría descubrir.

Preguntas para reflexionar
¿Hay una palabra o frase al comienzo de la oración?
¿Hay un lugar en la oración en el que harías una pausa naturalmente?

Actividad Escribe la oración correctamente en el espacio en blanco. Agrega comas donde sea necesario.

1. Cuando eres nuevo en el colegio a veces es difícil hacer amigos.

_____
_____

2. Sí todos los estudiantes pensaban que el profesor era muy estricto.

_____
_____

3. Bueno afortunadamente un cálculo matemático logró que se formara una amistad.

_____
_____

4. Después de completar el ejercicio el estudiante dijo la solución en voz alta.

_____
_____

5. Aunque al principio fue difícil Juan encontró muchos amigos en la nueva escuela.

_____
_____

Las comas con los nombres

- Cuando se le habla a una persona directamente por su nombre, el nombre se separa del resto de la oración por **comas**.
- Los **nombres** pueden aparecer al principio, en el medio o al final de las oraciones.

*Aprender matemáticas es importante, **Jake**, porque muchas acciones cotidianas necesitan cálculos y operaciones matemáticas.*

Preguntas para reflexionar
¿Se llama a la persona a la que se habla por su nombre en la oración? ¿En qué lugar de la oración se haría naturalmente una pausa?

Actividad Escribe la oración correctamente en el espacio en blanco. Agrega comas donde sea necesario.

1. Debes ir a las clases de recuperación Daniel para mejorar tus calificaciones.

   _____

2. ¿Por qué estás en las clases de recuperación de cuarto Matías?

   _____

   _____

3. Papá explícame nuevamente esa operación.

   _____

4. Las matemáticas Daniel están en todas las cosas de la vida.

   _____

   _____

5. ¡Vamos a jugar Matías!

   _____

Las comas en oraciones

- Las **palabras** o **frases introductorias** van seguidas de una coma.

  Aunque ahora no conozca a nadie, *pronto haré amigos nuevos.*

- Cuando se le habla a una persona por su nombre, el nombre va separado por comas.

  No podrás ver televisión, Jorge, hasta que no termines la tarea.

Preguntas para reflexionar
¿Hay una palabra o frase introductoria? ¿Se llama a la persona a la que se habla por su nombre?

Vuelve a escribir cada oración. Agrega comas donde sean necesarias.

1. Afortunadamente Daniel y Matías resolvieron el problema.

   _____

2. Muchos años atrás los científicos ya resolvían problemas matemáticos.

   _____

3. ¡Felicitaciones Jared por haber resuelto el problema!

   _____

4. Bueno aquí termina la clase de hoy.

   _____

5. Mañana Daniel estudiaremos el problema.

   _____

Corregir artículos y adjetivos

- Los **artículos** *el, la, los, las, un, una, unos, unas* modifican a un sustantivo.

- Los **adjetivos demostrativos** dicen cuál. *Este* se refiere a un sustantivo que está cerca. *Ese* se refiere a un sustantivo que está más lejos. *Aquel* se refiere a un sustantivo que está más lejos todavía.

- Algunos **adjetivos** derivan de sustantivos.

1 a 5. Escribe en el espacio en blanco el artículo o el adjetivo correcto para cada oración.

(Aquel, Aquellos) profesor del que te hablé enseña muy bien.

Aquel profesor del que te hablé enseña muy bien.

1. (Aquel, Aquella) clase de la semana pasada fue muy interesante. _____

2. Jorge visitó (el, un) Museo de Ciencias Naturales el viernes. _____

3. (Unas, Las) matemáticas pueden aplicarse en la vida cotidiana. _____

4. Los profesores opinan que (estas, estos) clases de recuperación ayudarán. _____

5. Me gustaría leer (el, un) libro acerca de ecuaciones matemáticas. _____

6 a 8. Vuelve a escribir las oraciones usando un adjetivo para combinarlas.

La semana pasada resolvimos problemas matemáticos. Eran diferentes de los anteriores.

La semana pasada resolvimos problemas matemáticos diferentes de los anteriores.

6. Llegó un nuevo estudiante a la escuela. Él es de Canadá.

_____

7. Practicamos operaciones matemáticas. Eran muy difíciles.

_____

8. Tuve que ir a clases de recuperación. Las clases eran muy entretenidas.

_____

Fluidez de la oración

Usa **frases introductorias** para combinar oraciones cuando quieras variar el largo de las oraciones. Usa comas para separar frases introductorias.

Oraciones breves y cortadas	Oración combinada con una frase introductoria
Jared volvía de la escuela. Se encontró con un amigo.	Cuando volvía de la escuela, Jared se encontró con un amigo.

Combina cada par de oraciones cambiando una oración por una frase introductoria.

1. Juan no conocía a nadie. Era nuevo en la clase.

_____

_____

2. Estábamos en la clase. El profesor explicó un problema matemático.

_____

_____

3. Daniel asistía a las clases de recuperación. Luego preparaba ejercicios en casa.

_____

_____

4. Al principio, los estudiantes se equivocaron varias veces. Luego lograron el resultado correcto.

_____

_____

5. Asistí a las clases de recuperación. Conocí a un nuevo amigo.

_____

_____

Punto de enfoque: Ideas

Las afirmaciones principales necesitan ejemplos fuertes para que la escritura sea clara. Lee la afirmación y el ejemplo débil. Luego nota cómo este ejemplo se fortaleció al añadirle detalles.

Afirmación: Las matemáticas ayudan a las personas en la vida cotidiana.	
Ejemplo débil	**Ejemplo fuerte**
Las ayudan a contar.	Las ayudan a contar si el dinero para hacer una compra es suficiente o no.

Lee cada afirmación y el ejemplo débil que la apoya. Luego, vuelve a escribir el ejemplo débil agregando detalles.

1. Afirmación: Las operaciones matemáticas pueden ayudar a los granjeros.	
Ejemplo débil	**Ejemplo fuerte**
Los ayudan cuando hay una cosecha.	

2. Afirmación: Matías aceptó la pelota que los chicos de quinto grado le habían comprado.	
Ejemplo débil	**Ejemplo fuerte**
La aceptó por las matemáticas.	

Viaje al Cuzco

Identificar las características de un mito

Un mito es una narración tradicional que explica por qué el mundo es como es. Todas las culturas tienen mitos.
En *Viaje al Cuzco* se cuenta el mito del origen de la civilización inca.

Vuelve a leer la selección. Escribe los cuatro sucesos principales del mito del origen de la civilización inca.

I. _____
   _____
   _____

2. _____
   _____
   _____

3. _____
   _____
   _____

4. _____
   _____
   _____

Imagínate que durante el viaje que emprende con Mama Ocllo, Manco Capac le escribe una carta a Inti para contarle los avances de su misión. A partir de la evidencia del texto, escribe la carta desde el punto de vista de Manco Capac. Incluye descripciones y detalles que te hayas imaginado a partir de la lectura del mito.

Querido Inti:

Te escribo para contarte los detalles de la misión que estamos llevando a cabo con Mama Ocllo.

_____

_____

_____

_____

_____

_____

_____

_____

_____

_____

Palabras con *g* y *j*
Plurales con *-s, -es* y *-ces*

Básicas Completa la serie escribiendo la Palabra básica que corresponda en el espacio en blanco.

1. cielo, sol, _____

2. lluvia, impermeable, _____

3. alumnos, estudiantes, _____

4. símbolos, signos, _____

5. partido, árbitro, _____

6. palabras, ortografía, _____

7. música, ruidos, _____

8. gordos, flacos, _____

9. fríos, tibios, _____

10. periodista, entrevista, _____

Palabras avanzadas 11 y 12 Escribe un párrafo corto sobre el título a continuación. Usa dos de las Palabras avanzadas.

"Periodista premiado por importante artículo"

_____

_____

_____

_____

_____

Palabras de ortografía
1. giro
2. peligro
3. jugador
4. nubes
5. sonidos
6. señales
7. delgados
8. pegados
9. agarrar
10. agricultura
11. granjas
12. lengua
13. golpeaba
14. paraguas
15. reportaje
16. aprendices
17. invenciones
18. héroes
19. lápices
20. calientes

Palabras avanzadas

investigador
joyero
rasgos
fragancia
infelices

Viaje al Cuzco

Ortografía: Palabras con *g* y *j*.
Plurales con *-s*, *-es*, y *-ces*

Palabras con *g* y *j*
Plurales con *-s*, *-es* y *-ces*

Palabras básicas 1 a 8 Selecciona la Palabra básica que mejor
complete la oración y escríbela en el espacio en blanco.

1. Creo que en esta película hay dos _____ y un villano.

2. Hacia el final, la película cambia por completo y da un
   _____ inesperado.

3. ¿Cuál de estas _____ piensas que fue más
   importante, la luz eléctrica o el teléfono?

4. Los bomberos evacuaron el edificio porque había
   _____ de incendio.

5. Están tan _____ que no puedo separarlos.

6. Es casi imposible _____ algo con las manos
   tan húmedas.

7. Mi pasatiempo favorito es dibujar. Por eso, mi abuela me
   regaló una caja de _____ de colores.

8. La próxima semana visitaremos unas _____
   para conocer cómo es la vida en el campo.

**Palabras avanzadas 9 y 10 Completa la oración subrayando la
Palabra avanzada adecuada.**

9. A María le gustan tanto las alhajas que le pedirá a su
   (investigador, joyero) que le diseñe una para su boda.

10. Ellos son parientes, sus (rasgos, infelices) son semejantes.

Palabras de ortografía

1. giro
2. peligro
3. jugador
4. nubes
5. sonidos
6. señales
7. delgados
8. pegados
9. agarrar
10. agricultura
11. granjas
12. lengua
13. golpeaba
14. paraguas
15. reportaje
16. aprendices
17. invenciones
18. héroes
19. lápices
20. calientes

**Palabras
avanzadas**
investigador
joyero
rasgos
fragancia
infelices

Nombre _____ Fecha _____

Revisión de ortografía

Encuentra las palabras que están mal escritas y enciérralas en un círculo. Escríbelas correctamente en las líneas de abajo.

> ¡Qué divertido fue ver el partido de baloncesto en el estadio! ¡Me sentí como flotando en las nuves! La gente alentaba a su equipo favorito con toda su energía. Traté de captar con mis cinco sentidos toda la información y toda la emoción del juego. Los sonidoes del balón rebotando en el suelo, las señals del árbitro, los perros kalientes que vendían en las tribunas, los deligados jugadores luchando por ganar... Todo era muy emocionante. De repente, un juegador logró agarar el balón luego de un rebote , dio un jiro y anotó un triple. Todos los espectadores nos quedamos mudos, sin poder creerlo. ¡Nuestro equipo ganó una vez más! Más tarde vi un reportage que les hicieron en la televisión. Esos jugadores son como héros para mí...

1. _____   6. _____
2. _____   7. _____
3. _____   8. _____
4. _____   9. _____
5. _____   10. _____

Palabras de ortografía

1. giro
2. peligro
3. jugador
4. nubes
5. sonidos
6. señales
7. delgados
8. pegados
9. agarrar
10. agricultura
11. granjas
12. lengua
13. golpeaba
14. paraguas
15. reportaje
16. aprendices
17. invenciones
18. héroes
19. lápices
20. calientes

Palabras avanzadas

investigador
joyero
rasgos
fragancia
infelices

Aposiciones

- Una **aposición** es una frase ubicada después de un sustantivo para identificarlo o explicarlo. Usa comas para separar una aposición del resto de la oración.

Las mesetas, <u>colinas planas</u>, estaban ubicadas alrededor del observador.

Preguntas para reflexionar
¿Hay una frase que sigue a un sustantivo en la oración? ¿La frase identifica o explica el sustantivo que está delante?

Vuelve a escribir cada oración. Agrega comas donde sea necesario.

1. Jenkins la guardabosques explica la historia de las construcciones en la meseta.

   _____

   _____

2. Rubén un niño muy curioso piensa anotar todo en su cuaderno.

   _____

   _____

3. Rosa su hermana mayor desea fotografiar el paisaje.

   _____

   _____

4. Los incas la gente que vivía allí antes construyeron muchas viviendas.

   _____

   _____

5. Rubén ha perdido dos cosas su cuaderno y su pluma.

   _____

   _____

Otros usos de la coma

> • La **coma** se usa para separar los elementos en una serie de palabras o frases.
>
> *El joven **subió los escalones, trepó por el acantilado, miró el paisaje** y tomó una fotografía.*
>
> • También se usa para separar las ciudades de su estado o país.
>
> *Ken solía vivir en **Paducah, Kentucky.** Ahora vive en **Madrid, España.***

Pregunta para reflexionar
¿Hay dos o más elementos en la serie o una ciudad con su estado en la oración?

Vuelve a escribir cada oración. Agrega comas donde sean necesarias.

1. El paisaje ofrecía a la vista montañas colinas y mesetas.

_____

_____

2. Una ruta entre Evansville Indiana y Lawrence Illinois tiene muchos cruces.

_____

_____

3. Los incas parecen una cultura avanzada interesante y laboriosa.

_____

_____

4. Rubén quiere descifrar el misterio de los incas sus construcciones y sus mitos.

_____

_____

5. Juan vive en Guadalajara México.

_____

Nombre _____ Fecha _____

Las comas en oraciones

- Usa comas para separar una aposición del resto de la oración.
  José, su hermano menor, nunca había visitado un lugar tan bello.

- Los elementos de una serie van separados por comas. También van separados por comas el nombre de una ciudad y su estado o país..

  Estaban de vacaciones en Santa Cruz, Bolivia.

Preguntas para reflexionar
¿Hay una frase que sigue a un sustantivo en la oración?¿Hay dos o más elementos en la serie o el nombre de una ciudad y su estado o país?

Vuelve a escribir cada oración. Agrega comas donde sean necesarias.

1. Rubén su hermana su mamá y su papá visitaron el palacio.

   _____

2. Los objetos de Rubén el cuaderno y la pluma se han perdido.

   _____

3. Nos encontramos en el zoológico de Albuquerque Nuevo México a las 12.

   _____

4. Los niños caminaron mucho subieron escaleras tomaron fotografías y se divirtieron.

   _____

5. Mañana Sofía la hermana de Rubén irá al médico.

   _____

Hacer comparaciones

Usa adjetivos para comparar personas, lugares o cosas.

- Para comparar dos personas, lugares o cosas se usa
  más… que, menos... que, tan... como.
- Para establecer el grado más alto de una cualidad se usa
  el/la/los/las más... de.

  *Las montañas son **más** altas **que** las colinas.*
  *Las viviendas del acantilado son **las más** interesantes*
  del mundo.

Elige la palabra o frase correcta entre paréntesis para completar cada oración. Escríbela en el espacio en blanco.

Las excursiones al aire libre son (las más, más) entretenidas de todas.
Las excursiones al aire libre son las más entretenidas de todas.

1. La visita al acantilado fue (más interesante que, la más interesante) la visita al museo.

_____

2. Rosa piensa que el lugar es (tan hermoso como, el más hermoso de) todo Colorado.

_____

3. La madre opina que es la parte (interesante, más interesante del) Parque Nacional de

Mesa Verde.

_____

4. Estas escaleras son (más largas, tan largas como) las de mi casa.

_____

5. La desaparición de los anasazi es (misteriosa, más misteriosa que) la del cuaderno y la

pluma de Rubén.

_____

Fluidez de las oraciones

En lugar de usar dos oraciones para hablar de un sustantivo, a menudo puedes usar una serie para combinar las dos oraciones en una oración más elaborada. Usa comas para separar las palabras o frases en una serie.

Oraciones breves y cortadas	Oraciones combinadas en una serie
Rubén perdió su pluma. Luego perdió su cuaderno. Perdió también las fotografías.	Rubén perdió su pluma, su cuaderno y también las fotografías.

Combina cada par de oraciones usando palabras o frases en serie. Escribe tu oración en el espacio en blanco.

1. La guía responde las preguntas. También da explicaciones. Señala por dónde caminar.

_____

_____

2. Rubén tiene calor. Rosa tiene calor. Su madre tiene calor.

_____

3. Los incas construyeron viviendas. Cultivaron plantas. Diseñaron escaleras.

_____

_____

4. Quizá se fueron a causa de una sequía. Quizás a causa de una guerra. Quizá por otro motivo.

_____

5. Rubén pregunta por su cuaderno a su mamá. Pregunta también a su papá. Pregunta a su hermana.

_____

Punto de enfoque: Organización

Los buenos escritores piensan cuál es la mejor forma de presentar la información en un ensayo. En un ensayo corto o un párrafo solo, los escritores comienzan con una oración de inicio que identifica el tema, un desarrollo que explica o expande el tema con hechos y detalles y una conclusión que resume la información.

Piensa cómo escribirías un ensayo informativo sobre un viaje turístico al Caribe. Completa la siguiente tabla para planear el ensayo; incluye fuentes posibles de información para el desarrollo del ensayo.

Ensayo informativo	Características
Parte del ensayo	Posibles fuentes de hechos y detalles: por lo menos 2
Inicio	Hechos/detalles
Desarrollo	
Conclusión	

Guía del lector

Un ataque de risa

Guía para la salud y el bienestar

Imagínate que un centro de salud te encarga que escribas
un capítulo de una guía para la salud y el bienestar para
difundir los beneficios de la risa. Haz una lista de los
beneficios que podrías mencionar en el texto.

Páginas 54 y 55:

1. _____

2. _____

_____

3. _____

4. _____

_____

Páginas 56 y 57:

1. _____

2. _____

3. _____

Páginas 60 y 61:

1. _____

_____

2. _____

3. _____

Consulta la lista de beneficios de la risa que completaste en la página anterior y selecciona tres de ellos que te parezcan más importantes para escribir una página sobre la risa de la guía para la salud y el bienestar.

Guía para la salud y el bienestar
Capítulo 2: La risa

Nombre _____ Fecha _____

Lección 30
CUADERNO DEL LECTOR

Un ataque de risa
Ortografía: Palabras con
terminaciones -ico, -ero, -dor,
-ista; palabras con hiatos y
diptongos

Palabras con terminaciones -ico, -ero, -dor, -ista; palabras con hiatos y diptongos

Básicas Completa los espacios en blanco escribiendo la Palabra básica que coincide con las pistas.

1. hacemos ruido con las manos   1. _____
2. hornea pan y otras cosas ricas   2. _____
3. no ganarían   3. _____
4. prepara ricas comidas   4. _____
5. le gustan las montañas   5. _____
6. pone una calificación   6. _____
7. es original, poco común   7. _____
8. trabaja junto a los médicos   8. _____
9. fabrica cosas para tus pies   9. _____

Palabras avanzadas 10 a 12 Escribe tres oraciones para anunciar la apertura de una tienda de ropa. Usa tres de las Palabras avanzadas.

_____
_____
_____
_____
_____

Palabras de ortografía

1. explorador
2. vendedor
3. cazador
4. diseñador
5. jugador
6. cocinero
7. marinero
8. enfermero
9. jardinero
10. zapatero
11. alpinista
12. mostrador
13. excéntrico
14. panadero
15. tráfico
16. perderían
17. energía
18. evalúa
19. aplausos
20. mientras

Palabras avanzadas
rústico
soñador
sincero
plegaria
continúa

Lección 30
CUADERNO DEL LECTOR

Clasificar palabras de ortografía

Un ataque de risa
Ortografía: Palabras con terminaciones -ico, -ero, -dor, -ista; palabras con hiatos y diptongos

Escribe cada Palabra básica dentro del recuadro correspondiente.

Palabras terminadas en –*ico*
Palabras básicas:
Palabras avanzadas:

Palabras terminadas en –*ero*
Palabras básicas:
Palabras avanzadas:

Palabras terminadas en –*dor*
Palabras básicas:
Palabras avanzadas:

Palabras terminadas en –*ista*
Palabras básicas:

Palabras avanzadas Agrega las Palabras avanzadas a tu tabla para clasificar palabras.

Palabras de ortografía

1. explorador
2. vendedor
3. cazador
4. diseñador
5. jugador
6. cocinero
7. marinero
8. enfermero
9. jardinero
10. zapatero
11. alpinista
12. mostrador
13. excéntrico
14. panadero
15. tráfico
16. perderían
17. energía
18. evalúa
19. aplausos
20. mientras

Palabras avanzadas
rústico
soñador
sincero
plegaria
continúa

Lección 30
CUADERNO DEL LECTOR

Un ataque de risa
Ortografía: Palabras con
terminaciones *-ico, -ero, -dor,
-ista*; palabras con hiatos y
diptongos

Revisión de ortografía

Encuentra las palabras que están mal escritas y enciérralas en un círculo. Escríbelas correctamente en las líneas de abajo.

En la clase de hoy hablamos acerca de las diversas profesiones de las personas. Un marrinero, por ejemplo, viaja a ultramar y debe pasar muchos días en el océano. También un ecsplorador a menudo pasa mucho tiempo lejos de su hogar. Un desiñador, en cambio, trabaja con la moda y a veces debe dar desfiles para mostrar sus creaciones. Un emfernero trabaja en el hospital y ayuda a las personas que se sienten mal. Hay muchos tipos de deportistas: futbolistas, tenistas o algo más exséntrico como, por ejemplo, un alplinista que... ¡escala montañas! Un gardinero cuida los jardines y usa insecticida para proteger las plantas, meintras que un buen kocinero se lleva los aplauzos en un restaurante. A mí me gustaría ser profesor, para saber muchas cosas y enseñar a otras personas.

1. _____   6. _____

2. _____   7. _____

3. _____   8. _____

4. _____   9. _____

5. _____   10. _____

Palabras de ortografía

1. explorador
2. vendedor
3. cazador
4. diseñador
5. jugador
6. cocinero
7. marinero
8. enfermero
9. jardinero
10. zapatero
11. alpinista
12. mostrador
13. excéntrico
14. panadero
15. tráfico
16. perderían
17. energía
18. evalúa
19. aplausos
20. mientras

Palabras avanzadas
rústico
soñador
sincero
plegaria
continúa

Los dos puntos

Usa **dos puntos** para:

- separar una lista que ha sido presentada formalmente.
  Las siguientes personas harán un laberinto: Ellen, Sonia y Devin.

- separar horas y minutos.
  Tendremos una reunión de planeamiento hoy a las 2:45 hs.

- después de un saludo al comienzo de una carta.
  Querida Sra. García:

Pregunta para reflexionar
¿La oración incluye una lista u horas y minutos?

Copia las oraciones de abajo en el espacio en blanco y agrega dos puntos donde sean necesarios.

1. El Sr. Lakos dará una charla sobre los efectos de la risa a las 730 hs.

   _____

   _____

2. Necesitará el siguiente equipo un proyector, una mesa y una pantalla.

   _____

   _____

3. Estimado Sr. Lakos Por la presente lo invitamos a dar una charla en el Club Jefferson.

   _____

   _____

4. Explique el significado de los siguientes términos cosquillas, neuronas, amígdala.

   _____

   _____

5. Querida Martina Hemos visto una película graciosísima y nos hemos reído mucho.

   _____

   _____

Los paréntesis

Un ataque de risa
Gramática: Otros signos de
puntuación

Usa **paréntesis ( )** para separar información que
interrumpe una oración y que no es de gran
importancia.

*La risa **(considerada por muchos beneficiosa para
la salud)** es una demostración de alegría.*

Pregunta para reflexionar
*¿Es la información que
interrumpe la oración
de gran importancia?*

Vuelve a escribir cada oración en los espacios en blanco. Agrega paréntesis donde sean necesarios.

1. La risa a veces reímos cuando estamos nerviosos es contagiosa.

_____

2. Las cosquillas producen risa los lugares más comunes en los que la gente tiene
cosquillas son las axilas, las costillas, la cintura y los pies porque entras en una
especie de pánico.

_____

_____

_____

3. Nos reímos ante algo ridículo, o de nosotros mismos cuando nos equivocamos
¿alguna vez te has reído al equivocarte?, o cuando alguien hace algo tonto.

_____

_____

_____

4. La risa los bebés ríen ya a partir de los 3 o 4 meses de vida es algo espontáneo
que no podemos evitar.

_____

_____

Otros signos de puntuación

Un ataque de risa
Gramática: Otros signos de puntuación

- Usa **dos puntos** para separar una lista, para separar horas y minutos, y después del saludo al comienzo de una carta.
- Usa **paréntesis** para separar información que no es de gran importancia en la oración.

Preguntas para reflexionar
¿La oración incluye una lista u horas y minutos?¿Hay información que interrumpe la oración y no es de gran importancia?

Vuelve a escribir cada oración en los espacios en blanco. Agrega dos puntos o paréntesis donde sean necesarios.

1. Estos factores pueden causar la risa un chiste, los nervios, las cosquillas.

_____

_____

2. Nos encontramos en la puerta del cine en el primer piso a las 430 hs.

_____

_____

3. Las cosquillas en épocas antiguas las usaban como castigo son una de las causas de la risa en muchos casos.

_____

_____

4. Querida Ana Te espero en mi casa a las 430 hs

_____

5. Las siguientes personas no paraban de reírse Ana, Juan y Matías

_____

_____

Más comparaciones

Usa adjetivos para comparar personas, lugares o cosas.

- *más… que* se usa para comparar por superioridad.
- *menos… que* se usa para comparar por inferioridad.
- *tan… como* se usa para comparar por igualdad.
- Para establecer el grado más alto de una cualidad se usa *el/la/los/las más… de.*
- Los adjetivos *bueno* y *malo* tienen formas especiales en la comparación: *mejor* y *peor.*

El libro es **mejor** que la película.

Las películas cómicas son las **mejores** de todas.

1 a 4. Subraya la palabra o la frase correcta entre paréntesis para completar cada oración.

La risa es (tan, menos) común en los niños como en los adultos.

1. Las cosquillas son la manera más fácil (de, que) causar la risa.

2. La risa es (más, tan) contagiosa como los bostezos.

3. ¿Son los bebés (menos, los más) risueños que los adultos?

4. Reír por algo tonto no es (más malo, peor) que la risa por equivocarnos.

5 a 6. Escribe, en el espacio en blanco, la forma correcta del adjetivo que está entre paréntesis.

5. Aguantar la risa es _____ que dejarla salir libremente. (malo)

6. Una sonrisa siempre es _____ que una cara triste. (bueno)

Convenciones

Un ataque de risa
Gramática: Conectar con la
escritura

Oración confusa con errores de puntuación	Oración clara con puntuación correcta
Los científicos han estudiado los siguientes temas la risa el que les resultó más interesante, las cosquillas y su efecto en la salud.	Los científicos han estudiado los siguientes temas: la risa (el que les resultó más interesante), las cosquillas y su efecto en la salud.

Corrige los errores en cada oración. Luego escribe la oración correctamente en el espacio en blanco.

1. A mis amigos les gustan los siguientes juegos rompecabezas, laberintos y juegos de rol.

_____

_____

2. Los siguientes gobernantes construyeron complejos laberintos Amenemhat III de Egipto, el rey Minos de Creta y el rey Luis XIV de Francia.

_____

_____

3. Las películas cómicas mudas el tipo de películas favorito de Tim son difíciles de encontrar.

_____

_____

4. Kim ha estudiado calculo que por unos tres meses los efectos positivos de la risa en el cuerpo humano.

_____

_____

Un ataque de risa
Escritura: Escritura informativa

Punto de enfoque: Ideas

Cuando escriben para informar, los buenos escritores comienzan con un tema o un enfoque interesante. Usan las ideas principales para expandir el tema.

Repasa *Un ataque de risa* para identificar ideas principales. Anota las ideas de las páginas seleccionadas en la siguiente tabla.

Un ataque de risa	
Enfoque:	
Número de página	**Idea**
54	
55	
56	
57	
60	

En parejas/Para compartir Trabaja con un compañero para comparar las listas de las ideas principales de la tabla. Escribe a continuación una oración sobre cómo se conectan las ideas de la lista con el tema de *Un ataque de risa*.

_____

_____

_____